한국불교전설 99

우리출판사

한국불교전설 99

불기 2530년(1986년) 7월 30일 초 판 1쇄 발행
불기 2547년(2003년) 2월 24일 초 판 10쇄 발행
불기 2564년(2020년) 4월 16일 개정판 1쇄 발행

엮은이 · 최 정 희
펴낸이 · 김 동 금
펴낸곳 · 우리출판사

등록 : 제9-139호
서울특별시 서대문구 경기대로9길 62
전화 : 02) 313-5047
팩스 : 02) 393-9696

E-mail : woribooks@hanmail.net
홈페이지 : woribooks.com

ISBN 978-89-7561-344-9

정가 16,000원

한국불교전설 99

책머리에

　이 책에 실린 99개의 전설은 84년 1월부터 86년 3월까지 불교신문에 연재됐던 「내 고장 불교전설」이다. 불국토佛國土를 염원한 우리의 조상들은 자신의 삶의 둥지인 이 땅에 불법佛法이 두루하길 기원했다. 때문에 그들은 팔도강산 처처에 부처님의 가르침이 담긴 지명地名을 붙이고 그 명칭의 유래를 연기설화緣起說話형식으로 구전口傳해 왔다.

　지명이나 사찰의 명칭을 설명하는 설화는 단순히 명칭의 유래만을 밝히는 데 그 목적이 있지 않다. 할아버지가 아버지에게, 아버지가 다시 아들에게 전해온 이 땅의 불교전설은 흥미로운 이야기 속에 인과응보因果應報, 업보윤회業報輪廻, 보시공덕布施功德, 구법求法, 보살의 자비행, 효선孝善의 의미를 담아 선善하고 지혜로운 삶을 추구하고 있다. 때문에 불교전설은 어느 고승의 법문보다도 설득력이 강한 민중교화의 법문으로 전승되고 있다. 이 99개의 전설은 그런 뜻에서 불교가 이 땅에서 어떻게 믿어져 왔고 전개되었는가를 엿보게 하는 한편 역사적·문화적 자료로도 음미할 만한 가치가 있을 것으로 생각한다.

　「내 고장 불교전설」은 불교신문사가 견지동에서 삼성동, 안암동 등으로 소재지를 옮기면서 진통을 겪을 때 기획돼야 했던 사연을 지니고 있다. 결국 신문사가 제자리를 되찾은 후 활자화되기 시작했고 독자들의 호응으로 1백 회를 계속하는 장기 연재물이 됐다.

이 책은 부처님께서 내게 주신 보너스다. 부끄럽고 쑥스러우나 부처님 시봉하는 11년간 그저 주어진 일에 최선을 다한 소중한 선물로 감사히 받으면서 다시 부처님께 공양 올리겠다. 「이번 주엔 또 무슨 이야길 썼느냐」면서 딸의 글을 읽기 위해 매주 신문을 펼치신 우리 어머님은 불교전설 제1독자이셨다. 부처님 시봉 잘하도록 뒷바라지 해주신 어머님께 나의 이 기쁨을 당신의 결실로 드리고 싶다. 연재 시작할 때부터 끝까지 지도하고 격려해주신 정진익鄭鎭益오라버님, 자료 수집에 협조해 주신 여러분, 그리고 이 책이 나오기까지 장정을 하는 등 수고를 아끼지 않은 신문사 동료들에게 깊은 감사를 드린다. 또 출판을 맡아준 우리출판사 김동금 사장과 직원들의 노고에 고마움을 표한다.

1986년 7월 흑석동에서

최 정 희 합장

개정판에 부쳐

우리출판사로부터 〈한국불교전설 99〉 개정판을 발행하겠다는 연락을 받았다. 〈한국불교전설 99〉는 1986년에 초판이 나왔다. 34년간 이 책을 잊고 있던 나는 잠시 세월을 거슬러 이 책과의 인연을 회상했다.

1984년 1월부터 1986년 3월까지 불교신문에 '내 고장 불교전설'을 연재할 때 매주 읽으신 소감을 말씀해 주시던 우리 어머님 모습이 눈에 선한데 이제는 곁에 안 계신다. 애란자愛蘭子라는 필자를 궁금해 하던 독자들의 반응은 지금도 기분 좋은 추억이다. 애란자는 송광사 구산九山방장 스님께 받은 나의 불명이다.

'내 고장 불교전설'이 우리출판사에서 단행본 〈한국불교전설 99〉로 출간되었을 때 신문, 방송, 통신들이 신간 소개를 했다.

당시 연합통신의 보도로 전국의 지방지들도 〈한국불교전설 99〉를 기사화 했다.

우리출판사 식구들은 문 열고 3년 만에 대한민국 여러 매체에 출판사 이름을 올렸다고 몹시 좋아했다. 뒤돌아보니 모두 불보살님의 가피였다.

우리출판사는 그동안 〈한국불교전설 99〉 표지를 몇 번 바꾸면서 10쇄를 펴냈다고 한다.

이 책의 전설들은 인터넷에도 널리 유포되어 있고, 여러 절의 사보寺報에서도 볼 수 있다.

〈한국불교전설 99〉가 이처럼 대중의 사랑을 받고 있는 이유는 무엇일까. 우리가 살고 있는 이땅 곳곳의 지명과 명산대찰에 전래되고 있는 연기설화와 전설에서 재미와 친밀감을 느끼고, 부처님의 가르침을 만나고, 한국불교와 문화를 엿볼 수 있기 때문이라고 생각한다.

〈한국불교전설 99〉는 2020년 봄을 맞아 표지 장정과 본문 글자체를 시각적으로 새롭게 편집하여 개정판으로 발행된다.

온고지신溫故知新이란 말처럼 이 책을 읽는 독자들이 재미있는 옛이야기, 불교설화 속의 교훈을 삶의 지혜로 삼아 행복을 가꾸면 좋겠다.

2020년 2월에

최 정 희 합장

차 례

찬즙대사와 동자

조선 영조 24년(1748) 초봄 어느 날 아침. 지금의 연세대학교 자리에 위치한 봉원사에 어명이 내려졌다. 『귀사의 도량을 국가에서 긴히 쓰고자 하니 새로운 도량을 정하도록 하라.』

『도량을 옮기라고? 어허 장차 이 일을 어찌할꼬?』

궁으로 돌아가는 사신의 뒷모습을 바라보며 망연해하던 주지 찬즙 스님은 법당으로 들어가 분향 발원했다.

『제불 보살님, 어리석은 소승에게 길을 열어 주옵소서! 나무 석가모니불…』

스님은 이튿날 새벽 목욕재계하고는 백일기도에 들어갔다. 초파일이 되어 신도들이 법을 청해도 찬즙 스님은 응하지 않았다. 그렇게 백일째 되던 날 새벽, 용맹정진에 들어간 찬즙대사는 비몽사몽간에 여인의 목소리를 들었다.

『지금의 도량은 내가 머물기에 적합치 아니하니 대사께서 부디 좋은 가람터를 잡아 중생교화에 부족함이 없도록 해주시오.』

소리 나는 쪽을 바라보니 기암괴석 옆에 물병을 든 한 여인이 동자와 함께 서 있었다.

『아! 저분은 관세음보살님.』

찬즙대사는 황망히 머리를 조아리며 간곡히 청했다.

『소승 식견과 덕이 부족하오니 부디 길을 인도하여 주옵소서.』

『대사의 신심이 능히 내 모습을 한눈에 볼 수 있는 도량을 찾을 것이오.』

관음보살의 음성이 아직 허공에 맴도는 듯한데 여인은 홀연히 자취를 감추고 동자만이 산 아래로 날 듯이 내려갔다. 찬즙대사는 동자를 좇으려 급히 발을 옮기려다 그만 바위 아래로 구르게 됐다. 무엇인가 잡으려고 안간힘을 쓰는데 옆에서 누가 흔드는 바람에 정신을 차려 보니 법당. 몸에선 땀이 비오듯 했고 손에 들려 있는 목탁채는 얼마나 힘을 주었던지 손자국이 나 있었다. 대사는 급히 상좌 도원에게 일렀다.

『도원아, 어서 길 떠날 채비를 해라.』

『스님! 오늘은 기도 회향일입니다.』

『인석아, 기도는 왜 했느냐?』

찬즙대사는 대중 몰래 도원만을 데리고 꿈에 본 곳을 찾아 길을 나섰다.

절을 떠난 지 벌써 여러 날. 짚신이 동이 나고 장삼 모양도 말이 아니었다. 그러던 어느 날, 노상의 떡장수를 본 도원이 발길을 떼지 않고 곁눈질만 하는 것이 아닌가.

『도원아, 떡 좀 먹으련?』

대답 대신 빙긋 웃으며 도원은 볼이 미어지도록 떡을 먹었다. 떡을 손에 든 채 이 모습을 물끄러미 바라보는 대사에게 떡장수 할멈이 말을 건넸다.

『심신이 장해야 부처님을 뵙는다는 말이 있듯 시장이 지극하면 내 떡맛도 괜찮을텐데, 스님은 아직 덜 시장하신가 보구려.』

맹랑한 떡장수 말에 기분이 언짢아 떡 두어 개를 집어 먹고 일어서려는데 어딜 다녀왔는지 노파가 배를 움켜쥐고 웃으며 다시 말을 던진다.

『살다 보니 별꼴 다 보겠어요, 스님. 저쪽 장터에 가 보니 개 눈을 가려 놓고는 먹을 것을 끈에 달아 희롱하고 있지 않겠어요. 한데 우스운 것은 그 개 주인이 개를 향해 「눈 가린 것 풀 생각은 않고 먹이 생각만 하는 것이 꼭 봉원사 주지 찬즙 같구먼!」 하지 않겠수.』

대사는 한방망이 맞은 듯 급히 장터로 가 봤으나 개는커녕 인기척도 없었다. 다시 돌아와 보니 떡장수도 간 곳이 없었다. 개에 비유된 자신의 무지함을 생각하며 걷는 찬즙대사에게 도원이 불쑥 말을 꺼냈다.

『스님, 더운데 등멱이나 하시지요.』

눈앞엔 맑은 개울물이 흐르고 있었다. 대사는 말없이 개울로 발길을 옮겨 물속에 몸을 담그었다. 그때였다. 등을 밀겠다고 다가온 도원이 대사의 등줄기를 후려치더니 태연히 한마디 하는 것이 아닌가.

『법당은 호법당인데 불무영험이로다.』

『너 지금 뭐라 했느냐?』

대사가 놀라 물었다.

『제 등 좀 밀어 주시라고요.』

대사가 의아해 하며 도원의 등을 미는데 다시 들려오는 소리가 있었다.

『등짝은 제대로 보는데 부처는 왜 못 보나?』

찬즙대사는 급히 도원에게 절을 했다.

『아이구, 날이 더우니 우리 스님 실성하셨네.』

찬즙대사가 머리를 조아리니 도원은 대경실색하여 엉엉 울기 시작했다. 하는 수 없이 일어서려던 대사는 먹은 떡이 얹혔는지 그만 배를 움켜쥐었다. 놀란 상좌는 울음을 멈추고 인근 의원을 불렀다. 약을 먹고 이틀날 정오에야 정신을 차린 찬즙대사는 봉원사로 향했다. 여러 날 걸려 바로 절 밑까지 왔으나 도저히 더는 움직일 수가 없었다.

『가람터를 찾지 못함이 한스럽구나. 목이 몹시 마르다. 물을 좀…』

대사는 상좌에게 마지막 모습을 보이고 싶지 않았다. 물을 찾던 도원은 물을 철철 흘리며 물병을 들고 오는 동자에게 물 있는 곳을 물어 정성스레 쪽박에 물을 길어왔다. 빈사 상태의 대사 입에 물을 흘려 넣으니 신기하게도 혈색이 돌았다. 대사는 차츰 정신을 차리더니 쪽박 물을 단숨에 들이켰다. 언제 아팠느냐는 듯 기운을 차린 대사는 상좌와 함께 샘터로 갔다. 돌 틈에 두 개의 샘이 아래 위로 있었다. 아래쪽 물에 손발을 씻고 윗물로 공양을 지어 불공을 올렸다.

『부처님 가피로 목숨은 부지했사오나, 가람터를 발견하고 목숨 버림만 못하옵니다. 부디 소승의 발원을 이뤄주옵소서.』

이때였다. 돌연 도원이 게송을 읊었다.

『말을 한들 알까, 보여준들 알까. 물이 뜨겁고 시원함은 마셔 봐야 알 것을.』

멍청히 듣던 대사는 종소리에 정신을 차렸다. 증암선사가 주석하는 반야암에서 들려오는 것이었다.

암자로 오르는데 동자들이 바위 위에서 뛰노는 듯 오락가락했다.

바로 꿈에 본 광경이었다. 자세히 보니 바위 전체가 자애로운 관음보살의 모습이었다. 찬즙대사는 눈물을 흘리며 무수히 절하면서 관음보살을 불렀다. 어느새 동자는 간 곳이 없었다.

『아, 눈 밝지 못하여 지척에 두고 먼 곳에서 찾았구나.』

반야암에 이르니 증암선사가 경내를 서성이다 반색을 한다.

『대사였구려.』

『무슨 말씀이신지요?』

『오늘 아침 예불을 마치고 나오는데 웬 동자 둘이 와서 도량을 크게 일으킬 사람이 올 테니 도와주라고 하지 않겠소. 그래서 기다리던 중이오.』

새 가람이 세워지자 사람들은 새로 옮겨 지은 절이라 해서 봉원사를 '새절'이라 불렀다. 지금도 절 동북쪽 능선에 서울의 안녕을 지키는 듯한 거대한 자연석 관음바위가 있고 새벽이면 약수터 찾는 이가 줄을 잇고 있다.

서울·관음바위
서울시 서대문구 봉원동 안산

소몰이 노인과 무학

　조선 건국초. 송도 수창궁에서 등극한 이성계는 조정 대신들과 천도를 결정하고 무학대사에게 도읍지를 찾아달라고 청했다.

　무학대사는 예부터 신령스런 산으로 알려진 계룡산으로 내려가 산세와 지세를 살폈으나 아무래도 도읍지로는 적당치 않았다. 발길을 북으로 옮겨 한양에 도착한 스님은 봉은사에서 하룻밤을 쉬었다. 이튿날 아침 일찍 뚝섬 나루에서 배를 타고 한강을 건너니 넓은 들이 한눈에 들어왔다. 사방으로 지세를 자세히 살핀 스님은 그곳이 바로 새 도읍지라고 생각했다.

　『음, 땅이 넓고 강이 흐르니 과연 새 왕조가 뜻을 펼 만한 길상지로구나.』

　무학대사는 흐뭇한 마음으로 잠시 쉬고 있었다. 이때였다.

　『이놈의 소는 미련하기가 꼭 무학 같구나. 왜 바른길로 가지 않고 굳이 굽은 길로 들어서느냐?』

　순간 무학대사의 귀가 번쩍 뜨였다. 고개를 들고 돌아보니 길 저쪽으로 소를 몰고 가는 한 노인이 채찍으로 소를 때리며 꾸짖고 있었다. 스님은 얼른 노인 앞으로 달려갔다.

　『노인장, 지금 소더러 뭐라고 하셨는지요?』

　『미련하기가 꼭 무학 같다고 했소.』

　『그건 무슨 뜻으로 하신 말씀이신지요?』

　『아마 요즘 무학이 새 도읍지를 찾아다니는 모양인데, 좋은 곳다 놔두고 엉뚱한 곳만 찾아다니니 어찌 미련하고 한심한 일이 아니겠소.』

무학대사는 노인이 보통 사람이 아니라고 생각했다. 스님은 공손히 합장하고 절을 올리며 말했다.

『제가 바로 그 미련한 무학이옵니다. 제 소견으로는 이곳이 좋은 도읍지라고 보았는데 노인장께서 일깨워 주셔서 정말 감사합니다. 더 좋은 도읍지가 있으면 이 나라 천년대계를 위하여 일러주시기 바랍니다.』

노인은 채찍을 들어 서북쪽을 가리키며 말했다.

『여기서부터 10리를 더 들어가서 주변 지형을 자세히 살펴보도록 하시오.』

『노인장, 참으로 감사합니다.』

무학대사가 정중하게 고맙다는 인사를 하는 순간, 노인과 소는 온데간데없이 사라졌다. 스님은 가벼운 걸음으로 서북쪽을 향해 10리쯤 걸었다. 그때 스님이 당도한 곳이 바로 지금의 경복궁 근처였다.

『과연 명당이로구나.』

삼각산, 인왕산, 남산 등 사방이 산으로 둘러싸인 아늑한 땅을 보는 순간 무학대사는 기쁨을 감출 수가 없었다. 만면에 미소를 띤 스님은 그 길로 태조를 만나 한양을 새 도읍지로 정하여 도성을 쌓고 궁궐을 짓기로 했다.

『스님, 성은 어디쯤을 경계로 하면 좋겠습니까?』

태조는 속히 대역사를 시작하고 싶었다.

『북쪽으로는 삼각산 중바위 밖으로 도성을 축성하십시오. 삼각산

중바위(인수봉)는 노승이 5백 나한에게 예배하는 형국이므로 성을 바위 밖으로 쌓으면 나라가 평안하고 흥할 것입니다.』

그러나 무학대사의 뜻과는 달리 조정의 일파가 이를 반대, 인수봉 안으로 성을 쌓아야 한다고 강경히 주장했다. 태조는 입장이 난처해졌다. 존경하는 스님의 뜻을 따르고 싶었으나 일등 개국공신들의 의견을 무시할 수도 없는 일이었다. 무학대사와 대신들의 도성 축성에 관한 논쟁은 날이 갈수록 심각해졌다.

그도 그럴 것이 무학대사는 인수봉 안으로 성을 쌓으면 중바위가 성안을 넘겨다보는 형국이므로 불교가 결코 흥할 수 없다고 생각했고, 정도전 일파 역시 인수봉 안으로 성을 쌓아야 유교가 흥할 수 있다는 지론이었으므로 무학대사 의견에 팽팽히 맞섰던 것이다. 입장이 난처해진 태조는 하늘에 제사를 지내 결정키로 했다. 날을 잡아 제사를 지낸 이튿날이었다. 밤새 내린 눈이 봄볕에 다 녹아내리는데 축성의 시비가 일고 있는 인수봉 인근에 마치 선을 그어 놓은 듯 눈이 녹지 않은 부분이 있었다. 정도전 등 대신들은 이 사실을 태조에게 즉시 고하고 이는 하늘의 뜻이므로 도성을 인수봉 안으로 쌓아야 한다고 거듭 주청했다.

『거참 신기한 일이로구나. 그 선대로 성을 쌓도록 하시오.』

이 소식을 들은 무학대사는 홀로 탄식했다.

『억불의 기운이 감도니 이제 불교도 그 기운이 다해 가는구나.』

성이 완성되자 눈이 울타리를 만들었다 하여 눈 「설雪」자와 빙둘러싼다는 울타리「울圍」자를 써서 「설울」이란 말이 생겼고 점차 발음이 변하여 「서울」로 불리워졌다는 설이 있다.

그리고 노인이 무학대사에게 10리를 더 들어가라고 일러준 곳은 갈「왕往」자와 십리十里를 써서「왕십리往十里」라고 불렀다. 일설에 의하면 소를 몰고 가다 무학대사의 길을 안내한 노인은 바로 풍수지리에 능했던 도선국사의 후신이라 한다. 이런 유래로 왕십리에 속했던 일부 지역이 도선동으로 분할됐다. 도선동은 1959년부터 행정동명으로 불리다가 1963년 법정동명이 됐다. 왕십리 청련사 부근에는 무학대사가 수도하던 바위터가 있었고 주위에는 송림이 울창했다고 하나 지금은 주택가로 변해 찾을 길이 없다. 다만 청련사 밑에는 무학과 발음만 같고 글씨는 다른 무학봉이 있고 이 이름을 딴 무학초등학교가 있다. 또 다른 설에 의하면 무학봉에서 도선국사가 수도했다는 전설도 있어 왕십리는 도선·무학 두 스님의 인연지인 것 같다. 그 밖에도 서울에는 불교와 관련된 지명이 많다. 무악재는 무학 스님의 이름에서 연유한「무학재」가 변한 것이고, 청량리는 청량국사에서 비롯된 지명이라고 한다.

서울·왕십리
서울시 성동구 왕십리

나루터의 구렁이

초여름 새벽, 한 젊은이가 길 떠날 채비를 하고 나섰다.

『어머님, 다녀오겠습니다. 그동안 건강에 유의하십시오.』

『내 걱정 말고 조심해서 다녀오너라. 그리고 꿈자리가 뒤숭숭하
니 여자를 조심해라.』

『네, 명심해서 다녀오겠습니다.』

봇짐을 고쳐 멘 젊은이는 노모를 혼자 두고 떠나는 것이 마음에
걸리는지 어머니가 계신 방문을 되돌아보며 사립문을 나섰다. 젊은
이는 어머니의 꿈 이야기가 왠지 불길했다. 해가 떠오르자 날씨가
더웠다. 젊은이는 강가로 내려가 저고리를 벗고 얼굴을 씻었다. 기
분이 상쾌하면서 시장기가 들었다. 젊은이는 물가에 앉아 주먹밥을
먹었다. 길 떠날 준비와 혼자 계신 어머니를 위해 집안일을 살피느
라 간밤에 잠을 설친 젊은이는 포만감과 함께 졸음이 밀려왔다. 얼
마쯤 잤을까. 젊은이는 문득 잠에서 깨어나 주위를 살폈다. 주위는
여전했다.

「분명 꿈을 꾸었는데… 이상하다. 전혀 기억이 안 나다니.」

그러나 꿈은 풀리질 않았다.

『애야, 부디 여자를 조심해라.』

신신당부하시던 어머니 말씀을 떠올리면서 젊은이는 자리에서 벌
떡 일어났다.

「아, 여자가 있었던가?」

젊은이는 꿈속을 더듬으며 괴나리봇짐을 어깨에 메는 순간 그의 뇌리를 스치는 것이 있었다.

「그렇지, 봇짐 속을 보자.」

젊은이는 짐을 풀었다. 순간 젊은이는 화다닥 뒤로 물러섰다. 한 마리의 큰 구렁이가 웅크리고 있는 것이 아닌가. 젊은이가 큰 돌멩이를 들어 구렁이를 향해 던지려 하자 구렁이는 스르르 몸을 풀어 숲속으로 자취를 감추었다. 젊은이는 돌을 든 채 물끄러미 구렁이를 쳐다보며 생각했다.

「그래, 저 구렁이가 사공에게 쫓기던 여인이 틀림없어.」

젊은이는 비로소 꿈속의 일을 기억해냈다.

스승의 심부름으로 나루터에 도착한 한 동자승이 사공에게 배를 태워달라고 부탁하고 있었다.

『뭐 강을 건너게 해달라고? 꼬마 상좌가 돈이 어디서 나서 배를 타려고 해. 중이라고 배를 거저 탈 생각은 아예 말아야 한다.』

『네, 뱃삯은 있습니다. 태워주세요.』

『어디 그럼, 삯 먼저 내놔 봐.』

동자승은 엽전 꾸러미를 꺼냈다. 돈 꾸러미를 본 사공은 눈을 크게 뜨며 말했다.

『너 그 돈 어디서 난 거냐? 바른 대로 이르지 않으면 관가에 고할 것이다.』

『이 돈은 보은사를 중창할 시줏돈이에요. 스님께서 강 건너 대장간에 갖다 주라고 하셔서 가는 길입니다.』

동자승은 또렷또렷하게 대답했다.

『그래, 그럼 건네주지. 어서 타거라.』

동자승을 태운 배가 강심으로 밀려 나갈 무렵 한 여인이 헐레벌떡 뛰어오며 나룻배를 불렀다.

『여보세요, 잠깐만 기다려요.』

『안돼요, 배를 띄웠으니 다음 차례를 기다리시오.』

『잠깐만 사공, 저 여인을 태우고 함께 갑시다.』

동자승이 사공에게 청했으나 사공은 다시 큰 소리로 외쳤다.

『여기 탄 손님이 스님이라 외간 여자와는 함께 타지를 않소.』

『아니 내가 언제 그랬소. 기왕이면 함께 가는 것이 사공에게도 이롭지 않소. 어서 배를 기슭에 대세요.』

사공은 하는 수 없이 배를 기슭에 대고 여인을 태웠다.

『고맙습니다, 스님.』

여인은 동자승을 향해 인사하더니 허리춤에서 엽전을 꺼내 사공 발밑에 던졌다. 그리고 나서 동자승을 향해 돌아앉았다.

『스님은 어디로 가세요?』

『예, 절 중창에 필요한 연장을 맞추러 대장간에 가는 길입니다.』

『절을 중창하시면 시주를 받으시겠군요. 저도 시주를 하고 싶으니 저희 집에 같이 가 주시지요.』

『고맙습니다. 소승은 보은사 사미승입니다.』

두 사람의 대화를 듣고 있던 사공이 갑자기 노를 들어 여인을 후려치며 외쳤다.

『이 요사스러운 년아, 왜 하필이면 스님을 꼬이느냐!』

사공이 내려치는 노를 피해 물속으로 뛰어든 여인은 금방 한 마리의 큰 암구렁이가 되어 달아났다.

그 바람에 놀란 젊은이는 잠에서 깨어난 것이었다. 해가 서산에 기울 무렵 젊은이는 나루터에 닿았다. 늙은 사공이 빈 배에 앉아 있었다.

『노인장, 나루를 건네주시겠습니까?』

『어서 타십시오. 헌데 젊은이는 이렇게 늦게 어딜 가시오.』

『과거를 보러 가는 길입니다.』

『나루는 건너면 30리 안에는 인가가 없는데 어디서 유하실려고?』

『인가가 없다니요?』

젊은이는 그제야 사공을 똑바로 보았다. 꿈속의 그 사공과 닮은 것 같았다.

『이곳이 여강나루가 아닙니까?』

『여강나루이지요. 그러나 젊은이는 새벽부터 길을 잘못 들었소. 젊은이는 오늘 낮에 강가에서 암구렁이를 보았지요. 이 길은 저승으로 통하는 길이오. 나루를 건너면 보은사가 있지만 누구도 살아서 절에 닿은 사람은 없소.』

『노인장, 저는 그럼 죽은 것입니까, 산 것입니까?』

『죽지는 않았소이다. 다만 젊은이의 효심 때문에 여기에 이른 것이오. 당신 어머니는 오늘 아침 당신이 길을 떠나자 곧 숨졌소. 지금은 보은사 나찰이 됐는데 절이 퇴락해 거처할 곳이 없어 절 아래 동굴에 머무는데 그곳은 백사녀라는 마귀의 집이라오. 그 마귀가 당신 어머께 집을 빼앗기고 화가 나서 당신을 해치려 했으나 다행히 나한테 들켜 당신을 해치지 못한 것이오.』

『그러면 꿈속의 동승이 저입니까?』

『그렇소. 당신 전생 모습이오. 전생부터 보은사 중창서원을 세운 당신은 아직도 그것을 이행 못하고 있소. 오늘 이런 기회도 모두 부처님의 계시입니다.』

조선 성종 4년(1473), 장원급제하여 여주 고을 원님이 된 젊은이는 대왕대비 특명으로 보은사를 크게 중창했다. 그 후 부처님 신탁으로 중창했다 해서 신륵사라 개칭했다. 지금도 신륵사 탑 밑에는 젊은이의 어머니인 나찰이 살고 있다고 한다.

여주 · 신륵사
경기도 여주시 신륵사길 73 (천송동 282)

나옹 스님의 효심

지금으로부터 6백여 년 전, 고려의 유명한 스님 나옹화상(법명 惠勤, 1320~1376)은 춘설이 어지럽게 흩날리는 길을 시자도 없이 혼자 걷고 있었다. 지금의 양주땅 회암사에서 설법을 마치고 이천 영월암이 있는 설봉산 기슭을 오르는 스님의 발길은 찌뿌듯한 날씨처럼 무겁기만 했다. 이때였다. 어디선가 가까이서 울리는 요령소리가 스님의 귓전을 울렸다.

『허, 또 누가 이생을 하직한 게로군.』

자신의 출가 당시 화두였던 사람이 오고가는 생사의 도리를 되뇌이면서 막 산모퉁이를 돌아서던 나옹 스님은 초라한 장의 행렬과 마주쳤다. 상여는 물론 상주도 없이 늙수그레한 영감이 요령을 흔들며 상엿소리를 구슬피 메기고, 그 뒤엔 장정 하나가 지게에 관을 메고 무거운 듯 힘겹게 걷고 있었다. 바로 뒤엔 두 명의 장정이 삽과 곡괭이를 들고 따랐다. 행렬은 스님을 보자 한쪽으로 비켜서면서 허리를 굽혔다.

『누가 갔는데 이처럼 의식도 갖추지 못하고…』

『예, 아랫마을 돌이어멈이 아직 젊은 나이에 세상을 하직했습니다.』

『거참 안됐구먼. 얼마 전 아들을 잃고 정신이 이상해졌다더니… 나무 관세음보살.』

스님은 마지막 가는 돌이어멈의 왕생극락을 기원하는 염불을 하고는 다시 가던 길을 재촉했다. 평소 마을을 지나다 몇 번인가 본 돌이어멈의 모습이 떠올랐다. 그녀는 아들을 잃고 난 뒤 충격을 받아 남의 집 물건을 예사로 훔치고 자주 마을 사람들과 싸우는 등 포악해졌다. 처음엔 동정의 눈빛으로 바라보던 마을 사람들도 나중엔 하도 말썽을 부리니까 가두어야 한다고 하여 한동안 보이지 않더니 그만 명을 달리하고 만 것이었다.

을씨년스런 날씨에 마음마저 착잡해진 스님은 문득 출가 전 자신이 고뇌하던 일을 주마등처럼 떠올렸다.

스님이 스무 살 때였다. 생사고락을 같이 하자고 약속한 절친한 친구가 갑자기 병으로 죽었다. 비통에 잠긴 나옹은 「사람은 죽으면 어디로 가는가」라는 물음을 어른들께 수없이 되풀이했으나 아무도 아는 이가 없었다.

벗과의 사별을 인생의 근본문제로 받아들인 나옹은 그 길로 공덕산 요연 스님을 찾아갔다.

『여기 온 것은 무슨 물건이냐?』

『말하고 듣고 하는 것이 왔으나 보려 하여도 볼 수 없고 찾으려 하여도 찾을 수 없나이다. 어떻게 닦아야 하겠나이까?』

이 말에 요연 스님은 나옹의 공부가 보통 경지가 아님을 알았다.

『나도 너와 같아서 알 수 없으니 다른 스님께 가서 물어라.』

나옹은 그곳을 떠나 여러 곳으로 돌아다니다가 1344년 양주 회암사에서 4년 동안 밤낮을 가리지 않고 앉아서 용맹정진을 한 끝에 깨달음을 얻었다.

그러나 스님은 더 높은 경지를 체험하기 위해 1347년 중국으로 구법求法의 길을 떠났다. 연경 법원사에 도착하여 그 절에 머물고 있던 인도 스님 지공화상을 만나 계오契悟했다. 2년간 공부하다 다시 남쪽으로 가서 평산 처림에게 법의와 불자를 받고 사방을 두루 다니며 선지식을 친견하던 스님은 어느 날 어머니의 타계 소식을 들었다. 어머니에 대한 애틋한 정이 솟아올랐으나 스님은 출가사문의 본분을 내세워 멀리서 왕생극락을 기원할 뿐이었다. 하지만 너무도 오랫동안 잊고 지내온 어머니 생각을 모두 떨칠 수는 없었다.

그날 밤 스님은 선정에 들어 어머니의 행적을 좇았다. 그런데 이게 웬일인가. 나옹 스님의 어머니 정씨는 뜻밖에도 환생하지 못하고 무주고혼이 되어 중음신으로 떠돌고 있는 것이 아닌가.

스님은 자신을 원망했다. 자기를 낳아준 어머니에 대해 그토록 무관심했던 자신의 불효가 한스러웠다.

「자식이 출가하면 구족이 복을 받는다는데 우리 어머님은 업장이 얼마나 두터우시길래 구천을 맴돌고 계실까. 혹시 아들의 모습을 못 보고 눈감으신 정한이 골수에 맺힌 것은 아닐까?」

스님은 지옥고에 허덕이는 어머니를 제도한 목련존자를 생각하며 어머니를 천도하기로 결심했다. 나옹 스님은 영월암 법당 뒤 설봉산 기슭 큰 바위에 모셔진 마애지장보살님 앞에서 어머니 천도기도를 시작했다.

『지장보살, 지장보살…』

지옥의 한 중생까지도 제도하겠다고 서원한 지장보살의 명호를 부르며 어머니의 왕생극락을 기원하는 나옹 스님의 독경은 간절했다. 그렇게 기도하기 49일째 되던 날, 나옹 스님은 철야정진에 들어갔다.

새벽녘 아직 동이 트기 전, 나옹 스님은 지장보살님의 전신에서 발하는 환한 금빛 광채를 보았다. 그것은 눈부신 자비의 방광이었다.

스님은 놀라서 고개를 들고 지장보살의 얼굴을 올려다보았다. 지장보살님의 눈에선 눈물이 주르르 흐르는 듯했다. 고통받는 지옥 중생 때문에 지옥 문전에서 눈물이 마를 새 없다는 지장보살님이 어머니를 천도하며 기쁨의 눈물을 흘리는 것만 같았다.

「아, 지장보살님께서 내 기도에 감응하시어 눈물로써 현현하고 계시는구나.」

나옹 스님은 기도가 성취되어 기뻤다.

『어머니, 이제 아들에 대한 섭섭하신 마음을 거두시고 편히 극락에 드십시오.』

기도를 마친 나옹 스님은 선실에 입정하여 이미 천도왕생하신 어머니를 보았다. 그 이후부터 영월암 지장보살님 앞에는 선망 부모의 왕생극락을 빌면서 자신의 업장을 소멸하려는 기도객들의 발길이 끊임없이 이어지고 있다. 나옹 스님은 영월암에서 14안거를 성만하면서 후학을 제접하고 신도들을 교화했다. 이 마애지장보살상은 지난 1984년 12월 보물 제822호로 지정됐다.

이천 · 영월암
경기도 이천시 경충대로 2709번길 388 (관고동 438)

정조의 독백

「백성들에게는 효를 강조하는 왕으로서 내 아버님께는 효도 한 번 못하다니…」

조선 제22대 임금 정조는 부친 장헌세자(사도세자)의 비참한 죽음이 늘 가슴 아팠다.

왕세손이었던 정조 나이 11세 때, 할아버지 영조는 불호령을 내렸다.

『어서 뒤주 속에 넣지 않고 무얼 주저하느냐?』

어린 왕세손은 울며 아버지의 용서를 빌었으나 끝내 들어주지 않았다.

영조는 뒤주에 못을 박고 큰 돌을 얹게 한 후 손수 붓을 들어 세자를 폐하고 서인으로 만들어 죽음을 내린다는 교서를 발표했다. 그로부터 8일 후, 뒤주에 갇힌 사도세자는 28세의 젊은 나이에 죽고 말았다. 어릴 때 목격한 당시의 모습이 뇌리에 떠오를 때마다 정조는 부친의 영혼이 구천을 맴도는 것만 같았다.

『저승에서나마 왕생극락하시도록 돌봐 드려야지.』

정조는 양주 배봉산에 묻힌 부친의 묘를 절 가까이 모셔 조석으로 영가를 위로하기로 결심하고 마땅한 장소를 물색하게 했다.

그러던 어느 날, 임금은 보경 스님으로부터 부모은중경에 대한 설법을 듣게 됐다.

『불가에서는 부모님의 은혜를 열 가지로 나누지요. 그 첫째는 나를 잉태하여 보호해 주시는 은혜요, 둘째는 고통을 참고 나를 낳아

주신 은혜요, 셋째는 낳아 기르느라 고생하신 은혜요, 넷째는 쓴 것은 부모가 먹고 단 것은 나에게 주시는 은혜요, 다섯째는 진자리 마른자리 가려 뉘어 주시는 은혜요…』

설법을 다 들은 정조는 부친을 위해 절을 세워야겠다고 생각했다. 임금은 먼저 지금의 경기도 화성군 태안면 안녕리 화산으로 부친의 묘를 옮겼다. 그리고는 가까이 있는 갈양사(신라 문성왕 16년에 세운 절) 터에 부왕의 명복을 기원하는 능사를 세우도록했다.

왕은 보경 스님을 팔도도화주로 삼았다. 백성들은 비명에 간 사도세자를 위해 절을 세운다고 하자 너도 나도 시주를 마다하지 않았다. 보경 스님은 8만냥의 시주금으로 4년 만에 절을 완성했다.

낙성식 전날 밤, 정조는 용이 여의주를 입에 물고 승천하는 꿈을 꾸었다. 이튿날 낙성식장에 친히 거동한 임금은 절 이름을 용주사라 명했다. 이 절이 바로 지금의 경기도 화성시 송산동에 위치한 조계종 제2교구 본사 용주사다.

정조는 자신에게 부모의 은혜를 새삼 일깨워주고, 용주사를 세우는데 크게 공을 세운 보경 스님에게 승려로서 으뜸인 도총섭의 칭호를 주어 용주사를 관장하게 했다. 그리고 전국에서 제일 그림 잘 그리는 화공을 찾아 부모은중경의 내용을 그림으로 그리게 한 후 다시 경판으로 각하여 용주사에 모시게 했으니 이는 지금도 원형대로 잘 보존되고 있다.

또 임금은 궁에서 쓰던 명나라제 금동 향로와 야월낙안도夜月落雁圖, 우중어옹도雨中魚翁圖, 촌중행사도村中行事圖, 산중별장도山中別莊圖, 고주귀범도孤舟歸帆圖, 산사참배도山寺參拜圖, 강촌심방도江村尋訪圖, 효천출범

圖曉天出帆圖와 용을 정교하게 양각한 8면 4각의 청동 향로를 하사했다.

임금은 능이 있는 인근 수원에 화성을 쌓아 소경小京으로 승격시키는 등 비명에 가신 부왕을 위해 할 수 있는 일은 무엇이든 다했다. 정조는 사도세자의 기일뿐 아니라 평소에도 자주 용주사를 찾았다. 어느 초여름날이었다. 능을 참배하던 정조는 능 앞 소나무에 송충이가 너무 많아 나무들이 병들어 가고 있음을 보았다.

『허허 이럴 수가. 내 땅에 사는 송충이로서 어찌 임금의 아버지 묘 앞에 있는 소나무 잎을 갉아먹는단 말이냐. 비명에 가신 것도 가슴 아픈데 너희들까지 이리 괴롭혀서야 되겠느냐.』

임금은 이렇듯 독백하며 송충이를 한 마리 잡아 이빨로 깨물어 죽였다. 그 이후로는 이 일대에 송충이들이 감쪽같이 사라졌다 한다. 지금도 용주사 주변과 융릉 지역은 송림이 울창하여 장관을 이루며 특히 용주사 주변의 회양목은 천연기념물 제10호로 지정돼 있다. 어느 가을날 용주사로 향하던 임금의 행차가 수원 못 미쳐 군포를 지나 고갯마루를 오르느라 속도가 좀 떨어졌다. 가마 안에서 임금은 속이 타는 듯 호령했다.

『여봐라, 어찌 이리 더디단 말이냐?』

『언덕을 오르느라 좀 더디옵니다.』

부왕을 그리는 정이 몹시 사무쳐 빨리 절에 다다르고 싶었던 왕의 심정을 기려 주민들은 이 고개를 「지지대遲遲臺」라 불렀다.

화성 · 용주사
경기도 화성시 용주로 136 (송산동 188)

적장敵將의 편지

『여보, 아마 우리에게도 기다리던 아기가 생기려나 봐요.』

『그렇게 되면 오죽이나 좋겠소. 한데 부인에게 무슨 기미라도….』

『간밤 꿈에 웬 스님이 제게 거울을 주시면서 잘 닦아 지니라고 하시지 않겠어요. 아무래도 태몽인 것 같아요.』

결혼한 지 10년이 넘도록 아기를 갖지 못해 영약이란 영약은 다 먹어 보고 명산대찰을 찾아다니며 기도를 올리던 충남 보은의 김진사댁 부인 박씨는 잠에서 깨어나자마자 남편에게 꿈 이야기를 했다.

그로부터 10개월 후, 한가위 달빛이 휘영청 밝은 밤, 김진사댁에서는 낭랑한 사내아이의 울음소리가 들렸다.

아기는 자라면서 남달리 총명하여 다섯 살 되던 해, 벌써 천자문을 마쳤다. 아이가 일곱 살이 되던 어느 여름날. 돌이는 서당에서 돌아오는 길에 갑자기 배가 아프다며 뒹굴기 시작했다. 나이 많은 서당 학우들이 업고 집에 이르자 놀란 김진사는 용하다는 의원을 부르고 약을 썼으나 며칠이 지나도 차도가 없이 병은 더 심해졌다. 그렇게 사흘째 되던 날.

『수리 수리 마하수리….』

대문 밖에서 스님의 염불소리가 들렸다. 시주 쌀을 갖고 나온 김진사 부인은 스님을 보는 순간 깜짝 놀랐다. 꿈에 거울을 주었던 그 스님이 바로 눈앞에 서 있는 것이 아닌가. 묘한 인연이라 생각한 부인은 스님께 돌이 이야기를 했다. 묵묵히 듣고만 있던 스님은 이미

다 알고 있는 듯 말문을 열었다.

『그렇잖아도 소승이 돌이를 데리러 왔습니다. 절에 가면 곧 건강을 되찾을 것이며 장차 이 나라의 훌륭한 인재가 될 것입니다.』

김진사 내외는 귀여운 아들을 절로 보낼 수 없어 선뜻 대답하지 못했으나 태몽을 생각하고는 하는 수 없이 스님 뜻에 따랐다.

스님 등에 업혀 절에 온 돌이는 언제 아팠느냐는 듯 건강해졌다. 낮에는 활쏘기 등 무예를 익히고 밤에는 불경을 읽으며 9세가 되던 해, 김진사가 병으로 사망했다는 소식이 전해왔다. 고향에 돌아가 상을 치르고 돌아온 돌이는 부친을 여읜 슬픔과 함께 사람의 나고 죽는 문제로 번민했다. 스님께 여쭈어 봐도 「아직 어리다」며 좀체로 일러주시려 하지 않았다.

이듬해 어느 가을날. 돌이는 화산의 설묵 스님을 은사로 득도하여 각성이란 법명을 받았다. 사미의 엄한 계율 속에 정진하던 각성은 14세 되던 해 부휴 스님을 따라 속리산, 금강산, 덕유산 등으로 다니며 경전공부 외에 무술, 서예 등을 익혔다. 이렇게 10년이 지나자 부휴 스님은 각성을 불렀다.

『이제 네 공부가 어지간하니 하산하여 중생을 구제하도록 하라.』

벽암이란 호를 받은 각성 스님은 그 길로 고향으로 돌아가 부모님 묘에 성묘하고는 한양으로 발길을 옮겼다.

때는 조선조 광해군 시절. 조정에서는 무과 과거시험을 치르는 방을 내걸었다. 각성 스님은 시험에 응시했다.

『김각성 나오시오.』

각성 스님과 마주한 상대는 호랑이 가죽 옷을 입고 머리는 풀어 흰 수건으로 질끈 동여맨 것이 마치 짐승 같았다. 두 사람의 몸이 공중에 떠오르는 등 손에 땀을 쥐게 하는 순간이 회를 거듭하던 중 짐승 같은 사나이의 목검이 부러졌다. 각성 스님은 절호의 기회였으나 상대방이 새 칼을 들고 다시 대적하도록 잠시 기다렸다.

그때 성난 사나이는 씩씩거리며 규정에 없는 진짜 칼을 원했다. 이를 지켜보던 난폭한 광해군은 구경거리라도 생긴 듯 진짜 칼을 주도록 어명을 내렸다. 다시 징소리가 울렸다. 「얏! 에잇!」 기합소리와 칼 부딪치는 소리뿐 장내는 쥐죽은 듯했다. 승부의 귀추가 주목되는 아슬아슬한 순간, 사나이의 칼이 스님의 머리를 후려치는데 스님은 날랜 동작으로 상대방의 칼을 손에서 떨어뜨렸다.

『오, 과연 장한 솜씨로구나.』

광해군은 탄복을 금치 못했다. 무과에 급제한 각성 스님은 팔도도총섭이란 벼슬을 맡았다. 그러나 바른말을 잘하는 스님은 임금에게 성을 쌓고 국방을 튼튼히 할 것을 간諫하다 뜻이 관철되지 않자 벼슬을 내놓고 다시 산으로 들어갔다. 몇 년간 무술을 더 연마하는 동안 나라는 점점 더 어지러워졌다. 그러던 어느 날 밤, 각성 스님은 부처님으로부터 세상에 내려가 성을 쌓고 전쟁에 대비하라는 계시를 받았다. 스님은 곧 대궐로 달려가 새 임금 인조에게 상소를 올렸다.

고맙게 여긴 임금은 스님의 옛 관직을 회복하여 팔도도총섭에 명하고 남한산성을 다시 쌓게 했다. 남한산성이 다 이루어지기도 전에 청나라 군사가 쳐들어왔다. 남한산성으로 피난을 하게 된 인조는 각성 스님의 공을 높이 치하했다.

『대사의 선견지명이 아니었던들 내 어찌 생명을 보존했겠소.』

성곽 수호를 관군에게 맡긴 각성 스님은 의승 천 명을 모아 「항마군」을 조직, 북으로 진격했다.

『나는 팔도도총섭이다. 대장은 나와서 나와 겨루자.』

이때 적진에서 달려나오던 대장은 갑자기 멈춰섰다.

『혹시 김각성 장군이 아니오?』

『그렇소만….』

『지난날 과거장에서 칼을 잃고 도망간 사람이 바로 나요. 나는 그때 조선의 정세를 염탐하러 왔다가 하마터면 목이 달아날 뻔했지요. 그때 살려준 은혜 잊지 않고 있소. 오늘 저녁 술이라도 한 잔 나눕시다.』

『술도 좋지만 우선 승패를 가리는 것이 순서가 아니겠소?』

『좋소. 그럼 내일 싸우도록 합시다.』

이튿날 아침. 벽암대사는 의병을 이끌고 적진을 향해 달려갔다. 그러나 이게 웬일인가. 그 많던 적군은 하나도 보이지 않았고 들판에는 편지를 매단 창이 하나 꽂혀 있었다.

『김각성 장군! 지난날 목숨을 구해준 은혜를 갚기 위해 그냥 돌아가오.』

편지를 읽은 스님은 의병을 이끌고 남한산성으로 돌아와 장경사를 건립했다. 훗날 조정에서는 스님의 공을 기리기 위해 남한산성에 「청계당清溪堂」이란 사당을 지어 매년 추모제를 올렸다.

광주 · 남한산성
경기도 광주시 남한산성면 산성리 산23

나녀裸女의 유혹

『이토록 깊은 밤, 폭풍우 속에 여자가 찾아올 리가 없지.』

거센 비바람 속에서 얼핏 여자의 음성을 들었던 원효 스님은 자신의 공부를 탓하며 다시 마음을 굳게 다졌다.

『아직도 여인에 대한 동경이 나를 유혹하는구나. 이루기 전에는 결코 자리를 뜨지 않으리라.』

자세를 고쳐 점차 선정에 든 원효 스님은 휘몰아치는 바람과 거센 빗소리를 분명히 듣는가 하면 자신의 존재마저 아득함을 느꼈다.

「마음, 마음은 무엇일까?」

원효 스님은 둘이 아닌 분명한 본래 모습을 찾기 위해 무서운 내면의 갈등에 휘말리고 있었다.

그때였다. 「바지직」하고 등잔불이 기름을 튕기며 탔다. 순간 원효 스님은 눈을 번쩍 떴다. 비바람이 토굴 안으로 왈칵 밀려들었다. 밀려오는 폭풍우 소리에 섞여 여자의 음성이 들렸다. 스님은 귀를 기울였다.

『원효 스님, 원효 스님, 문 좀 열어주세요.』

스님은 벌떡 일어났다. 그러나 다음 순간 망설였다. 여인은 황급하게 문을 두드리며 스님을 불렀다.

스님은 문을 열었다. 왈칵 비바람이 방 안으로 밀려들면서 방 안의 등잔불이 꺼졌다.

『스님, 죄송합니다. 이렇게 어두운 밤에 찾아와서….』

칠흑 같은 어둠 속에 비를 맞고 서 있는 여인을 보고도 스님은 선뜻 들어오란 말이 나오질 않았다.

『스님, 하룻밤만 지내고 가게 해주세요.』

여인의 간곡한 애원에 스님은 문 한쪽으로 비켜섰다. 여인이 토막으로 들어섰다.

『스님, 불 좀 켜 주세요. 너무 컴컴해요.』

스님은 묵묵히 화롯불을 찾아 등잔에 불을 옮겼다. 방 안이 밝아지자 비에 젖은 여인의 육체가 눈에 들어왔다. 와들와들 떨고 있는 여인의 모습은 아름다웠다.

『스님 추워서 견딜 수가 없어요. 제 몸 좀 비벼 주세요.』

여인의 아름다움에 잠시 취해 있던 스님은 퍼뜩 정신을 차렸다. 공연히 들여놨다 싶어 후회가 되었다.

떨며 신음하는 여인을 안 보려고 스님은 눈을 감았다. 하지만 비에 젖어 속살이 들여다보이는 여인의 모습이 더욱 뚜렷하게 나타나는 것이 아닌가.

『모든 것은 마음 따라 일어나는 것. 내 마음에 색심이 없다면 이 여인이 목석과 다를 바 있으랴.』

스님은 부지중에 중얼거렸다. 그리고는 여인을 안아 침상에 눕히고는 언 몸을 주물러 녹여 주기 시작했다. 풍만한 여체를 대하자 스님은 묘한 느낌이 일기 시작했다. 스님은 순간 여인을 침상에서 밀어냈다.

「나의 오랜 수도를 하룻밤 사이에 허물 수야 없지.」

이미 해골물을 달게 마시고 「일체유심조」의 도리를 깨달은 스님은 다시 자기 정리를 시작했다.

「해골을 물그릇으로 알았을 때는 그 물이 맛있더니, 해골을 해골로 볼 때는 그 물이 더럽고 구역질이 나지 않았던가. 일체만물이 마음에서 비롯된다 하였으니 내 어찌 더 이상 속으랴.」

이 여인을 목석으로 볼 것이 아니라 있는 그대로의 여인으로 보면서도 마음속에 색심이 일지 않으면 자신의 공부는 온전하다고 생각했다.

스님은 다시 여인에게 다가갔다. 그리고는 여인의 몸을 비비면서 염불을 했다. 여인의 풍만한 육체는 여인의 육체가 아니라 한 생명일 뿐이었다. 스님은 여인의 혈맥을 찾아 한 생명에게 힘을 부어주고 있었다. 남을 돕는 것은 기쁜 일. 더욱이 남과 나를 가리지 않고 자비로써 도울 때 그것은 이미 남을 돕는 것이 아니라 자기 삶이 되는 것이다.

도움을 주는 자와 받는 자의 구별이 없을 때 사람은 경건해진다. 여인과 자기의 분별을 떠나 한 생명을 위해 움직이는 원효 스님은 마치 자기 마음을 찾듯 준엄했다. 여인의 몸이 서서히 따뜻해지기 시작했다. 정신을 차린 여인은 요염한 웃음을 지으며 스님 앞에 일어나 앉았다. 여인과 자신의 경계를 느낀 스님은 순간 밖으로 뛰쳐 나왔다.

폭풍우가 지난 후의 아침해는 더욱 찬란하고 장엄했다. 간밤의 폭우로 물이 많아진 옥류폭포의 물기둥이 폭음을 내며 떨어지고 있었다. 스님은 훨훨 옷을 벗고 옥류천 맑은 물에 몸을 담그었다. 뼛속까지 시원한 물속에서 무한한 희열을 느끼는데 여인이 다가왔다.

「스님, 저도 목욕 좀 해야겠어요.」

여인은 옷을 벗어 던지고는 물속으로 들어와 스님 곁으로 다가왔다. 아침 햇살을 받은 여인의 몸매는 눈이 부셨다. 스님은 생명체 이상으로 보이는 그 느낌을 자제하고 항거했다. 결국 스님은 눈을 부릅뜨고 외쳤다.

「너는 나를 유혹해서 어쩌자는 거냐?」

「호호호, 스님도. 어디 제가 스님을 유혹합니까? 스님이 저를 색

안으로 보시면서.」

큰 방망이로 얻어맞은 듯한 순간 스님의 머리는 무한한 혼돈이 일었다. 「색안으로 보는 원효의 마음」이란 여인의 목소리가 계속 스님의 귓전을 때렸다. 거센 폭포 소리도 들리지 않았다. 계속하여 여인의 음성이 혼돈으로 가득 찬 머릿속을 후비고 들어올 뿐.

「색안으로 보는 원효의 마음」을 거듭거듭 뇌이면서 원효 스님은 서서히 정신을 차렸다. 폭포 소리가 들렸고 캄캄했던 눈앞의 사물이 제 빛을 찾고 제 모습을 드러냈다. 이렇게 의식되는 눈앞의 경계를 놓치지 않고 원효 스님은 갑자기 눈을 떴다.

원효 스님은 처음으로 빛을 발견한 듯 모든 것을 명료하게 보았다.

「옳거니, 바로 그거로구나. 모든 것이 그것으로 인하여 생기는 마음까지도 버려야 하는 그 도리!」

스님은 물을 차고 일어섰다. 그는 발가벗은 몸을 여인 앞에 아랑곳없이 드러내며 유유히 걸어나왔다. 주변의 산과 물, 여인과 나무 등 일체의 모습이 생동하고 있었다.

여인은 어느새 금빛 찬란한 후광을 띤 보살이 되어 폭포를 거슬러 사라졌다. 원효 스님은 그곳에 암자를 세웠다. 자기의 몸과 마음을 뜻대로 한 곳이라 하여 절 이름을 「자재암自在菴」이라 했다. 지금도 동두천에서 멀지 않은 단풍으로 유명한 소요산 골짜기에는 보살이 목욕했다는 옥류폭포가 있고 그 앞에는 스님들이 자재의 도리를 공부하는 자재암이 있다.

소요산 · 자재암
경기도 동두천시 평화로 2910번길 140 (상봉암동 산1-1)

바다에서 나온 나한상

『오늘은 날씨가 이렇게 화창한 걸 보니 고기가 많이 잡힐 것 같군. 자네는 기분이 어떤가?』

『글쎄, 나도 오늘은 꼭 좋은 일이 있을 것만 같으이.』

신라 진덕여왕 3년(649) 4월. 강화 보문사 아랫마을 매음리 어부들은 새봄을 맞아 출어 준비를 하며 만선의 기대감에 가슴이 설레었다.

준비를 마친 어부들은 풍어를 기원하면서 앞바다로 나갔다.

4월의 미풍은 바다 내음을 싣고 와 피부를 간지럽혔고, 고기잡이에 알맞게 출렁이는 물결은 봄 햇살 때문인지 여느 때보다 더욱 풋풋하고 싱그러워 보였다. 그물만 넣으면 금방이라도 고기들이 가득 담겨 올라올 것만 같았다.

어부들은 콧노래를 부르며 큰 그물을 바닷속에 던졌다. 얼마나 지났을까. 어부들이 그물을 올리려고 보니 바다는 숨을 쉬지 않는 듯 고요했다.

『여보게, 우리가 그물을 올리려고 하니 어쩜 바람 한 점 일지 않네 그려.』

『그도 그렇지만 대단히 큰 고기가 걸린 모양일세.』

『그러니까 그물이 이렇게 묵직하지. 그렇지 않고서야 이렇게 무거울 리가 있겠나. 자 어서들 힘을 모아 끌어 올립시다.』

어부들은 난생 처음보는 대어가 올라올 것을 기대하면서 그물을 끌어올렸다. 그물이 서서히 물 위로 오르자 갑판에는 순간 긴장의 빛이 감도는 듯했다. 무게로 봐서 대단히 큰 물고기일 거라고 생각한 어부들은 가슴이 조마조마함을 금치 못했다.

그러나 이게 웬일인가. 막상 그물을 올려 놓고 보니 펄떡펄떡 뛰는 고기는 한 마리도 없었다. 그물 속에는 고기 대신 인형모양의 돌덩이 22개가 들어있었다. 큰 기대가 실망으로 바뀐 어부들은 돌덩이들을 즉시 바닷속에 쏟아버리고 새로 그물을 쳤다.

『날씨가 너무 좋아 일진이 좋으려나 했더니 돌덩이라니, 오늘 점 잘못 친 거 아닌지 모르겠군.』

구레나룻이 많은 털보 김씨가 바다를 향해 「퇴퇴퇴」 침을 3번 뱉으면서 혼자 중얼거렸다. 점심때가 좀 기울어 어부들은 다시 그물을 걷어 올리려 했다. 이상스럽게도 바다는 다시 잠잠해졌고 그물은 앞서와 다름없이 굉장히 무거웠다.

『혹시 또 돌덩이가 걸린 건 아닐까?』

『아무튼 끌어올려나 보세.』

어부들은 다시 있는 힘을 다해 그물을 올렸다. 역시 또 22개의 돌덩이가 담겨 올라왔다. 어부들은 다시 인형처럼 생긴 돌덩이를 바닷속에 버리고는 그만 뱃머리를 뭍으로 돌렸다.

『아무래도 무슨 조짐인 것 같군. 돌덩이가 그것도 22개씩 똑같이 두 번이나 걸리다니. 오늘은 해도 기울고 했으니 그만 돌아갑시다.』

어부 중 제일 나이가 지긋한 박씨의 의견에 모두 고개를 끄덕였다. 빈손으로 돌아온 어부들은 한결같이 그날 밤 아주 이상한 꿈을 꾸었다. 하얀 수염의 노스님이 나타나 하는 말이, 『그대들은 어찌하여 귀중한 것을 두 번씩이나 바다에 던졌느냐. 내일 다시 그물을 치면 그 돌덩이들이 또 올라올 테니, 그들을 명산에 잘 봉안하라. 그러면 길상이 거듭될 것이니라.』고 일러주고는 홀연히 사라졌다.

이튿날 꿈 이야기를 주고 받은 어부들은 모두 똑같은 꿈을 꾸었음을 예사롭지 않게 생각하여 어제 그 장소로 다시 나갔다.

돌 인형은 어제와 다름없이 그물에 걸려 올라왔다. 어부들은 노승이 일러준 대로 그 돌들을 신령스런 산에 봉안하기 위해 정성껏 마을로 모셔왔다.

『우리 마을에선 보문사가 있는 낙가산이 제일 명산이니 그곳으로 모시고 가서 적당한 자리를 찾아봅시다.』

낙가산으로 돌덩이를 옮기던 어부들이 보문사 앞 석굴 부근에서 잠시 쉬고 다시 일어서려는데 갑자기 돌은 더 무거워진 듯 꼼짝도 안했다.

『예가 바로 신령스러운 곳인가 보오. 이곳 굴속이 비었으니 여기에 모시도록 합시다.』

그렇게 해서 스물두 분의 인형 돌덩이를 굴속에 봉안하니 이들이 바로 오늘까지 현존하는 보문사 굴법당 3존불상과 18나한, 그리고 나반존자이다.

그 후 뱃사공들은 모두 거부가 되었다 한다.

회정대사가 금강산에서 내려와 이곳에 관음도량을 개창하고 산 이름을 낙가, 절이름을 보문사라 칭한 지 14년 만에 일어난 일이다. 그 후 이 석굴법당은 많은 신통스런 영험이 일었다 하여 일명 신통 굴이라고도 불리었다.

보문사 법당에는 옥등잔이 있었다.

참기름을 준비한 사미 스님이 옥등잔을 갖고 굴법당으로 갔다. 등잔에 기름을 부어 불을 당기고는 올려놓다가 그만 잘못하여 등잔을 깨뜨렸다. 놀란 사미승은 겁이 나서 방에 들어가 울고 있었다. 대중 스님들이 연유를 물었다. 사중寺中 보물인 옥등을 깨뜨렸다는 사미승의 말을 듣고 대중 스님들은 굴법당으로 갔다. 그러나 이상하게도 깨졌다던 옥등에는 불이 켜져 있었고, 옥등은 상처 하나 없이 멀쩡했다.

어느 날 보문사에 도둑이 들어 향로, 다기, 촛대 등 유기그릇 일체를 훔쳐 달아났다. 무거운 유기그릇을 한 짐 지고 끙끙거리면서 밤새 도망친 도둑은, 「이제 아무리 못 와도 70~80리는 왔을 테니 좀 쉬어 가도 잡히지 않겠지.」 하고는 짐을 내려놓고 조금 쉬려니 바로 발 아래서 새벽 범종소리가 울렸다.

「밤길이 어두워 내가 겨우 도망친다는 게 다른 절로 온 게 아닌가.」

덜컥 겁이 난 도둑은 얼른 일어나 다시 도망치려고 짐을 지려는데 뒤에서 누가 목덜미를 탁 잡는 것이 아닌가.

『이 녀석, 어디서 무슨 짓을 못해 부처님께 공양 올리는 성물을 훔쳐 가느냐?』

『아이구 스님, 잘못했습니다. 밤새 걸었는데 보문사 경내를 벗어나지 못했다니 도무지 알 수가 없습니다.』

『이 모두가 나한님의 신통력 때문이니라.』

새벽에 도량석을 하려고 나왔던 스님에게 잡힌 도둑은 그 후 착한 불제자가 되었다 한다.

  3개의 홍예문을 지닌 이 천연동굴 법당은 지방문화재 제57호로 석실 면적 320㎡에 높이 8m 규모. 내부에는 반월형 좌대를 마련하고 탱주撑柱를 설치, 그 사이의 21개 감실에 높이 30cm 정도의 나한님과 석불을 모셨다.

강화 · 보문사
인천시 강화군 삼산면 삼산남로 828번길 44 (매음리)

두 그루 은행나무

『스님-.』

『......』

『노스님-.』

동승은 백발이 성성한 노스님 앞으로 가까이 다가서며 목청을 높였다. 노스님은 마치 천년 고목인 양 눈을 감은 채 말이 없다.

하늘을 덮은 두 그루 은행나무가 서 있는 일주문 밖에 노스님은 아침부터 그렇게 앉아 있었다.

『노스님!』

사미승은 염주가 들린 노스님의 팔을 잡아 흔들었다.

『스님, 관가에서 사람이 왔습니다.』

『또 무슨 일로?』

『상감께 진상할 은행을 작년의 두 배인 스무 가마를 내라는 전갈입니다.』

두 사람은 잠시 말이 없었다.

산까치 울음소리가 고요한 가을 산사의 적막을 깬다.

노스님은 육환장을 짚고 일어나 동승과 함께 일주문 안으로 걸어 들어갔다.

『선재야, 너 벼슬아치 성화가 무서우냐?』

『아뇨. 다만 해마다 은행은 열 가마 정도밖에 열리지 않는데….』

『그래도 바쳐야지.』

『소승은 벼슬아치들이 부처님 도량에 와서 행패를 부릴 때면 그들이 측은하게 생각됐는데 이제는 그들이 미워집니다. 스님, 어찌하면 남을 미워하지 않을 수 있을까요?』

『선재야.』

『네, 스님.』

그들은 걸음을 멈추고 마주 바라봤다. 노승과 동승은 마치 자신들의 전생과 미래를 보는 것 같았다.

『남을 미워하는 것은 자기를 아끼기 때문이니라. 자기를 아끼는 마음은 남을 미워하기도 사랑하기도 한단다. 이는 모두 인연 따라 일어나는 일이니 나의 업연으로 인해 남을 미워함은 곧 나를 미워함과 같느니라. 출가한 사문은 이런 마음을 버려야 한다. 오늘날 조정은 물론 사대부까지도 불법을 욕되게 하나 그렇다고 그들을 미워해서는 안된다. 부처님 법은 결코 더럽혀지는 것이 아니니 자비로써 대해야 하느니라.』

동승은 노스님 앞에 머리 숙여 합장했다.

불교 탄압이 심했던 조선조 시절. 나라에 공물을 바치고 사역을 해야 했던 스님들은 깊은 산으로 들어가 은거했다. 따라서 많은 절이 폐사되거나 퇴락해 갔다. 이럴 즈음 강화도 전등사에도 벼슬아치와 토호들의 토색질이 심했다. 젊은 스님들은 강화성을 쌓는 데 사역 나갔고 나이 든 스님들은 절에서 종이를 만들어 바쳐야 했다. 스님들은 이런 어려움을 수행의 한 과정으로 받아들였다.

그러나 열 가마 이상은 열리지 않는 은행을 스무 가마나 공물로 바치라니 어이가 없을 수밖에.

종이를 만들던 한 스님이 동승과 함께 다가오는 노스님을 향해 합장하며 말했다.

『스님, 스무 가마의 은행을 어떻게 바치겠습니까?』

『글쎄 어찌하면 좋을꼬?』

『스님, 나랏님께 상소하는 것이 어떨까요.』

『상소? 소용없는 노릇이야.』

『그럼 탁발을 해서 바쳐야 할까요?』

『그것도 안될 일. 만약 그 사실이 알려지면 우리가 좋은 은행은 다 먹고 탁발한 은행을 진상했다고 트집잡을 것이다.』

노스님 주변으로 경내 대중들이 걱정스런 얼굴을 하고 하나 둘 모여들었다.

『너희들이 걱정할 일이 아니다. 어여 가서 열심히 공부나 하여라. 불법의 길은 각자가 하는 일 속에 있으니 소임에 충실하거라.』

노스님은 다시 동승에게 일렀다.

『선재야. 너는 곧 백련사에 가서 추송 스님을 모셔 오너라.』

말을 마친 노스님은 육환장을 끌면서 선실로 들어갔다.

『그렇지! 그 스님이면 될 거야. 바람과 비를 몰아오는 신통력을 지녔으니 은행 스무 가마 열리게 하기란 어렵지 않을 거야.』

땅거미가 질 무렵, 추송 스님은 동승을 앞세우고 전등사에 도착했다.

추송 스님은 곧장 주지실로 들어갔다. 수인사를 마친 두 스님은 한동안 무엇인가 의논했다. 이윽고 노스님이 동승을 불렀다.

『선재야, 모든 대중을 일주문 밖 은행나무 아래로 모이도록 일러

라. 그리고 별좌 스님은 은행나무 아래 제단을 마련하고 3일기도 올
릴 준비를 하도록 해라.』

『스님, 은행을 많이 열리게 하는 기도인가요?』

『그렇다. 어서 전하기나 해라.』

노스님은 동승을 재촉했다.

이튿날 아침부터 은행을 더 열리게 하는 3일기도가 시작되었다.
이 소문은 곧 인근 마을에서 마을로 알려져 강화섬 전역에 퍼졌다.
구경꾼이 모여들기 시작했고 구경 나온 아낙들도 추송 스님을 따라
절을 하면서 함께 기도했다.

밤낮을 가리지 않고 올리는 재는 그 열기가 점점 고조되어 갔다.
당대의 도승 추송 스님이 친히 3일기도를 올린다 하니 강화섬 벼슬
아치들도 호기심을 갖고 기도장에 나타났다.

『노인, 당신이 주지요?』

『그렇소.』

포졸 서너 명과 함께 나온 군관이 노스님에게 시비를 걸었다.

『이 재는 왜 올리는 거요? 나라에 공물을 바치기 싫어서 상감마마
와 백성을 저주하는 기도가 아니오?』

『어찌 그런 무엄한 말을… 우리는 상감마마에게 진상할 은행이
많이 열리기를 기원하고 있을 뿐이오.』

『하하하, 은행이 어디 사람 맘대로 더 열리고 덜 열릴 수 있단 말
인가. 정말 어리석은 소리로군.』

군관은 하늘을 쳐다보며 크게 비웃었다.

그때였다. 웃음이 채 끝나기도 전에 군관은 얼굴을 감싸고 땅 위

에 나뒹굴렀다. 새파랗게 질린 군관이 정신 차리고 일어섰을 때 군관의 한쪽 눈은 부은 채 멀어 있었다. 이 소문을 들은 구경꾼은 자꾸만 늘어났다.

재가 막바지에 이르렀을 때 목탁과 바라 소리, 그리고 염불 소리가 일시에 멎었다. 신비로운 적막이 천지를 뒤덮었다. 얼마나 시간이 흘렀을까. 이윽고 추송선사의 낭랑한 음성이 적막을 깨뜨렸다.

『… 오늘 남섬부주 해동 조선국 강화도 전등사에서 3일기도를 지성봉행하여 마치는 대중들은 두 그루 은행나무에 열매가 맺지 않게 해주기를 축원하나이다. 백년이고 천년이고….』

모였던 대중들은 자신들의 귀를 의심했다. 그러나 선사의 축원이 끝나자 마자 바람이 일고 뇌성이 치더니 때아닌 먹구름이 일면서 우박과 비가 퍼부었다. 그 위로 은행 열매가 우수수 떨어졌고, 육환장을 짚고 선 노승과 동승이 마주서서 크게 웃고 있었다.

이날 이후 노승과 동승은 물론 추송선사도 보이지 않았으며 관가의 탄압도 없어졌다. 또한 두 그루의 은행나무는 오늘날까지도 열매를 맺지 않는데 사람들은 이 은행나무 하나를 노승나무, 다른 하나를 동승나무라고 부른다.

강화 · 전등사
인천광역시 강화군 길상면 전등사로 37-41 (온수리 635)

땅굴에서 나온 임금

고려 제5대 임금 경종이 승하하자 자매 왕비였던 헌애왕후와 헌정왕후는 20대의 꽃 같은 나이에 눈물로 세월을 보냈다.

뛰어난 미모와 정결한 성격으로 왕의 총애를 독차지하던 헌정왕후는 성안(개경) 10대 사찰의 하나인 왕륜사 별궁으로 거처를 옮겨 관음기도를 하면서 허전한 마음을 달랬다.

부처님께 의지하여 살아오기 어느덧 10년. 헌정황후는 어느 날 불현듯 자신의 분신인 아들이나 딸이 하나 있었으면 얼마나 좋을까 하는 생각이 들었다.

『내 이 무슨 망상인가. 아니야, 양자라도 하나 들일까.』

이런 저런 생각이 꼬리를 물고 맴돌던 어느 날 밤. 헌정왕후는 송악산에 올라가 소변을 보는데 온 장안이 소변으로 인해 홍수가 지는 꿈을 꾸었다. 하도 이상하여 복술가를 찾아가 물었다. 왕비의 말을 다 들은 복술가는 얼른 일어나 아홉 번 절을 하더니 말했다.

『매우 길몽입니다. 아기를 낳으면 나라를 통치할 큰 인물이 될 것입니다.』

『나는 홀로 사는 몸인데 그 무슨 망발인가.』

『아니옵니다. 이는 천지신명의 뜻이오니 거룩한 아드님을 낳을 징조입니다.』

『그런 말 두번 다시 입 밖에 내지도 말게나.』

그 무렵, 경종의 숙부이자 헌정왕후의 숙부인(고려 왕실은 친족혼을 허용했다) 안종은 집 가까이 절에서 홀로 지내는 헌정왕후에게 간혹 선물을 보내는가 하면 집으로 초대하여 위로하곤 했다.

숙부의 친절에 감사하던 헌정왕후도 존경하는 마음에 호의를 품게 되어 손수 수놓은 비단병풍을 답례 선물로 보냈다. 이러는 동안 두 사람은 정을 나누게 됐고 헌정왕후는 홀몸이 아니었다.

헌정왕후는 걱정 끝에 안종을 찾아가 송악산에서 소변 보던 꿈과 아기를 가질 무렵 관음보살께서 맑은 구슬을 주시던 꿈 이야기를 하면서 멀리 섬으로 도망가 아기를 낳겠다고 상의했다.

『내 어찌 왕후를 멀리 보내고 살 수 있겠소. 더욱이 아기는 어떻게 하고….』

이런 이야기를 엿들은 안종의 부인은 두 사람을 괘씸히 생각하여 안종의 방 앞에 섶나무를 쌓고 불을 질렀다. 이로 인해 소문이 퍼지게 되고 이 사실을 안 성종(헌정, 헌애왕후의 친오빠)은 안종을 제주도로 귀양 보냈다.

이 소식을 들은 헌정왕후는 그 자리에서 실신하여 가마에 실려오다 산기가 있어 그날 밤 옥동자를 분만하니 그가 바로 후일의 현종이다. 헌정왕후는 아기를 분만하고 다시는 일어나지 못했다.

한편 헌애왕후는 두 살 된 왕자 송을 기르면서 별궁에서 쓸쓸한 나날을 보냈다. 본래 성품이 포악하고 음탕하여 동생 헌정왕후를 시기 질투하던 그녀는 외간 남자들에게 눈을 돌리던 차 간교하기로 소문난 외사촌 김치양과 정을 통하게 됐다.

왕자 송이 18세 되던 해에 성종은 갑자기 병을 얻어 세상을 떠났다. 그 뒤를 송이 이으니 그가 바로 목종이다. 목종이 왕위에 오르자 헌애왕후는 정사를 돌보면서 천추전에 거처하니 「천추태후」라 불리었다.

태후와 놀아나던 김치양은 하늘 높은 줄 모르고 호화로움을 누리면서 부정을 저질렀다. 목종은 김치양을 내쫓고 싶었으나 어머니의 마음이 상할까 염려하여 실행치 못했다.

어느 날 태후는 거리낌없이 김치양의 아기를 낳고는 장차 왕위를 잇게 하려는 음모를 꾸몄다.

태후는 김치양과 모의하여 헌정왕후가 낳은 대량원군 순을 궁중에서 내쫓기로 했다. 이때 순의 나이 12세였다.

매우 총명하고 영특한 순은 백모 태후가 시기하는 눈치를 채고 번화로운 궁중을 떠나 절에 가서 수도하기로 결심했다. 그는 궁중에 들어와 설법하는 스님을 따라 개경 남쪽에 있는 숭교사에 가서 머리를 깎고 입산출가했다.

대량군 스님이 남달리 총명하여 10년 공부를 3년에 마쳤다는 소문이 나돌자 태후는 늘 감시를 늦추지 않고 자객을 보내기도 했다. 그러나 직감 있는 스님의 경계로 여러 차례 화를 면한 대량군은 그곳을 떠나 삼각산의 조그만 암자로 들어갔다. 암자의 노스님 진관대사는 대량군이 읊은 시 한 수를 듣는 순간 그가 용상에 오를 큰 인물임을 알았다.

대량군의 행방을 뒤쫓던 태후는 마침내 삼각산 암자에 있다는 소문을 들었다. 대량군의 신변이 위험함을 느낀 진관대사는 산문 밖에 망보는 사람을 배치하는가 하면 수미단 밑에 땅굴을 파고는 그 안에 침대를 놓아 대량군을 기거케 했다.

대량군이 3년 간의 땅굴 생활을 하는 동안 조정은 어지러울 대로 어지러웠다. 왕은 궁중이 어수선하여 심장병에 걸렸고, 이 틈을 타서 김치양은 역적을 모의했다. 그러나 강조가 먼저 변란을 일으켰다. 그는 목종을 폐위시키고 대량군을 새 임금으로 모시기로 결심했다.

대량군 나이 18세 되던 어느 날.

『새 임금 맞이하니 신천지 열리고 새 일월이 밝아오네.』

3현 6각의 풍악소리가 울리면서 오색 깃발이 하늘을 뒤덮는 가운데 금·은·칠보로 장식된 8인교 가마가 산문 밖에 멈췄다. 스님들은 정중하게 행차를 맞이했다.

『대량군 마마님을 모시러 왔습니다.』

특명대사 김응인과 황보 유의는 진관대사에게 예를 올리고 찾아온 뜻을 말한 후 대군의 별당 앞에 국궁재배했다.

『대군마마! 대위를 이으시라는 어명 받잡고 모시러 왔사옵니다.』

『내 운명 기박하여 세상을 등진 몸, 일생을 조용히 보낼 것이니어서 물러들 가시오.』

하지만 대량군은 거듭 간청하는 특사의 뜻과 진관대사의 권유에 땅굴에서 나와 대궐로 향했다. 대군은 진관대사와 눈물로 작별하면서 자신이 거처하던 땅굴을 신혈이라 하고 절이름을 「신혈사神穴寺」라 바꾸기를 청했다.

그 후 왕위에 오른 현종은 자신의 심기를 달래며 거닐던 신혈사 인근의 평탄한 터에 진관대사의 만년을 위해 크게 절을 세우게 하고 진관대사의 이름을 따서 「진관사津寬寺」라 명했다. 그 후 마을 이름도 진관동이라 부르게 됐다.

서울·진관사
서울시 은평구 진관길 73 (진관동 354)

삼성산의 신비

『음, 또 무너졌구나.』

한양에 궁궐을 건설하기 시작한 태조 이성계는 이제 절망적이었다. 기둥을 세우고 집을 완성해 놓으면 하룻밤 사이에 무너져 버리기 벌써 여러 차례. 그러나 태조는 일을 중단치 않았다.

『나라 안에서 이름난 대목들을 모두 뽑아 오너라.』

태조가 영을 내리자 방방곡곡에서 유명한 장인은 모두 한양 대궐 짓는 곳으로 모였다. 몇 번이나 짓기에 실패한 대궐이기에 장인들은 심혈을 기울여 일했다. 그러나 이들의 정성도 아랑곳없이 대궐은 또 무너졌다.

태조는 울화가 치밀었다.

『저 꾸물거리는 대목장이를 이리 불러오너라.』

왕의 불호령이 떨어지자 대목장은 태조 앞에 나와 부들부들 몸을 떨었다.

『네 이놈 듣거라!』

『황공하옵니다, 상감마마.』

『어찌하여 일을 게을리하는지 연유를 말하라.』

『기둥을 세우고 건물을 완성시키면 밤새에 그만….』

대목은 움츠렸던 목을 간신히 풀며 작은 목소리로 아뢰었다.

『너희들이 빈틈없이 일을 잘해도 이런 일이 일어난단 말이냐?』

『아니옵니다. 아무리 잘해도 번번이 실패이오니 그 곡절을 알 길이 없사옵니다. 아뢰옵기 황공하오나 저희 장인들과 일꾼들은 이 궁궐 일을 두려워하고 있사옵니다.』

『뭐라고! 두려워한다고? 어서 그 연유를 일러라.』

태조의 노한 얼굴에 어두운 그림자가 스쳤다.

『저희 장인들과 일꾼들이 일을 끝내고 집에 돌아가 잠자리에 들면 한결같이 꿈에 사나운 호랑이가 나타나 잡아먹을 듯 으르렁거리며 달려든다 하옵니다. 마마, 통촉하옵소서.』

『고얀지고. 필시 짐을 우롱하려는 수작이지 그럴 리가 있느냐?』

『아니옵니다. 황송하오나 이 늙은 것두 밤마다 호랑이 때문에 잠을 못 이루고 있사옵니다.』

『뭣이?』

태조는 화가 치밀었으나 세우기만 하면 허물어지는 궁궐을 생각하니 괜한 말이 아닌 듯싶었다.

잠시 시름에 잠겼던 태조는 공사장으로 눈길을 돌렸다.

『아니….』

임금은 그만 말을 잇지 못한 채 말문이 막혀 버렸다.

석수장이 대목장 몇 명이 짐을 꾸리고 있는 것이 아닌가. 장인들은 하루빨리 이 불안한 공사장에서 빠져나가려 했다. 이 광경을 목격한 임금이 대노하니 신하와 감독관들은 더욱 난감했다.

『모두들 듣거라. 하루속히 궁궐이 완성되어야 하는 이 마당에 일을 버리고 도망치려 하다니 이는 필시 상감마마에 대한 불충일진대 오늘 우두머리 몇 놈을 처단할 것이니라.』

신하의 고함소리에 장인들은 숨소리조차 크게 내쉬지 못했다. 잠시 침묵이 흐른 뒤 우두머리 장인 하나가 고개를 들고 입을 열었다.

『저희들은 절대 불충이 아니옵니다. 우리가 애써 지은 건물이 밤마다 무너지는 이유를 알고자 저희들은 간밤부터 이 궁궐 일터를 지키고 있었사옵니다.』

『그래? 그럼 무얼 알아냈느냐?』

『지난밤 부엉이가 우는 깊은 시각이었습니다. 반은 호랑이요, 반은 형체를 알 수 없는 상상도 못할 만큼 큰 괴물이 나타나 벽과 기둥을 모조리 부수기 시작했습니다.』

가만히 듣고 있던 태조가 소리쳤다.

『그래 너희들은 보고만 있었느냐?』

『아니옵니다. 모두 덤벼들려 했사오나 호랑이가 내는 바람이 어찌나 거세었던지 몸이 날아갈 듯해 도저히 당해낼 수가 없었습니다.』

『틀림없으렷다.』

『믿기 어려우시면 몸소 확인하셔도 좋을 줄 아뢰옵니다.』

이날 밤 태조는 몸소 용장을 거느리고 궁궐 터로 나왔다. 휘영청 달빛이 어둠 속 공사장을 비추고 둘레는 쥐죽은 듯 고요했다. 밤이 깊어졌을 때 어디선가 이쪽을 향해 다가오는 소리가 귀를 울렸다. 순간 다가오던 괴수가 불쑥 형체를 나타냈다. 눈을 휘번쩍거리는 호랑이 모습의 괴물은 건축 중인 궁궐로 향했다. 대궐 문 앞에 다다르더니 「어흥」 천지가 떠나갈 듯 포효했다.

『활을 당겨라.』

태조의 명령이 떨어지자 화살이 빗발치듯 괴수에게 퍼부어졌다.

하지만 괴수는 늠름했다. 태조는 발을 구르며 다시 벽력같이 명을 내렸다.

『뭣들 하고 있느냐.』

그러나 벌써 궁궐은 다 헐리고 괴수는 의젓한 모습으로 늠름하게 되돌아갔다. 담력과 기개를 자랑하는 태조도 그리고 그 휘하의 용장들도 괴수 앞에서 맥을 못추고 말았다.

『아, 분하다. 한양은 내가 도읍할 곳이 아닌가 보구나.』

처소로 돌아온 태조는 침통해 했다.

『아닙니다. 전하, 한양은 왕도로서 더없이 좋은 지세입니다. 실망하지 마옵소서.』

비통에 빠져 있던 태조의 귀에 들려온 뜻밖의 소리. 태조는 재빨리 문을 열고 밖으로 나갔다. 흰 수염을 가슴까지 드리운 노인이 교교한 달빛 속에 성자처럼 서 있었다.

『아니, 노인은 뉘시온지요?』

『그건 알 필요없소. 다만 전하의 걱정을 좀 덜어 주려는 것뿐이오.』

노인의 음성은 낭랑했다.

『고맙소이다. 노인장, 무슨 묘책이라도 있는지요?』

『저기 한강 남쪽 산봉우리가 보이지요?』

『아니, 저 모습은 산봉우리가 아니라 거대한 호랑이….』

노인의 손끝을 바라본 태조는 어안이 벙벙해 말을 맺지 못했다. 아까 본 괴물과 똑같은 모습의 산.

달빛 속에 선명히 모습을 드러낸 그 산은 시흥에서 동쪽에 위치한 관악산 줄기의 삼성산이었다.

『노인, 저 산봉우리가 한양 도읍지를 성난 자태로 바라보는 것 같
군요. 저 호랑이 산봉우리의 기를 누를 수 없을까요?』

『허허… 겁낼 것 없소. 호랑이란 꼬리를 밟히면 꼼짝 못하는 짐승
이니까.』

노인은 껄껄 웃으며 호랑이 형체의 산꼬리 부분에다 절을 세우라
고 일러주고는 사라졌다.

이튿날 태조는 당장 절을 지으라고 분부했다. 절이 다 지어지자
궁궐 공사는 희한할 정도로 순조롭게 진행됐다.

그 후 삼성산의 억센 기운을 눌러 궁궐 공사를 무사히 마쳤다 하
여 이 절 이름을 「호압사虎壓寺」라 불렀다.

서울·호압사
서울시 금천구 호암로 278 (시흥동 234)

도편수의 사랑

인천광역시 강화군 소재 전등사를 창건할 때의 이야기다.

아침 저녁으로 목욕 재계하고 톱질 한번에도 온 정성을 다하던 도편수는 어느 날 일을 마치고 피곤을 풀기 위해 마을로 내려와 주막을 찾았다.

텁텁한 막걸리로 목이나 축이려던 도편수는 그만 주막집 작부와 눈이 마주쳤다.

『넌 참 예쁘게 생겼구나. 자 이리 가까이 와서 너도 한 잔 마셔라.』

작부는 간드러진 웃음과 함께 술잔을 비우고는 다시 도편수에게 권했다.

『암 들구 말구. 잔이 철철 넘치도록 따라라.』

술이 거나해진 도편수의 눈엔 작부가 더없이 예쁘고 아름다워 보였다.

『너 그 손 참 곱기도 하구나. 이 억센 손과는 비교가 안되는구나.』

『나으리의 이 손이야말로 보배 손이 아니옵니까?』

『보배라니? 거 별소릴 다 듣겠구나.』

『이 손으로 성스러운 대웅전을 짓고 계시니 보배스럽지 않습니까?』

작부가 입이 마르도록 극찬을 아끼지 않으면서 거친 손을 만져주자 도편수는 그만 꿈인지 생시인지 분간을 못할 정도로 기분이 들떴다.

작부는 이때다 싶어 도편수 곁으로 더욱 가까이 다가앉으며 갖은 애교를 다 부렸다.

『정말 나으리의 솜씨는 오묘하옵니다. 나무기둥 조각 하나하나가 어찌 그토록 섬세하고 정교할 수가 있는지요.』

『그래 고맙다. 천하에서 둘째가라면 섭섭할 이 솜씨를 네가 볼 줄 알다니, 오늘 밤 내 흠뻑 취할 것이니라. 자 어서 따르거라.』

『나으리, 그 공사는 몇 해나 걸리나요?』

『음, 앞으로 대여섯 해는 족히 걸릴 것이다. 한데 그건 왜 묻느냐?』

『소녀가 나으리를 얼마간 모실 수 있나 알고 싶어서지요.』

『오, 거참 영특하구나. 네가 원한다면 내 매일 밤 너를 찾아와서 술을 마실 것이니라.』

『소녀 더 이상 아뢸 말씀이 없사옵니다.』

『네 말 한마디 한마디가 그저 이쁘기만 하구나. 이리 더 가까이 오너라.』

『나으리 이러심 안돼요. 이 손 놓으시고 오늘 밤은 늦으셨으니 그만 돌아가세요. 나으리 모실 날이 오늘만은 아니잖아요.』

『허긴 네 말이 맞다.』

만취하여 주막을 나선 도편수는 다음날도 그 다음날도 거르지 않고 주막을 찾아 곤드레가 되도록 술을 마셨다.

그러나 작부는 매일밤 도편수의 애간장만 타게 할 뿐 쉽게 정을 주지 않았다.

『히히 목수 녀석, 오늘 밤도 돈만 뿌리고 돌아갔구나.』

주막집 노파는 매일 밤 돈을 물 쓰듯 하는 도편수가 마치 큰 봉인 듯 작부에게 단단히 일렀다.

『애야, 절대로 정을 줘서는 안된다. 정을 주는 날이면 그날로 돈 벌기는 틀린 게야.』

이 같은 계략을 알지 못하는 도편수는 대웅전 불사가 더디어지는 것도 생각 못하고 매일 술에 취했다. 도편수의 얼굴은 날이 갈수록 초췌해졌다. 작부는 일말의 가책을 느꼈는지, 아니면 연민의 정을 느꼈는지 마음이 달라지기 시작했다.

『아무래도 이제 도편수하고 살림을 차려야 할까 봐요.』

『애, 그 무슨 소리냐. 네 덕분에 내 팔자도 좀 고쳐 볼 참인데….』

『팔자고 뭐고 더 이상 그 순진한 어른을 괴롭힐 수가 없을 것 같아요.』

『쯧쯧, 큰소리 탕탕 치더니 어느새 정이 든 모양이구나.』

『아닌 게 아니라 정도 들 만치 들었어요.』

『허나 안된다. 돈도 돈이지만, 돌쇠가 알면 널 그냥 둘 것 같으냐?』

작부는 그 말에 그만 흠칫했다. 돌쇠와는 오래 전부터 정을 통해 온 사이로 돈만 벌면 육지로 나가 잘살아 보자고 약속한 터였다.

세월은 흘러 대웅전 불사도 어느덧 마무리 단계에 이르렀다. 공사 비로 많은 돈을 받았건만 목수에겐 동전 한 닢 없었다.

그러던 어느 날 뉘엿뉘엿 지는 해를 바라보며 도편수는 마음속으로 다짐했다.

「오늘은 약속을 받아내야지. 곧 새살림을 내자고.」

주막에 이르러 막걸리를 마시며 색시를 찾았으나 보이질 않았다.

『할멈, 색시는 어디 갔기에 이렇게 늦도록 오지를 않소.』

『도편수 어른 뵈러 간다고 나갔는데, 웬일일까?』

『나를 만나러요?』

『아니 그럼, 이년이 혹시 그 돌쇠 녀석하고 줄행랑을 친 게 아닌가?』

이미 나룻배를 마련하여 돌쇠와 육지로 도망간 줄 뻔히 알면서 노파는 딴전을 펴고 있었다.

『아니 줄행랑이라뇨? 나를 두고요.』

『글쎄 고것이 사나흘 전부터 어째 수상쩍다 싶더니, 아마 돌쇠 녀석하고….』

『이런 빌어먹을…』

도편수는 술상을 박차고 밖으로 뛰어나갔다. 하늘엔 별들이 어제와 다름없이 여전히 반짝였고, 바닷바람 역시 무심히 스쳐갔다.

오직 도편수의 마음만 천 갈래 만 갈래로 찢어질 듯했다. 몇 날 몇 밤을 지새운 도편수는 다시 일을 시작했다. 지난날의 사랑이 증오로 변하면서 그는 복수를 생각했다.

어느 날 무슨 묘책이 떠올랐는지 목수는 여인상을 깎기 시작했다.

여자의 형체 4개를 조성한 도편수는 법당 네 귀퉁이 추녀 밑에 여인상을 넣고는 무거운 지붕을 받들게 했다.

「나를 배신하다니… 어디 세세생생 고통을 받아 보거라.」

장식수법이 화려한 전등사 대웅전(보물 제178호) 네 귀퉁이 용마루 밑에는 지금도 4개의 여인상이 마치 벌을 서는 형상으로 무거운 추녀를 이고 있다.

이 인물형 조각은 많은 참배객과 관광객 등 보는 이로 하여금 도편수의 우매한 사랑과 복수심이 담긴 전설을 음미케 한다.

강화 · 전등사
인천광역시 강화군 길상면 전등사로 37-41 (온수리 635)

홍랑각시의 영험

『아니 중국 천자는 자기 나라에 여자가 없어서 조선으로 여자를 구하러 보냈나.』

『다 속국인 탓이지요.』

『아무리 속국이기로서니 조정에서 이렇게 쩔쩔매니 장차 나라꼴이 큰일이구려.』

『자, 이렇게 모여 있을 것이 아니라 어서 여자들을 피신시킵시다.』

『피한들 무슨 소용이 있겠소. 누구네 집에 어떤 딸이 있는지 다 알고 있을텐데.』

신통한 묘책이 없어 수심에 잠겨 있는 마을 사람들 앞에 드디어 관원들이 나타났다. 육모방망이를 든 포졸들을 앞세우고 외쳤다.

『애들아, 마을을 샅샅이 뒤져 젊은 여자를 모조리 잡아 끌어내라.』

포졸들에게 끌려 나오는 여인들의 치마는 땅에 끌렸으며, 강제로 허리를 껴안고 나오는 포졸들의 입은 헤벌려 있었다.

마을에서 자색이 뛰어난 홍만석의 딸 홍랑 역시 발버둥을 치며 끌려나왔다.

『오늘 우리는 중국 천자에게 진상할 처녀를 물색하러 조정의 명을 받고 나왔느니라. 우리 고을에선 홍만석의 딸 홍랑을 진상키로 하였다. 만약 이를 거절한다면 왕명을 어긴 죄로 3대를 멸할 것이며 우리 홍법리 마을은 마땅히 폐촌을 면치 못하리라.』

관원은 득의양양하게 일장 연설한 다음 홍랑에게 말했다.

『홍랑아, 어서 분단장 곱게 하고 관아로 가자.』

어찌할 바를 모르던 홍랑은 넋을 잃고 주저앉는 아버지 홍만석의 모습과 자기만을 주시하는 마을 사람들을 보고 결심을 했다.

『가겠습니다. 나으리. 그러나 명나라에 가게 되면 모래 서 말과 물 서 말, 그리고 대추 서 말을 가져 가게 하여 주십시오.』

『그야 천자의 애첩이 될 몸인데 무슨 소원인들 못 들어주겠느냐. 어서 가자.』

동헌 마루에 높이 앉은 명나라 사신은 곱게 차린 홍랑을 보자 넋을 잃고 바라보았다.

『헤헤… 조선에 미녀가 많다더니 이거 참으로 선녀로다!』

임진왜란의 상처가 채 아물기 전인 광해군 2년(1610), 홍랑은 명나라로 떠났다.

『허… 참으로 아름답구나. 네 이름이 무엇인고?』

『홍랑이라 하옵니다.』

『홍랑이라. 이름도 곱구나. 참으로 조선에 천상의 미녀 못지않은 미인이 있었구나. 여봐라, 홍랑을 별궁에 거처토록 하고 매사에 불편이 없도록 하라.』

천자는 명을 내렸다. 천자의 후궁이 되면서부터 홍랑은 말을 잃었다. 가져온 모래를 뜰에 뿌리고 목이 마르면 가져온 물을 마시고 배가 고프면 대추로 연명했다.

홍랑의 아름다운 자태는 날로 수척해 갔다. 고향과 부모를 그리며 염불로 세월을 보내던 어느 날.

시녀가 저녁상을 차려왔다.

『아씨, 오늘은 제발 저녁을 드십시오.』

『아니 먹을 것이니라. 나는 명나라 후궁이 되었으나 오늘까지 명나라 음식은 커녕 물 한 모금 먹지 않았으며 명나라 흙도 밟지 않았느니라.』

『내일이면 물도 대추도 떨어집니다. 이제 무얼 잡수시겠습니까?』

『내일이면 내 생명은 다할 것이나, 죽어 보살이 되어 천자를 회개시킬 것이다.』

다음날 홍랑은 세상을 하직했다.

홍랑이 죽은 지 사흘째 되던 날. 천자는 우연히 병을 얻었으며 병세는 날로 악화돼 혼수상태에 빠지곤 했다. 그러던 어느 날 밤, 천자는 비몽사몽간에 홀연 어디선가 들려오는 여인의 목소리를 들었다.

『오, 너는 홍랑이 아니냐?』

『그러하옵니다. 소첩이 폐하를 구하러 왔사오니 제 말을 잘 들어 주십시오.』

홍랑의 말소리는 허공에 울리고 천자는 두려움에 떨었다.

『폐하, 앞으로는 백성을 아끼고 불도를 닦는 착한 임금이 되십시오. 그리고 소첩을 고향으로 보내 주옵소서.』

『내 착한 임금이 되도록 힘껏 노력은 하겠으나 너를 어떻게 고향으로 보낼 수 있겠느냐. 제발 짐을 살려다오.』

『폐하, 소첩의 혼이 담긴 보살상을 조성하여 무쇠 사공과 함께 돌배에 태워 보내십시오.』

『아니 그럼 홍랑은 보살님이시었던가.』

천자는 석달 열흘에 걸쳐 부처님께 기도를 올리며 천하의 유명한 석공과 철공을 모아 돌배와 무쇠 사공을 조성했다. 그러나 괴이하게도 홍랑의 보살상은 완성될 무렵이면 두 쪽이 나곤 했다. 세번, 네번 다시 만들어도 마찬가지였다.

천자는 쉬지 않고 일심으로 기도했다. 어느 날 새벽 인시 북소리의 여음에 이어 인자한 음성이 들렸다.

『착하도다. 대왕은 홍랑의 마지막 모습을 보살상으로 새겨야 하느니라.』

소스라치게 놀라 깨어보니 천자는 불상 앞에 엎드려 잠들어 있었다. 정신을 차려 홍랑의 모습을 그려 봤으나 영 떠오르지를 않으니 답답하기 짝이 없었다. 그때 홀연 한줄기 바람이 일며 홍랑이 나타났다. 수척하면서도 인자한 모습 그대로.

이를 본 천자는 죄업을 뉘우치며 전신을 찌르는 아픔을 느꼈다.

『홍랑보살님, 짐의 죄를 용서하십시오.』

다시 석공을 불러 보살상을 조성한 지 백일째 되던 날 홍랑보살상이 완성됐다. 천자는 크게 잔치를 베푼 후 홍랑보살상을 12명 쇠 사공과 함께 돌배에 태워서 물에 띄웠다. 돌배는 지금의 경기도 화성시 서신면 홍법리 홍랑의 고향 앞바다에 닿았다. 때는 광해군 3년(1611)의 이른 봄. 마을에선 홍랑보살의 영험을 기리기 위해 절을 세우고 홍랑 보살상을 모신 후, 절 이름을 홍법사라 불렀다.

화성 · 홍법사
경기도 화성시 서신면 홍법리 산52-8

수덕사 버선꽃

『도련님, 어서 활시위를 당기십시오.』

시중 들던 할아범이 숨이 턱에 차도록 채근을 하는데 과연 귀를 쫑긋 세운 노루 한 마리가 저쪽 숲속에서 오고 있었다.

활시위가 팽팽하게 당겨졌고 화살이 막 튕겨지려는 순간 수덕은 말없이 눈웃음을 치며 활을 거두었다.

『아니 도련님, 왜 그러십니까?』

몰이를 하느라 진땀을 뺀 하인들은 활을 당기기만 하면 노루를 잡을 판이기에 못내 섭섭해 했다.

『너희들 눈에는 노루만 보이느냐? 그 옆에 사람은 보이지 않느냐?』

『이 산골짜기에 저런 처녀가?』

하인들은 모두 의아해 했다.

『도련님, 눈이 부시도록 아리땁습니다. 노루 대신 여인을…헤헤.』

『에끼 이 녀석, 무슨 말버릇이 그리 방자하냐. 자 어서들 돌아가자.』

수덕은 체통을 차리려는 듯 일부러 호통을 치고 갈 길을 재촉했으나 가슴은 뛰고 있었다.

노루사냥이 절정에 달했을 때 홀연히 나타난 여인, 어쩜 천생연분일지도 모른다는 생각이 들자 수덕 도령의 가슴은 더욱 뭉클했다.

「차라리 만나나 볼 것을….」

양반의 법도가 원망스럽기조차 했다.

『이랴.』

마상에서 멀어져 가는 여인을 뒤로 하고 집에 돌아왔으나 들떠있는 수덕의 가슴은 진정되지를 않았다. 책을 펼쳐도 글이 눈에 들어올 리 없었다. 눈에 어리는 것은 여인의 모습뿐.

하는 수 없이 도령은 할아범을 시켜 그 여인의 행방을 알아오도록 했다. 할아범은 그날로 여인이 누구이며 어디 사는가를 수소문해 왔다.

그녀는 바로 건넛마을에 혼자 사는 덕숭 낭자였다. 아름다웁고 덕스러울 뿐 아니라 예의범절과 문장이 출중하여 마을 젊은이들이 줄지어 혼담을 건네고 있으나 어인 일인지 모두 일언지하에 거절하고 있다는 것이었다.

수덕의 가슴엔 불이 붙었다.

자연 글읽기에 소홀하게 된 수덕은 훈장의 눈을 피해 매일 처녀의 집 주위를 배회했다. 그러나 먼 빛으로 스치는 모습만을 바라볼 뿐 낭자를 만날 길이 없었다.

어느 날 밤. 가슴을 태우던 수덕은 용기를 내어 낭자의 집으로 찾아 들었다.

『덕숭 낭자, 예가 아닌 줄 아오나….』

『지체 높은 도련님께서 어인 일이십니까?』

『낭자! 나는 그대와 혼인하기로 결심했소. 만약 승낙치 않으면 죽음으로 내 뜻을 풀어야 할 지경이오.』

『하오나 소녀는 아직 혼인할 나이도 아닐뿐더러 혼자 남은 미천한 처지입니다.』

『낭자! 나는 그대로 인하여 책을 놓은 지 벌써 두 달, 대장부 결단을 받아주오.』

두 볼이 유난히 붉어진 낭자는 한동안 골똘히 생각에 잠겼다가 입을 열었다.

『일찍이 비명에 돌아가신 어버이의 고혼을 위로하도록 집 근처에 큰 절 하나를 세워 주시면 혼인을 승낙하겠습니다.』

『염려마오. 내 곧 착수하리다.』

마음이 바쁜 도령은 부모님 반대도, 마을 사람들의 수군거림도 상관치 않고 불사에 전념했다.

기둥을 가다듬고 기와를 구웠다. 이윽고 한 달만에 절이 완성됐다. 수덕은 한걸음에 낭자의 집으로 달려갔다.

『이제 막 단청이 끝났소. 자 어서 절 구경을 갑시다.』

『구경 아니하여도 다 알고 있습니다.』

『아니 무엇을 안단 말이오.』

그때였다.

『도련님 저 불길을….』

절에서 불길이 솟구치고 있는 게 아닌가. 수덕은 흐느끼며 부처님을 원망했다.

낭자는 부드러운 음성으로 수덕을 위로했다.

『한 여인을 탐하는 마음을 버리고 오직 일념으로 부처님을 염하면서 절을 다시 지으십시오.』

수덕은 결심을 새롭게 하고 다시 불사를 시작했다. 매일 저녁 목욕재계하면서 기도를 했으나 이따금씩 덕숭 낭자의 얼굴이 떠오름은 어쩔 수 없었다. 그때마다 일손을 멈추고 마음을 가다듬으며 절을 완성할 무렵 또 불이 나고 말았다.

다시 또 한 달.

드디어 신비롭기 그지없는 웅장한 대웅전이 완성됐다.

『나무 아미타불 관세음보살.』

수덕은 흡족한 마음으로 합장을 했다.

『도련님, 소녀의 소원을 풀어주셔서 그 은혜 백골난망이옵니다. 이 미천한 소녀 정성을 다해 모시겠습니다.』

마침내 신방이 꾸며졌다. 촛불은 은밀한데 낭자가 조용히 입을 열었다.

『부부간이지만 잠자리만은 따로 해주세요.』

이 말이 채 끝나기가 무섭게 수덕은 낭자를 덥썩 잡았다.

순간 뇌성벽력과 함께 돌풍이 일면서 낭자의 모습은 문밖으로 사라졌고 수덕의 두 손에는 버선 한짝만이 쥐어져 있었다.

버선을 들여다보는 순간 눈앞에는 큼직한 바위와 그 바위 틈새에 낭자의 버선 같은 하얀 꽃이 피어있는 이변이 일어났다.

신방도 덕숭 낭자도 세속의 탐욕과 함께 사라졌다.

수덕은 그제야 알았다. 덕숭 낭자가 관음의 화신임을.

그리하여 수덕은 절 이름을 「수덕사修德寺」라 칭하고 수덕사가 있는 산을 「덕숭산德崇山」이라 했다.

지금도 수덕사 인근 바위 틈에는 해마다 「버선꽃」이 피며 이 꽃은 관음의 버선이라 전해 오고 있다.

예산 · 수덕사
충남 예산군 덕산면 수덕사 안길 79 (사천리 17)

노파와 온양온천

아득한 옛날 충청도 땅에 아주 가난한 절름발이 노파가 삼대독자 아들과 함께 살고 있었다. 어려운 살림에 불편한 몸을 이끌고도 노파는 아들 키우는 데 온 정성을 다했다.

어느덧 아들이 혼기를 맞게 되니 하루빨리 손자를 보고 싶은 마음이 간절한 노파는 매파를 놓아 사방팔방으로 혼처를 구했으나 자리마다 고개를 저었다. 가문도 볼 것이 없고, 살림도 넉넉지 못한 데다 시어머니마저 절름발이이니 누구도 선뜻 딸을 내주려 하지 않았다. 노파는 절름거리는 자신의 다리를 원망하면서도 실망치 않았다.

이러한 노파를 측은히 생각한 중매쟁이는 좀 모자라는 처녀라도 그냥 며느리로 맞자고 다짐을 받고는 아랫마을 김첨지 집으로 달려갔다. 그 집에는 코찡찡이 딸이 있었기에 말만 꺼내면 성사가 될 것으로 믿었다.

그러나 김첨지는 다짜고짜 소리부터 질렀다.

『그런 소리 입밖에 두 번 다시 내지도 마슈. 원 아무리 사윗감이 없기로서니 절름발이 홀시어머니 집에 딸자식을 보내겠소?』

『원 영감님두, 그 노인이 다리 하나 저는 게 흠이지 아들이야 인물 좋고 부지런하고 어디 나무랄 데가 있습니까?』

『아, 듣기 싫다는데두요.』

김첨지는 버럭 소리를 질렀다.

『흥! 까마귀똥도 약에 쓰려니까 칠산바다에 찍 한다더니 코찡찡이 꼴에 꼴값하네.』

중매쟁이는 이렇게 퍼부으면서 이번엔 황영감 집으로 발걸음을 옮겼다. 팔을 제대로 못 쓰는 그 집 딸에게는 노파의 아들이 오히려 과분할 것 같아 자신만만하게 달려갔다.

『가만있자! 내 딸과 정혼을 하자구요?』

한동안 눈을 껌벅이며 뭔가를 골똘히 생각하던 황영감은 이윽고 고개를 흔들었다.

『아니 왜 너무 황송해서 그러시유?』

『그게 아니구요. 팔을 못 쓰는 내 딸이 그 집으로 들어가면 그 집 엔 반편들만 모였다고 남들이 얼마나 놀리겠소?』

『원, 그렇게 따지다간 따님 환갑 맞겠소, 환갑.』

이제 더 이상 알아볼 곳이 없다는 중매쟁이의 말을 들은 노파는 서글프기 짝이 없었다. 노파는 마지막으로 부처님께 기도를 올리기로 결심하고 불편한 다리를 끌고 산사를 찾았다.

『관세음보살… 관세음보살. 하나뿐인 우리 아들 짝을 정해 주옵소서. 나무 아미타불 관세음보살.』

온 정성을 다해 불공 드리기 백일째 되던 날 밤. 깜빡 잠이 든 노파 앞에 관세음보살이 나타났다.

『쯧쯧… 정성은 지극하나 순서가 틀렸으니 이 일을 어이할까.』

『순서가 틀렸다 하심은 무슨 말씀이신지 상세히 일러주옵시면 다시 기도하도록 하겠습니다.』

『아들이 장가를 못 드는 까닭을 모르지는 않을 터인데….』

『그야 어미 된 제가 한쪽 발을 못 쓰는 탓이옵니다.』

『그렇다면 자네의 두 발을 온전히 쓰도록 빌어야 하지 않겠느냐?』

『하오나 무슨 수로 이 늙은 것의 다리를 고칠 수가 있겠습니까?』

『지성이면 감천이니, 지극한 정성으로 못 이룰 일이 있겠느냐.』

말을 마친 관세음보살은 어느덧 바람처럼 사라졌다. 꿈을 깬 노파는 예사로운 일이 아니다 싶어 관세음보살이 일러준 대로 다시 불공을 시작했다.

『관세음보살. 제발 이 몸의 다리를 고쳐 주옵소서.』

다시 백일째 되는 날 밤. 난데없이 허공에서 우렁차고 경건한 목소리가 울려왔다.

『내 그대의 정성에 감복하여 그대의 소원을 들어주리라. 내일 마을 앞 들판에 다리를 절름거리는 학 한 마리가 날아와 앉을 터인즉 그 모양을 잘 살펴 보면 다리 고치는 비법을 알게 되리라.』

필시 기도의 영험이 나타날 것으로 믿은 노파는 그 길로 캄캄한 산길을 더듬어 내려왔다.

이튿날 저녁나절이 기울 무렵, 하얀 학 한 마리가 훨훨 날아와 논 가운데 앉았는데 정말 한 다리를 절름거리고 있었다. 그 학은 이상하게도 앉은 자리 근처를 뱅글뱅글 돌면서 껑충껑충 뛰고 있었다.

그렇게 하기를 사흘. 학은 언제 다리를 절름거렸더냐는 듯 두 발로 뚜벅뚜벅 걷더니 힘껏 땅을 박차고 하늘로 치솟아 훨훨 날아가 버렸다.

이 모양을 지켜보던 노파는 하도 신기해서 급히 학이 뛰며 뱅글거리던 논둑으로 달려갔다. 논에서는 물이 펄펄 끓고 있었다.

괴이하게 생각한 노파는 발을 물속에 담궈 보았다.

『아 뜨거! 아이 뜨거워! 옳지 이 물에 발을 담그면 낫는 모양이구나.』

노파는 뜨거운 물에 발을 담근 채 이를 악물었다. 점차 시간이 흐르면서 몸이 시원해지기 시작했다. 노파는 신이 나서 열심히 발을 담그었다. 그렇게 10일째 되던 날 신통하게도 노파의 절룩거리던 발은 씻은 듯이 완쾌됐다.

노파는 기뻐 아들을 부둥켜안고 덩실덩실 춤을 추며 울었다.

마을에선 부처님의 가피를 받은 집이라 하여 혼인 말이 빗발치듯했고 그 아들은 예쁘고 가문 좋은 색시를 맞아 어머니를 모시고 잘 살았다.

그 소문이 널리 퍼지자 뜨거운 물에 병을 고치기 위해 사람들이 사방에서 몰려들었다. 이곳이 바로 오늘날의 온양온천이다.

아산 · 온양온천
충남 아산시 온천대로 1459(온천동 242-10)

금빛 까마귀

백제 의자왕 때다. 7척 키에 인물이 준수하며 범학에 뛰어난 보조 국사 의각 스님이 있었다. 스님은 평소 반야심경을 늘 지송했다.

스님이 중국에서 공부할 때의 일이다.

잠자리에 들려던 혜의 스님은 밖에서 섬광이 일고 있음을 보았다.

『아니 이 밤중에 웬 빛일까?』

놀란 혜의 스님은 선뜻 문을 열지 못하고 창틈으로 엿보았다.

「저곳은 의각 스님 방이 아닌가.」

이때 의각 스님은 방에 단정히 앉아 반야심경을 독송하고 있었는데 경구가 입에서 밖으로 흘러나올 때마다 광명이 솟아 나오는 것이었다. 이튿날 의각 스님은 대중을 모아 놓고 말했다.

『간밤에 내가 눈을 감고 반야심경을 백 번 외우고 눈을 떠보니 사방 벽이 뚫린 듯 뜰 밖까지 훤히 보이더군요. 웬일인가 싶어 자리에서 일어나 벽을 만져 보았으나 벽과 창이 모두 달려 있어 다시 앉아서 경을 외웠는데 역시 뜰 밖이 보였습니다. 이는 반야의 부사의한 묘용이라고 생각합니다.』

대중들은 반신반의하는 표정으로 서로 얼굴을 쳐다볼 뿐 아무도 입을 열려 하지 않았다.

이때 혜의 스님이 일어나 간밤에 본 사실을 이야기했다.

그 후 의각 스님은 더 이상 중국에 머물 것이 아니라 고국에 돌아가 불법을 널리 펴야겠다는 생각이 들었다.

대중 포교의 원력을 세운 의각 스님은 주먹보다 조금 더 큰 석불상 3천 53위와 삼존불상을 모시고 지금의 충청도 예산 땅에 도착했다.

스님은 모시고 온 불상을 봉안키 위해 명당을 찾아 이리저리 둘러보고 있었다. 이때 어디선가 황금빛 까마귀 한 마리가 스님의 머리 위를 맴돌면서 「까악까악」 울어댔다.

『오라, 네가 절터를 안내하겠단 말이지. 그래 내 따라갈 터이니 어서 앞장서거라.』

스님의 말귀를 알아차린 듯 까마귀는 서서히 날기 시작했다.

얼마 후 까마귀는 덕봉산 기슭에 내려앉았다. 스님은 그 자리에 절터를 닦기 시작했다.

어느새 인근 마을에 소문이 자자했다.

『중국에 다녀오신 큰스님이 우리 마을에 절을 세우고 3천불을 모신다지요?』

『우리 마을의 경사가 아니고 뭐겠어요. 작은 힘이지만 우리 모두가 뜻을 모아 법당이 속히 완성되도록 불사에 동참하도록 합시다.』

마을 사람들은 너도나도 정성이 담긴 시물을 의각 스님에게 전했다.

어느 날 아침, 떠꺼머리 총각이 의각 스님을 찾아왔다.

『아직 이른 시각인데 어쩐 일로….』

『벌써부터 스님을 뵙고 싶었습니다. 그러나 집안이 너무 가난하여 시물을 마련치 못해 망설이다 오늘 용기를 내어 이렇게 빈손으로 올라왔습니다. 있는 힘을 다하여 흙을 파내고 나무를 나르는 등 불사를 돕고자 하오니 허락하여 주십시오.』

『참으로 고맙소. 부처님께 올리는 공양이란 시물보다도 마음이 더 중요한 것이라오. 나를 만나고 싶고, 법당을 세우는 이 현장에 오고 싶은 그 마음엔 벌써 불심이 가득했으니 부끄러워 말게나.』

『스님, 제게는 몸져 누워 계신 노모님이 계십니다. 이 몸 장가도 들지 못하여 변변히 모시지 못하니 불효가 큽니다. 법당이 완성되면 제 모친의 병환이 속히 완쾌되길 부처님께 간곡히 기도 올리려 합니다.』

『그대의 효심이 그리 장한데 어찌 기도가 성취되지 않겠소.』

스님은 그 총각에게 반야심경을 수지독송토록 일러줬다. 종일 일하면서 한 줄씩 외우기 시작한 것인데 어느새 총각은 반야심경을 줄줄 외우게 됐다. 그는 아침 저녁으로 어머니 머리맡에 앉아 반야심경을 독송하며 병환에 차도가 있길 기원했다.

법당 낙성식이 거행되는 날이었다. 많은 사람들은 새옷으로 갈아입고 모두 새 절로 향했다. 떠꺼머리 총각도 그날은 깨끗한 옷으로 몸을 단정히 하고 어머니께 다녀오겠다는 인사를 올렸다. 그때였다.

『애야, 나 좀 일으켜다오. 나도 법당 낙성식에 가서 부처님을 뵙고 싶구나.』

『어머님, 아니 됩니다. 그대로 누워 계세요. 저 혼자 다녀오겠어요.』

『아니다. 이상스럽게 오늘 아침 몸이 아주 가볍구나.』

어머니 청에 못 이겨 아들이 손을 내밀자 총각의 어머니는 언제 아팠느냐는 듯 거뜬히 일어났다. 떠꺼머리 총각은 자신의 눈을 의심했다.

『어머님, 부처님께서 제 소원을 들어주셨어요.』

기뻐 어쩔 줄 몰라하며 부둥켜안고 울던 모자는 3월의 햇살을 받으며 낙성식에 참석했다.

오랜만에 길을 걸어 갈증을 느낀 노파는 법당 옆에 있는 샘물을 마시며 고개를 갸우뚱하더니 아들에게 물을 권했다.

샘물에서는 전날과 달리 그윽한 향기가 풍겼다. 이를 확인한 스님은 그날 낙성식에서 절 이름을 「향천사香泉寺」라 명했다. 그리고 덕봉산은 금까마귀가 안내했다 하여 「금오산金烏山」으로 고쳐 불렀다.

훗날 마을 사람들은 의각 스님이 처음 배를 댄 곳을 배논이라 불렀고, 스님이 타고 온 배가 포구에 닿았을 때 어디선가 한밤중에 은은한 종소리가 들렸다 하여 마을 이름을 종성리라 명했다. 또 그 바닷가는 석주포라고 했으며 황소가 돌부처를 실어 나른 후 바위 옆에서 크게 소리치며 쓰러져 죽었으므로 절 입구의 바위를 고함바위라 불렀다. 지금도 향천사 극락전에는 1,053위의 부처님이 계신다.

예산 · 향천사
충남 예산군 향천사로 117-20 (향천리 57)

거지 청년의 죗값

사람들은 흔히 몹시 악한 사람을 일러 「도척이 같은 놈」이라고 말한다. 이는 옛날 중국 춘추시대에 9천 명의 부하를 거느리고 나라 안을 휩쓸며 악한 짓을 한 유명한 도둑 도척盜跖에 비유하여 생긴 일종의 욕이다.

옛날 백제의 도읍지 공주에 한 게으름뱅이 젊은이가 살고 있었다. 그는 어려서부터 아주 가난한 집에서 태어나 끼니를 굶기가 예사였다. 그러나 일할 생각은 안하고 때가 되면 이 집 저 집 문전걸식을 하면서 자란 탓인지 그는 청년이 되어서도 놀면서 얻어먹으며 세월을 보냈다. 그런데다 그는 마음씨까지 아주 고약했다.

어느 날 아침 게으름뱅이 청년은 늦잠을 자고 난 뒤 밥 얻으러 가는 일마저 귀찮아 엊저녁에 먹다 남은 찬밥 덩이를 먹고 있는데 나이가 지긋한 스님 한 분이 찾아와 시주를 구했다.

『지나가는 객승입니다. 아침밥을 굶어 몹시 시장해서 그러니 밥을 좀 나눠주시면 고맙겠습니다.』

『흥! 딴 데 가서 알아보슈. 남는 밥이 있으면 뒀다가 점심에 내가 먹겠소.』

욕심쟁이 청년은 자기도 배고픔을 겪고 있으면서도 남의 배고픈 심정은 조금도 이해하려 들지 않고 오히려 욕설을 퍼부었다.

스님은 돌아서면서 뭔가 주문을 외우듯 입속으로 외웠다.

그러자 밥을 먹던 청년이 갑자기 배가 아프다며 뒹굴기 시작했다.

『아이구 배야! 아이구 배야! 사람 좀 살려주세요.』

스님은 이 일을 아는지 모르는지 그냥 유유히 걸어가고 있었다. 때마침 이 마을 의원 박노인이 청년의 집 앞을 지나게 됐다. 인정이 많은 박노인은 얼른 청년의 집으로 들어가 그에게 침을 놓고 약을 먹였다. 얼마 후 배 아픈 것이 가라앉고 몸이 거뜬해지자 마음씨 고약한 청년은 엉큼한 생각을 하게 됐다.

『그래, 그 영감 돈을 울궈 내면 평생 동안 편히 먹을 수 있을 거야, 히히.』

청년은 박영감 집으로 찾아갔다.

『영감, 당신은 내 병을 고쳐준다고 내게 약을 먹이고 침을 놓아준 뒤 우리 집에 모아 둔 돈 1만 냥을 훔쳐 갔지? 만약 내놓지 않으면 관가에 알려 혼을 내줄 테니 좋게 말할 때 얼른 내 놓으시오.』

『이런 고얀 녀석 봤나. 목숨을 구해줬더니 이제 와서 고맙다는 인사는커녕 날 도둑으로 몰다니…….』

박노인은 하도 어이가 없어 더 이상 말을 할 수가 없었다.

게으름뱅이 청년은 원님한테로 갔다.

『저는 비록 구걸을 해서 먹을지언정 얻은 돈을 아끼고 아껴 그간 1만 냥을 저축해서 저의 집 항아리 속에 넣어 두었습니다. 한데 이 사실을 안 박노인이 제가 아픈 틈을 타서 제게 약을 주는 등 친절을 베풀고는 정신을 잃은 사이에 제 돈을 모두 훔쳐갔습니다.』

『소인은 평생 동안 의술을 인술로 삼아 어려운 사람을 도우면 도왔지 한 번도 누구를 해친 일이 없습니다. 이번 일은 참으로 억울하오니 사또께서 현명한 판단을 내려 주시기 바랍니다.』

박노인이 아무리 결백을 주장해도 청년이 먹다 남은 약을 내놓고 그럴 듯하게 꾸며대니 원님은 그만 속고 말았다.

『의원 박씨는 청년에게 만 냥을 돌려주도록 하라.』

박노인은 좋은 일을 하고도 하루아침에 거지가 됐다. 반면에 게으름뱅이 못된 청년은 하루아침에 부자가 됐다.

청년은 좋은 집으로 옮겨 거드름을 피우며 살기 시작했다. 어려운 이웃에게 선심을 쓰는 척 이잣돈을 빌려주고는 제 날짜에 갚지 않으면 가산을 빼앗아 오는 등 날이 갈수록 심한 횡포를 부렸다.

좋은 집에서 잘 입고 잘살게 된 게으름뱅이는 이제 장가가 들고 싶었다. 청년은 가세가 기울어져 가는 이생원집 딸 달래에게 눈독을 들이기 시작했다. 성질이 급한 그는 직접 생원집을 찾아갔다.

『소인 가진 것은 많지 않으나 이제부터 좋은 일을 하며 살고 싶습니다. 제가 가을 농사를 거둘 때까지 댁에서 필요한 식량을 대어드릴 터이니 부담없이 받아주시지요.』

이웃 마을까지 평이 좋지 않은 청년이 찾아와 뜻밖에 선심을 베풀자 이생원은 어안이 벙벙했다.

『제가 그냥 드린다면 어른께서 받지 않으실 테니 이자는 그만두시고 가을에 능력껏 상환하도록 하시지요.』

무슨 속셈인가 싶어 사양하던 이생원은 살림이 워낙 궁색한지라 그만 청년 집에서 쌀 한 섬을 가져왔다.

보릿고개를 넘기고 여름이 지나 가을이 되니 청년은 빌려준 쌀 한 섬을 독촉했다. 그러나 워낙 어려운 살림에다 흉년까지 들어 생원집에서는 갚을 길이 없어 내년으로 미뤘다.

『정 안되시면 댁의 따님을 저와 혼인토록 하여 주십시오.』

막무가내인 청년의 생떼에 이생원은 기가 막혀 말을 잇지 못했다.

이때였다. 밖에서 시주를 구하는 염불 소리에 문을 열어보니 얼마 전 청년 집에 왔던 노스님이 서 있었다.

놀란 청년은 주인을 제쳐 놓고 스님 앞으로 달려갔다.

『잘 만났소. 지난번 당신이 다녀간 뒤로 내가 죽을 뻔했는데 이번엔 또 나를 어떻게 해치려고 예까지 쫓아왔소?』

『소승 몹시 시장하여 한 끼 식사를 좀 부탁하려는 참이오.』

『거짓말 마시오.』

청년은 재빨리 몽둥이를 높이 쳐들고는 스님을 향해 내리쳤다.

스님은 피할 생각도 않고 태연히 염불만 욀 뿐이었다. 그런데 이상하게도 스님을 향해 높이 쳐든 청년의 팔이 움직이질 않았다. 그리고 청년은 서서히 바위로 변하기 시작했다.

『사람이 사람답게 마음을 쓰지 않으면 개, 돼지나 다름없는 법. 너는 네 죗값으로 이 세상 사람들이 모두 착한 마음으로 살아갈 때까지 그렇게 바위로 서 있거라.』

스님은 이 말을 남기고는 어디론가 훌쩍 가 버렸다. 그 뒤 마을 사람들은 이 바위를 「도척이 바위」라 불렀는데 지금도 공주에 있다고 한다.

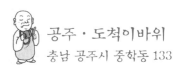

공주 · 도척이바위
충남 공주시 중학동 133

효자와 산삼

　지금의 충청남도 공주시 의당면 월곡리에 한 젊은 내외가 늙은 아버지와 일곱 살짜리 아들과 함께 단란하게 살고 있었다. 살림은 넉넉지 않으나 마음씨 고운 내외는 열심히 일하면서 행복한 나날을 보냈다.

　그러던 어느 날, 연로하신 아버지가 갑자기 몸져눕게 되었다. 효성이 지극한 젊은 내외는 백방으로 수소문하여 좋다는 약은 다 써 보았으나 백약이 무효했다.

　『여보, 아무래도 아버님께서 속히 일어나시지 못할 중병에 걸리셨나 봐요.』

　『그래도 어디 좀 더 노력해 봅시다.』

　긴병에 효자 없다지만 젊은 내외는 지극 정성으로 간병을 했다. 젊은이의 아내는 약으로 효험을 얻지 못하자 문득 기도를 해야겠다는 생각이 들었다. 어릴 때 목욕재계하고 기도하시던 친정 어머니 모습이 떠올랐던 것이다.

　아내는 마치 훌륭한 영약이라도 얻은 듯 얼른 남편에게 자신의 뜻을 밝혔다.

　『그것 참 좋은 의견이구려. 왜 진즉 그 생각을 못했을까?』

　젊은 부부는 매일 새벽 몸을 단정히 하고 관음기도를 올렸다.

　『관세음보살, 관세음보살….』

　내외는 마치 합창을 하듯 한마음 한목소리로 아버지의 회복을 기원했다.

그렇게 기도 올리기 백일째 되는 날이었다. 젊은이의 아내가 들에 나간 남편 점심을 챙기고 있는데 밖에서 목탁소리가 들렸다.

부인은 가난했지만 정성껏 쌀 한 되를 들고 나가 탁발 나오신 노스님께 공손히 절을 하고는 스님 바랑에 쌀을 부었다. 쌀을 받아 넣은 스님은 막 사립문 안으로 들어서려는 젊은이의 아내를 불렀다.

『부인, 얼굴에 근심이 가득한데 무슨 걱정거리라도 있는지요?』

『네, 저의 시아버님께서 벌써 여러 달째 병환으로 고생하시고 계십니다.』

『거참 안되었구려. 한 가지 방법이 있긴 있는데….』

스님은 무슨 말인지 하려다 그만 말끝을 흐리고 말았다.

『스님, 방법이 있으시다구요?』

『글세, 있긴 있으나 그게 너무 어려운 일이라서….』

『아버님을 구하는 일인데 어려운 일이 어디 있겠습니까. 알려만 주시면 무슨 일이든 하겠습니다.』

『이 집 내외가 효자라는 소문은 들었으나 좀처럼 쉽지 않을 텐데….』

부인의 청이 하도 간곡하여 스님은 망설이면서 방법을 일러줬다.

『당신의 아들을 물에 삶아 아버님께 드리면 곧 일어나실 게요.』

『아들을요?』

놀라는 부인을 남겨둔 채 스님은 뒤도 돌아보지 않고 가버렸다. 젊은 아낙은 잠시 꿈을 꾼 듯싶었다. 정신을 가다듬은 그녀는 남편 점심을 담은 함지를 이고 들로 나갔다. 그녀는 논둑길을 걸으면서 아버지를 위해 아들을 희생키로 결심했다.

다른 날보다 점심이 늦은 데다 아내의 안색이 심상치 않다고 생각한 남편은 아내에게 물었다.

『여보, 어디가 아프오?』

『아니에요.』

아내는 조금 전에 있었던 일을 말하고 싶었으나 남편의 점심식사가 끝날 때까지 아무 내색도 하지 않았다.

『여보, 아무래도 무슨 일이 있나 본데 어서 이야기해 보구려.』

아내로부터 자초지종 이야기를 들은 남편은 놀랄 뿐 아무 말도 못했다.

『여보, 아버님 병환을 고치는 일인데 주저할 일이겠어요? 아들은 또 낳을 수 있으나 부모님은 한 번 돌아가시면 다시 뵐 수 없잖아요.』

아내의 결심이 고맙긴 했으나 남편은 차마 승낙을 못하고 하늘만 쳐다봤다.

아내는 눈물을 글썽이며 그날 밤 일을 치르자고 했다.

아무것도 모르는 아들 칠성이는 그날도 밖에서 놀다가 들어와 저녁을 먹고는 곤하게 잠이 들었다. 잠든 아들을 끓는 물속에 넣는 젊은 내외의 가슴은 터질 것만 같았다.

그날 밤. 노인은 무슨 약인지도 모르고 며느리가 떨리는 손으로 들고 온 약을 먹기가 좋다며 두 그릇이나 마셨다.

이튿날 아침 노인은 언제 아팠느냐는 듯 거뜬히 일어났다.

젊은 내외에게 아버지 병환이 쾌차한 기쁨은 잠시였다. 아들을 생각하면 마냥 눈물만 쏟아질 뿐이었다.

그런데 이게 어찌된 일인가. 저녁 무렵, 밖에서 칠성이가 「엄마」를 부르며 뛰어 들어오는 것이 아닌가. 아내는 헛것이 보인다고 생각했다.

『엄마, 어젯밤에는 서당에서 공부하다 늦어서 그만 훈장님과 함께 자고 왔어요. 용서하세요.』

부부는 아무래도 꿈만 같았다. 그러나 눈앞에 서 있는 사내아이는 분명 자신들의 아들 칠성이었다.

엄마·아빠가 반기기는커녕 오히려 어리둥절해 하는 모습이 칠성이는 이상했다.

『엄마, 왜그러세요. 저 때문에 걱정하시다 화 나셨어요?』

『아, 아니다.』

넋 잃은 사람들처럼 제 정신을 못 가누고 있는 내외 앞에 이번엔 어제 다녀간 노스님이 나타났다.

『너무 놀랄 것 없소. 그대들의 효심이 하도 지극하여 부처님께서 산삼을 보내주신 것입니다.』

내외는 즉시 부엌으로 달려가 솥뚜껑을 열어보았다. 솥 속엔 정말 커다란 산삼 한 뿌리가 들어있었다. 젊은 부부는 기뻐서 눈물을 흘리며 스님을 향해 합장을 했다. 그러나 스님은 어느새 간 곳이 없었다.

칠성이네 집에는 그날부터 다시 웃음꽃이 활짝 피었다.

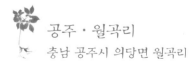
공주·월곡리
충남 공주시 의당면 월곡리

은혜 갚은 소

　지금으로부터 약 4백 년 전. 이 땅에 침입한 왜구들은 많은 절에 불을 지르고 우리의 소중한 문화유산을 노략질해 갔다. 왜구의 불길은 의상대사가 화엄대학지소를 열었던 계룡산의 천년 고찰 갑사에까지 미쳐 천여 칸의 화엄대찰이 일시에 잿더미로 화했다.

　임진왜란과 정유재란이 평정된 후 뿔뿔이 흩어졌던 스님들은 폐허가 된 절을 찾아 다시 모여들기 시작했다.

　『여보게, 학인들이 이렇게 찾아드니 아무래도 중창불사를 시작해야 할 것 같네.』

　『사중 살림도 살림이지만 마을 신도들도 난리에 시달려 모두 생활이 어려운데 불사가 여의할까?』

　난을 피해 피난을 가지 않고 절을 지킨 인호, 경순, 성안, 병윤 네 스님은 갑사를 다시 중창하여 지난날처럼 많은 학인 스님들이 공부할 수 있는 도량을 이루기로 의견을 모으고 모두 탁발에 나섰다.

　어느 날 해질 무렵, 동쪽으로 길을 떠난 인호 스님은 어디선가 절박한 듯 울어대는 소 울음소리를 들었다.

　『저 울음소리가 아무래도 예사롭지 않군.』

　인호 스님은 울음소리가 나는 곳으로 발길을 옮겼다. 가까이 가보니 고삐가 소나무에 칭칭 감긴 어미소가 거의 숨이 넘어갈 지경에 이르렀고 옆에는 송아리 한 마리가 어미소의 아픔을 안타까워하는 듯 「음메에~」 거리며 소나무 주위를 맴돌고 있었다.

스님은 소의 고삐를 잘라서 소를 구해 주었다.

『자, 이제 시원하지? 마음 놓고 풀을 뜯어 먹어라.』

소를 구해준 후 스님은 다시 길을 재촉했다.

스님들이 전국을 돌아다니며 탁발하기 어느덧 7년. 인호 스님을 비롯한 네 명의 스님들은 고픈 배를 주리며 비바람 풍랑 속에서 구한 시주금을 한데 모아 대웅전 건립 불사를 시작했다. 목수의 손길이 바빠지면서 법당이 제법 그 모양새를 드러나게 되자 스님들은 흐뭇한 눈길을 주고받았다. 그러나 그 기쁨은 일시적이었다. 서까래를 얹어야 하고 아직도 법당이 완성되려면 돈이 더 필요한데 계획한 공사금이 예산보다 훨씬 부족했다. 스님들은 걱정이 태산 같았다. 불사를 중단하고 다시 시주에 나선다는 것도 쉬운 일은 아니었다.

그러던 어느 날 밤. 인호 스님은 소 한 마리가 절 안으로 들어오는 꿈을 꾸었다. 인부들이 못 들어오게 내몰았으나 소는 막무가내로 들어와 인호 스님 앞에 멈췄다.

『스님, 너무 상심치 마십시오. 저는 스님의 은혜를 갚기 위해 이렇게 왔사옵니다. 법당 건립 불사를 제가 도와드릴 것입니다.』

소는 이렇게 말하고는 느릿느릿 절 밖으로 나가는 것이었다. 잠을 깬 인호 스님은 꿈이 하도 생생해서 다시 꿈속의 소를 되살려 보았다.

『아, 바로 그 소였구나!』

인호 스님은 몇 년 전 시줏길에 구해준 소 생각이 떠올랐다. 스님이 문밖으로 나서니 이게 어찌된 일인가. 꿈에 본 소가 스님을 기다리기나 한 듯 문밖에 서 있는 것이 아닌가.

소는 스님을 쳐다보고는 어디론가 사라졌다. 그리고는 3일 후 서까래를 한 마차 싣고 왔다. 다시 3일 후, 이번에는 기와를 가득 싣고 왔다. 소의 도움으로 대웅전 불사는 순조롭게 진행됐다. 이제 마지막으로 법당 마루만 깔면 불사는 완공을 볼 수 있었다.

『마루는 단단한 향나무가 좋은데….』

『향나무는 구하기도 어렵거니와 번번이 소한테 신세만 질 수 없으니 이번엔 우리들이 직접 탁발에 나서도록 하세.』

옛부터 울릉도 향나무와 백두산 향나무가 유명하다는 말을 들은 스님들은 2명씩 짝을 지어 한 편은 백두산으로 다른 한 편은 울릉도로 떠났다.

백두산에 도착한 스님들은 향나무를 구하긴 했으나 운반할 일이 걱정이었다. 인호 스님과 경순 스님이 서로 궁리를 하고 있는데 어디선가 미풍이 일더니 그 바람을 타고온 듯 갑자기 소가 나타났다.

『걱정 마십시오. 제가 운반해 드릴 것입니다. 어서 이 나무를 제 등에 얹으세요.』

소는 마치 무쇠로 된 듯 그 무거운 나무를 지고도 끄떡없이 훌쩍 가버렸다. 절에 와 보니 소는 어느새 향나무를 절에 실어다놓고 또 나가는 것이었다.

소는 다시 울릉도에 나타났다. 향나무를 등에 진 소는 바다를 헤엄쳐 건넜다.

무쇠 같던 소도 여러 차례 걸쳐 바다를 오가며 향나무를 운반하더니 지쳤는지 입가에 흰 거품이 일기 시작했다.

스님들이 먹이를 주었으나 소는 먹지도 않고 여러 차례 쓰러지면서도 쉴새없이 울릉도 향나무를 뭍으로 옮긴 후 계룡산 불사의 현장까지 무사히 운반을 마쳤다. 필요한 향나무가 다 마련되자 목수들은 나무를 켜고 다듬어 법당 마루를 깔았다. 법당 안에는 은은한 향내음이 가득했다.

그러나 향나무 운반을 마친 후 지쳐 쓰러진 소는 영영 일어나질 못했다. 법당 불사가 완공되던 날, 인호 스님 등 네 명의 스님들은 고맙다는 인사를 하려고 소에게로 갔다. 소는 큰 눈을 껌벅이며 스님들을 번갈아 바라보더니 제 할 일을 다했다는 듯 스르르 눈을 감은 채 숨을 거두고 말았다. 스님들은 눈물을 흘리며 소의 무덤을 잘 만들어준 후 왕생극락을 빌었다.

『아무래도 그 소는 우리 절과 전생부터 깊은 인연이 있었을 걸세. 그리고 그 소가 아니었다면 우리가 어떻게 법당을 중창할 수 있었겠나. 후세에까지 소의 거룩한 뜻을 기리기 위해 탑을 세우세.』

스님들은 절 입구에 소의 공을 칭송하는 3층탑을 세우고 「공우탑功牛塔」이라 명했다. 지금은 원래의 자리에서 이전하여 갑사 경내인 다향각 옆에 서 있다.

공주·갑사 공우탑
충남 공주시 계룡면 갑사로 567-3 (중장리 52)

시냇가의 아이들

고려 제4대 광종 19년(968). 지금의 충남 논산군 은진면 반야산 기슭 사제촌에 사는 두 여인이 산에 올라 고사리를 꺾고 있었다.

『아니 고사리가 어쩜 이렇게도 연하면서 살이 올랐을까요?』

『정말 먹음직스럽군요. 한나절만 꺾으면 바구니가 넘치겠어요. 호호….』

두 여인은 정담을 나누며 고사리 꺾기에 여념이 없었다. 이때였다. 어디선가 어린아이 울음소리가 들려오는 것이 아닌가.

『아니, 이 산중에서 웬 아기 울음소리일까요?』

『글쎄 말이에요. 어디 한번 가볼까요?』

『그러지요.』

두 아낙은 어린아이 울음소리를 따라가 보았다. 그러나 어찌된 영문인지 어린아이는 보이지 않고 갑자기 땅이 진동하면서 눈앞에 거대한 바위가 솟아오르고 있었다.

『에그머니나, 이게 무슨 조화람.』

『큰일났어요. 빨리 마을에 내려가 관가에 알립시다.』

신비롭고 괴이한 광경에 놀란 두 아낙은 황급히 마을로 돌아와 관가로 가서 고을 원님께 이 사실을 고했다.

『거참, 괴이한 일이로구나.』

이야기를 다 들은 원님은 나졸들을 보내어 사실을 확인했다. 이 소문은 곧 임금님 귀에까지 들어가게 됐다. 예사로운 일이 아니라고 생각한 임금은 조정 대신들을 불러 이 일을 논의했다.

『상감마마, 아뢰옵기 황송하오나 이는 필시 하늘이 내려주신 바위일 것이니 불상을 조성하여 예배토록 함이 옳을 듯하옵니다.』

『그러하심이 옳을 듯하옵니다.』

조정 대신들의 의견이 한결같자 임금은 명을 내렸다.

『금강산 혜명대사를 모셔다 그 바위로 불상을 조성토록 해라.』

혜명대사는 1백 명의 석수를 이끌고 바위가 있는 곳에 도착했다. 바위를 본 순간 스님은 잠시 뭔가 골똘히 생각했다.

「음, 예사 바위가 아니로구나. 후세불인 미륵불을 대형으로 조성하여 세세생생 이 민족의 기도처가 되도록 해야지.」

마음을 굳힌 스님은 작업을 지시, 대역사를 시작했다. 석공들은 솟아오른 큰 바위로 부처님 전신을 조성하는 줄 알았는데 그게 아니었다. 스님은 그 바위에 부처님 하반신을 조각토록 했다.

『스님, 이 바위도 큰데 얼마나 큰 부처님을 조성하실 건가요?』

석수들이 의아한 듯 연방 물어오나 스님은 그저 빙그레 웃기만 할 뿐 아무 말이 없었다.

그렇게 부처님 하반신이 조성되자 혜명 스님은 그곳에서 약 30리쯤 떨어진 이웃마을 연산면 우두굴에서 큰 돌을 옮겨와 다시 머리와 가슴 부분을 조성했다. 이때 동원된 역군은 무려 1천 여 명. 정으로 쪼고 갈고 깎아 부처님 조성하기 여러 해가 바뀌면서 웅장한 미륵불상이 완성됐으나 세 부분으로 나눠진 부처님 몸체를 맞추는 일 또한 예삿일이 아니었다. 웬만한 무게라야 들어올릴 텐데, 신통한 묘안이 떠오르질 않았다.

그러던 어느 날. 궁리에 골몰하던 혜명 스님이 사제촌 냇가에서 잠시 쉬고 있을 때였다.

　한 무리의 아이들이 몰려오더니 흙으로 삼등불상을 만들어 세우는 놀이를 하고 있는 것이 아닌가. 무심코 바라보던 혜명 스님은 자신도 모르게 「옳지」 하는 탄성을 발했다. 아이들은 먼저 평지에 미륵불상을 세운 다음 그 주위를 모래로 경사지게 쌓아 놓고 가슴 부분을 굴려 올려서 맞추어 세우고 있었다.

　『그래! 바로 그거야!』

　혜명 스님은 곧장 작업장으로 달려가 공사를 지시하고 다시 시냇가로 왔다. 아이들이 노는 모습을 마저 보고 싶었던 것이다. 그러나 조금 전까지 재미있게 떠들며 놀던 아이들은 간 곳이 없었다.

　이는 혜명 스님의 정성에 감탄한 문수보살이 스님에게 불상 세우는 법을 알려주려고 현신한 것이라고 한다. 이렇게 해서 삼등불상을 무난히 세워 미륵불이 완성된 때는 고려 제7대 목종 9년(1006). 무려 37년 만에 높이 18.12m , 둘레 11m, 귀의 길이가 3.33m나 되는 동양 최대의 석조불 은진미륵을 봉안케 된 것이다. 그로부터 21일 동안 1.8m나 되는 미간의 백호 수정에서 찬란한 빛이 발하여 중국 송나라에 이르니 그곳 지안대사가 빛을 따라 찾아와 배례한 뒤 그 광명이 촛불 빛과 같다 하여 절 이름을 「관촉사灌燭寺」라 했다 한다.

　또 은진미륵이 완성된 얼마 후 북쪽 오랑캐가 쳐내려왔다. 파죽지세로 내려오던 오랑캐들이 압록강에 이르렀을 때 어디선가 가사를 입고 삿갓을 쓴 한 스님이 나타나 태연히 압록강을 건너기 시작했다.

길을 찾던 오랑캐들은 『옳지, 저 스님을 따라가면 되겠군!』 하면서 스님 뒤를 따라 강물로 뛰어들었으나 물 위를 걸을 수 없는 오랑캐들은 그만 모두 압록강에 빠져 죽고 말았다.

부하를 잃은 오랑캐 장수는 화가 치밀어 다시 강을 건너온 스님을 칼로 내리쳤다. 그러나 장수의 칼은 스님의 삿갓 한쪽 끝을 스쳤을 뿐 스님은 어디 한 곳 다치지 않아 명장의 칼을 무색케 했다.

전하는 말에 의하면 이 스님은 나라를 위기에서 구하기 위해 현신한 은진미륵이라 한다. 마치 이 말을 증명이라도 하듯 지금도 관촉사 은진미륵은 3.94m의 큰 관의 한쪽 귀퉁이가 떨어져 꿰맨 자국을 볼 수 있다.

은진미륵은 보물 제218호. 불자가 아닌 일반인들도 관촉사는 몰라도 은진미륵은 모르는 이가 없을 정도로 널리 알려졌다.

경내에는 미륵불 외에 보물이 또 한 점 있다. 우리나라 석등의 기본형인 8각형과 달리 4각형 화사석에 불을 켜도록 만든 큰 기름단지 석등(보물 제232호)이 그것이다. 이 석등 앞에 5층 석탑이 있고 그 옆에 8엽 연화 3개가 연가지에 달린 듯 실감나게 조각된 화강암 배례석이 있다. 이 배례석은 은진미륵 앞에 제물을 차리는 데 쓰인다.

 논산·관촉사
충남 논산시 관촉로 1번길 25 (관촉동 254)

구렁이 아들

충남 부여군 임천면 가장굴이란 마을에 천석꾼 조씨가 살고 있었다. 재산이 많은 데다 늘그막에 기다리던 아들까지 보게 된 조부자 내외는 더없이 행복한 나날을 보내고 있었다.

그러던 어느 날.

『나무 아미타불 관세음보살….』

한 스님이 조부자 집 문간에 서서 염불을 하고 있었다. 마을 뒤편 무재산 보광사에서 탁발하러 내려온 천수 스님이었다.

『아이구 보광사 스님이시구먼유.』

『예, 그렇습니다.』

천수 스님은 합장한 채 공손히 인사를 했다.

『시주를 드릴 터이니 염불은 그만하시고 어서 딴 집으로 가 보셔유.』

조부자 아내는 몇 줌 안되는 쌀바가지를 내밀었다.

스님은 메고있던 바랑에 쌀을 받으면서 말했다.

『염불을 좀더 해야겠습니다.』

조부자 아내는 내심 거추장스러웠지만 정중하게 인사했다.

『감사하오나 지금 저희집 3대 독자가 안방에서 곤히 낮잠을 자고 있슈. 하도 귀한 아들이라 깰까 조심스러워 부탁드리는 거예유.』

스님은 좀 언짢았지만 조용히 대답을 했다.

『허나 소승이 염불을 더하고 싶은 것은 바로 그 귀한 아드님으로 인해 장차 이 집안에 일어날 액운을 소멸시키기 위해서입니다.」

『원 별말씀 다 하시네유. 애지중지하는 남의 집 아들 보고 액운 운운 하시다니….」

『미리 막지 않으면 평화스런 귀댁에 화가 미칩니다.」

『화라구요?」

『화가 미치는 것이 아니라 이미 화의 근원이 무르익었습니다.」

『스님, 그렇게 뜸들이지 말고 무슨 곡절인지 속 시원히 알려주셔유.」

아까와는 달리 조부자 아내는 스님에게 간곡히 사정했다.

『소승이 일러주는 대로 하시면 액을 예방할 수 있습니다. 오늘 밤으로 막걸리 50말을 장만하여 온 동네 사람들을 집 마당에 청해 술잔치를 베푸십시오. 단, 오는 사람마다 숯 한 포씩을 가져오게 해 마당 가운데 숯불을 지피고 풍악을 울리십시오. 그럼 소승 이만 물러갑니다.」

조부자 아내는 영문을 알 수 없는 말이다 싶으면서도 천수 스님의 말을 묵살할 수 없었다. 도에 통달해서 용하기로 이름난 보광사 스님이 허튼소리를 했을리 만무하기 때문이었다.

그날 저녁, 조부자 아내는 스님이 일러준 대로 막걸리 50말을 준비하고 술잔치를 벌였다. 동네 사람들이 가져온 숯불이 벌겋게 달아올랐을 때였다. 방 안에서 아들이 「앙앙」 목을 놓고 우는 것이 아닌가. 조부자 아내는 풍악이 울리고 사람들이 웅성거려 놀라서 그러는 줄 알고 어르고 달랬으나 막무가내였다.

오만상을 찡그리며 마구 울어대는 아들을 보자 조부자 아내는 울화가 치밀었다.

『뭔 놈의 액이 온다고 일러주어 남의 귀한 아들만 고생시키는지 모르겠네.』

부인은 천수 스님을 원망했다. 그때였다.

『보살님!』

천수 스님의 목소리가 들렸다. 스님이 나타나자 풍악도 멈추고 사람들의 웅성거림도 잠잠해졌다. 스님은 이상하게도 작은 관 하나를 어깨에 메고 왔다.

『아니 스님, 그 관은 왜 들고 오셨슈?』

『예, 우선 그 아이를 이리 내려 놓으세요.』

부인은 안고 있던 아들을 스님 앞에 내려놓았다. 아기는 더욱 소리 높여 울면서 쪼르르 엄마에게 달려가 치맛자락을 잡았다. 순간 천수 스님은 일언반구도 없이 아기를 나꿔채더니 관 속에 집어넣었다. 아기는 숨이 넘어갈 듯 울어댔다.

그러자 부인은 마치 실성한 듯 스님의 장삼을 쥐어 잡아뜯으며 욕설을 퍼부었다. 그러나 스님은 태연하게 부인을 떼어놓고 관을 숯불 위에 내동댕이쳤다.

사태가 이쯤되자 사랑방에 은인자중 앉아 있던 조부자도 뛰어나왔다.

『여보, 칼 가져와. 저 중놈의 배를 갈라 버리게.』

조부자는 이리 뛰고 저리 뛰며 칼을 찾았다.

이글이글 타오르는 숯불 위에 던져진 관은 순식간에 재로 변했다. 관의 형태가 완전히 사그러지자 마당 안에 있던 사람들은 모두 눈이 휘둥그래졌다. 칼을 찾던 조부자도 놀란 눈으로 관이 타버린 숯불더미 위의 광경을 바라보며 경악했다. 응당 있어야 할 아들의 시신 대신 큰 구렁이 한 마리가 뜨거움에 못 견뎌 꿈틀거리고 있지 않는가.

『아니, 우리 아들은 어디로 가고….』

조부자 내외는 천수 스님을 바라보며 외쳤다.

『저게 댁의 아드님입니다.』

구렁이를 가리키며 조용히 말문을 연 천수 스님은 이렇게 물었다.

『혹시 아기를 가질 무렵 구렁이를 죽이지 않으셨는지요?』

『글쎄요…. 아, 생각납니다. 토끼에게 풀을 먹이고 있는데 풀 속에서 구렁이가 나타나 토끼를 잡아먹으려 하길래 들고 있던 낫으로 찍어 죽인 일이 있어요.』

『낫을 가져와 보시지요.』

조부자가 부러진 낫을 가져오자 천수 스님은 구렁이 뱃속에서 꺼낸 낫끝과 맞추어 보았다. 신통하게도 꼭 들어맞았다. 보고 있던 동네 사람들까지 어안이벙벙했다.

『큰일 날 뻔했습니다. 구렁이가 조금만 더 자라면 내외분뿐 아니라 동네분들까지 모두 화를 입었을 것입니다. 정말 천만다행입니다.』

이때였다. 갑자기 하늘에 먹구름이 밀어닥치더니 천둥 번개와 함께 비바람이 몰아쳤다. 그리고 빗속에 들려오는 소리가 있었다.

『천수야 이놈, 내 철천지 원수를 못 갚게 방해한 널 그냥 두지 않을 테다.』

소름이 끼칠 만큼 앙칼진 소리였다.

천수 스님도 자신만만하게 외쳤다.

『그래, 날 어떻게 하겠다는 것이냐?』

『여러 사람 앞에서 원수를 갚을 것이다.』

『어림없는 수작 말고 썩 물러가거라.』

순간 구렁이는 독기를 내뿜었다. 스님은 재빨리 합장을 하고 염불로 대항했다. 구렁이의 독기는 스님의 염불 속에 그만 사그러지고 말았다.

『허, 고얀 놈 같으니라고….』

천수 스님은 옷깃을 가다듬으며 유유히 절로 돌아갔다.

 부여 · 가장굴
충남 부여군 임천면 가신리

무심천의 칠불

조선조 광무 5년(1901). 내당에서 잠자던 엄비는 참으로 이상한 꿈을 꾸었다.

갑자기 천지가 진동을 하며 문풍지가 흔들리는 바람에 엄비는 방문을 열고 밖으로 나와 하늘을 쳐다보았다.

순간 엄비는 놀라지 않을 수 없었다. 오색영롱한 안개 속에 칠색의 선명한 무지개가 자신의 처소인 내당을 향해 뻗고 있는 것이 아닌가. 엄비는 자신도 모르는 새에 옷매무시를 가다듬고는 방으로 들어와 정좌한 후 밖을 보았다. 이번엔 아름다운 풍악이 울리는 가운데 일곱 미륵부처님이 일곱 선녀의 부축을 받으며 내당을 향해 오고 있었다.

엄비는 얼른 일어섰다. 주위에는 온갖 나비와 새들이 저마다 자태를 뽐내며 춤을 추고 있었고 하늘에선 꽃비가 내렸다.

부처님 일행이 내당에 도착하자 엄비는 합장 삼배를 올렸다.

『그대가 바로 불심 지극한 엄비요?』

『예, 그러하옵니다.』

엄비는 떨리는 목소리로 간신히 답했다. 방금 엄비임을 확인한 키가 제일 큰 부처님이 다시 말을 이었다.

『부탁이 있어 이렇게 왔소. 우리는 매우 위태로운 처지에 놓여 있다오. 하루속히 우리를 구하고 절을 세워 안치해 주길 간곡히 당부하오.』

부처님 눈가엔 어느새 눈물이 주르르 흐르고 있었다.

『어느 곳에 계시오며 무슨 사연인지 알았으면 합니다.』

『그 내용은 청주 지주(요즘의 군수)가 잘 알고 있소.』

이렇듯 간곡히 당부의 말을 남긴 미륵부처님들은 영롱한 안개를 일으키며 서쪽 하늘로 사라졌다.

합장한 채 부처님이 사라진 쪽을 한동안 바라보던 엄비는 부처님을 하루속히 구해 드려야 한다고 생각했다.

「얼마나 힘드시고 다급했으면 저토록 눈물까지 흘리시며 당부하셨을까.」

『마마, 일어나실 시간입니다.』

여느 날과 달리 오늘따라 기침 시간이 늦어지자 엄비 처소의 시종 삼월이는 아무래도 이상하여 엄비의 늦잠을 깨웠다.

부처님을 친견하느라 정신이 없었던 엄비는 나인의 목소리에 잠에서 깨었다.

『거참, 이상한 꿈이로구나.』

엄비는 마치 꿈을 확인이라도 하려는 듯 문밖으로 나와 일곱 부처님이 사라진 서쪽과 무지개가 피어오르던 하늘을 바라보았다.

어떤 흔적도 남아있을 리가 없는 하늘이었다. 아무래도 가만히 있을 일이 아니라고 생각한 엄비는 간밤 꿈 이야기를 왕에게 고하고는 청주에 사람을 보내달라고 청했다.

『과인의 생각도 그러하오. 내 곧 청주 지주에게 사람을 보낼 것이니 하회를 기다리도록 하오.』

엄비는 그날부터 새벽마다 목욕재계하고 염불정진을 시작했다.

한편 엄비의 꿈 이야기를 전해 듣고, 아는 대로 상세히 조사하여 고하라는 어명을 받은 청주 지주 이희복은 놀라지 않을 수가 없었다.

『아니! 사흘 전 내가 꾼 꿈과 흡사한 꿈을 엄비마마께서도 꾸시다니….』

엄비가 일곱 부처님을 꿈에서 친견하던 날 밤, 청주 지주 이희복은 깊은 잠 속에 스르르 방문 열리는 소리를 들었다. 그리고는 장삼이 온통 흙탕물에 젖은 스님 한 분이 바로 옆에 와서 앉는 것이었다. 놀란 이희복은 스님을 자세히 바라보았다. 이마에선 피가 흘렀고 목에는 이끼가 끼어 있었다.

『너무 놀라지 마시오. 내 지금 서쪽 깊은 늪에 빠져 헤어날 길이 없어 도움을 청하려 이렇게 왔으니 귀찮게 여기지 말고 힘껏 도와주시오.』

말을 마친 스님은 홀연히 서쪽으로 사라졌다. 이희복은 서쪽을 향해 합장하며 머리를 조아리다 그만 잠에서 깨어났다.

아무래도 심상치 않게 생각하던 중 어명을 받은 이희복은 그날로 사람을 풀어 서쪽 큰 늪을 조사하도록 했다.

그날 오후 조사하러 나갔던 나졸들은 큰 발견이나 한 듯 지주 이희복에게 고했다.

『서쪽으로 가 보니 「무심천」이라 부르는 황량한 개울이 있는데 그 주변에 머리 부분만 밖으로 나와 있는 돌부처 한 분이 흙과 잡초에 묻혀 있었습니다.』

이희복은 급히 무심천으로 달려갔다. 가 보니 낚시꾼들이 석불을 의자삼아 걸터앉아 낚시를 하고 있는 것이 아닌가. 이희복은 호령했다.

『아무리 흙에 묻혀 있을지언정 부처님이시거늘 그토록 무례할 수가 있는가.』

『살펴보지 않아 미처 몰랐습니다. 금후로는 그런 일이 없을 것이오니 한 번만….』

얼굴이 붉어진 낚시꾼은 무안하여 도구를 챙겨든 채 자리를 옮겨 갔다.

이희복은 부처님을 조심스럽게 파내었다. 석불은 이마 부분이 손상되어 있었다. 그날부터 이희복은 사람을 동원하여 무심천 물을 퍼내기 시작했다. 그렇게 7일을 퍼내니 무심천에선 모두 일곱 분의 부처님이 출현했다. 이희복은 너무 기뻐 급히 왕실에 상고문을 올렸다.

왕실에서는 신기한 사실에 엄비의 불심을 높이 칭송하는 한편 청주 지주 이희복에게 많은 재물을 내려 절을 세우고 칠불을 모시도록 했다.

그 절이 바로 오늘의 청주시 사직동 무심천 변에 있는 용화사다. 신라 선덕여왕대에 창건됐다가 대홍수로 인해 부처님이 개울에 묻힌 지 천여 년 만에 다시 복원된 것이다.

용화사 복원 이후 청주 지역엔 자주 있던 홍수 피해가 없어졌다고 한다. 현재 이 일곱 분의 부처님은 보물 제985호로 지정돼 있다. 「무심천無心川」은 부처님의 흔적을 찾지 못한 채 무심히 세월만 흘렀다 하여 붙여진 이름이라고 한다.

청주 · 용화사
충북 청주시 서원구 무심서로 565 (사직1동 216-1)

정진 스님의 예언

『법일이 게 있느냐?』

『예, 여기 있습니다.』

『내일 아침 일찍이 길을 떠날 터이니 자기 전에 준비하도록 해라.』

『예, 스님.』

중국 당나라 곡산의 도연 스님에게서 진성을 닦고 귀국하여 광주 백암사에 오랫동안 주석해온 경양 정진선사(878~956)는 무슨 생각에서인지 30년 가까이 법석法席을 펴온 광주를 떠날 준비를 하고 있었다. 이튿날 아침. 정진선사는 대중에게 인사를 했다.

『출가 사문이란 본래 운수납자라 했거늘 내 이곳에 너무 오래 머물렀소. 오늘부터 발길 닿는 대로 길을 떠나 법을 펴야 할 자리가 보이면 다시 그곳에 터를 잡아 불법을 전하려 하니 백암사는 여러 대중이 합심하여 법을 널리 펴고 가람을 수호토록 하시오.』

『스님, 그렇다고 이렇게 불쑥 떠나시면 저희들은 어떻게 합니까?』

스님은 대중의 만류에도 불구하고 상좌 법일을 데리고 만행에 나섰다.

정진 스님의 발길은 자신도 모르게 충청도 땅으로 향하고 있었다. 아마 고향이 공주인 탓인지도 몰랐다.

『스님, 오늘은 이 마을에서 하룻밤 묵어 가야 할 것 같습니다.』

『그래야 될 것 같구나.』

백암사에서 남쪽으로 내려가던 정진선사는 충북 청주시 상당구

문의면 남계리에 있는 해발 약 80m의 나지막한 고개 아랫마을에서 하룻밤을 쉬어 가게 됐다.

『주인장 계십니까?』

『뉘신지요?』

『지나가는 객승입니다. 길가다 날이 저물어 그러하니 댁에서 하룻밤 묵어 가게 해주시면 고맙겠습니다.』

『누추하지만 들어오시지요.』

고개 아래 조그마한 초가집 주인은 친절했다.

『옥분아, 스님들이 하룻밤 쉬어 가실 것이니 아랫방을 말끔히 치우도록 해라.』

초가집에는 안주인이 없는 듯 장성한 딸 옥분이와 그 아버지만이 살고 있었다. 옥분이는 다시 밥을 짓고 소찬이나마 정성껏 마련하여 스님에게 저녁 공양을 올렸다.

그날 밤, 편히 잠자리에 든 정진 스님은 참으로 이상한 꿈을 꾸었다. 장마철도 아닌, 오곡백과가 무르익는 가을철인데 남계리 마을에 큰 장마가 진 것이었다. 물은 삽시간에 온 마을을 덮었다. 마을 사람들은 가재도구를 챙겨 피난처를 찾았고 소, 돼지, 닭 등 가축들은 이리 뛰고 저리 뛰는 등 마을은 온통 아수라장으로 변했다.

스님은 초가집 바로 뒤에 있는 언덕으로 올라 동리를 향해 소리쳤다.

『여러분! 가구나 집안 살림 그리고 재산에 연연치 마시고 모두 삽한 자루씩만 들고 이 고개로 올라오십시오. 만약 재물에 연연하게 되면 목숨을 잃게 되니 제 말을 들으십시오.』

마을 사람들은 갑작스런 폭우 속에 낯선 스님이 나타나 소리를 치니 모두 스님의 말에 따랐다.

스님은 마을 사람들과 함께 흙을 파내 물꼬를 터서 무사히 수마를 이길 수 있었다. 동네 사람들은 모두 스님께 합장하며 감사했다.

이튿날 아침 꿈에서 깬 정진선사는 간밤 꿈이 하도 이상하여 폭우를 피했던 고개에 올라가 보았다.

그런데 이게 웬일인가.

그곳엔 흙을 파냈던 자리가 역력하게 남아있으며, 물이 괴었던 자리가 뚜렷했다.

『이곳이 바로 법당을 세울 명당이로구나. 그러나 천년 후에는 물에 잠길 염려가 있으니….』

그 고개에 절터를 잡으려던 정진선사는 도력으로 천년 후를 내다보고는 다시 길을 떠나 그곳서 멀지 않은 진천 고을에 절을 세우고 법을 폈다.

스님이 떠나고 난 후 이 마을에서는 물이 넘친 곳이라 하여 이 고개를 「무너미고개」, 「수월치水越峙」 혹은 「수여水餘」 라고도 불렀다. 그 후 천여 년의 세월이 흐른 후 선사가 묵었던 마을은 「대청댐」이 생기면서 물 속에 잠기게 됐다. 또 무너미고개에는 직경 4m의 도수 터널이 뚫려서 대청호의 물을 청주로 흘려보내고 있다.

문의면도 무너미에서 유래된 지명.

정진선사는 신라 경애왕으로부터 봉종대사의 호를 받았으며 그 후 고려 태조와 광종에게 법요를 가르쳤고 광종 2년에는 사나선원에 있으면서 왕으로부터 증공대사란 존호를 받았다.

대청댐 무너미 고개
충북 청주시 상당구 문의면 남계리

왕비의 기도

　홍건적의 침입으로 송도를 빼앗긴 고려 공민왕은 피난 길에 올랐다.

　왕비(노국공주)는 물론 조정의 육조 대신들과 함께 남으로 내려오던 공민왕 일행이 충청북도 영동군 양산면을 지날 때였다.

　「디~잉! 디~잉!」

　어디선가 아름다운 범종소리가 울려왔다. 신심이 돈독한 왕은 행차를 멈추게 하고 말에서 내렸다. 해질녘 인적 드문 계곡에 메아리 치는 범종소리는 마음이 착잡한 공민왕을 더욱 숙연케 했다.

　『오! 참으로 성스러운 종소리로구나. 어디서 울리는 소리인지 알아 보도록 해라.』

　『저 종소리는 아마 인근에 위치한 국청사에서 울려 오는 소리인 듯하옵니다.』

　『국청사란 어떤 절인고?』

　『일찍이 신라 진평왕 30년 원광법사가 창건한 절로 대각국사 의천 스님께서 천태교학을 강하고 교선일치를 설파한 절입니다.』

　공민왕은 문득 대각국사가 주석했던 국청사에 가서 위기에 처한 나라의 안녕과 백성들의 평안을 기도하고 싶었다.

　『짐은 이 길로 국청사에 들어가 기도를 올릴 것이니 행선지를 돌리시오.』

　『국청사가 있는 마니산 쪽으로 가려면 큰 강을 건너야 하는데 가마를 메고 강을 건너기는 어렵습니다.』

『내 꼭 저 종소리가 울리는 절에서 기도하고 싶은데 좋은 방법이 없겠소?』

『전하의 뜻이 정 그러시다면 강의 양쪽에 누대를 짓고 밧줄로 임시 다리를 놓도록 하겠습니다.』

대신들은 신하들을 시켜 곧 칡넝쿨과 가죽을 섞어 튼튼한 밧줄을 꼬게 했다. 양쪽 강가를 이은 밧줄다리가 놓아지자 임금이 탄 가마를 밧줄에 매단 다음 가마를 끌어당겨 임금은 무사히 강을 건넜다.

이 일로 인하여 누대를 높이 세우고 다리를 놓았다 하여 지금도 이 강마을을 누교리라고 부르며 또 육조대신이 쉬었다 하여 육조동이라 부른다.

국청사에 도착한 왕은 옥새를 왕비에게 맡긴 후 절 건너편 망탑봉과 마주한 팽이처럼 뾰죽한 봉우리에 왕비를 기거케 했다. 그 봉우리는 경사가 심해 누구나 쉽게 올라갈 수 없었다. 그러나 왕비를 몹시도 사랑했던 공민왕은 하루도 왕비를 안 보고는 지낼 수가 없었다. 궁리 끝에 왕은 소가죽을 이용하여 망탑봉과 왕비가 있는 봉우리를 왕래할 수 있도록 다리를 놓게 했다.

공민왕은 왕비가 보고플 때면 언제든지 가서 만날 수 있도록 해놓은 후 육조 대신들과 함께 백일기도에 들어갔다. 왕비도 처소에서 기도입재를 하고는 나라의 안녕을 간곡히 기원했다.

『대자대비하신 부처님이시여! 부처님의 크신 가피력으로 북쪽의 오랑캐를 물리치시어 이 나라 백성들이 평안케 하여 주옵소서.

나무 관세음보살.』

공민왕도 왕비도 육조 대신 그리고 신하들까지 모두 한결같은 마음으로 기도를 올렸다.

왕은 왕비가 잘 있는지 궁금할 때면 왕비의 처소를 찾아가 간곡히 기도하는 왕비의 모습에 감탄하곤 했다.

『마마, 이곳 걱정은 하지 않으셔도 되오니 너무 심려치 마시고 기도에만 충실하옵소서.』

『고맙소. 잘 지낼 줄 알면서도 과인의 마음이 놓이질 않아요. 이렇게 눈으로 확인하고 가야만 기도가 잘되는 걸 어찌하겠소. 내 오늘부터 기도가 끝날 때까지 중전의 말대로 해보리다.』

그렇게 하여 백일기도가 끝나는 날 밤. 왕비의 꿈에 대각국사가 나타났다.

『중전마마의 극진하신 기도에 부처님께서 감동하시어 오랑캐를 물리쳐 주시겠다는 수기를 내리셨습니다. 대왕마마와 중전마마께서는 북쪽 오랑캐가 쳐들어온 곳을 바라보시면서 염주를 한 알씩 돌려 주십시오.』

붉은 가사를 입은 대각국사는 큰 단주를 굴리며 지그시 눈을 감은 채 정중히 아뢰고는 왕비의 손에 염주를 들려줬다. 왕비는 손에 들려있는 염주를 돌리면서 북쪽을 바라보았다. 아, 그랬더니 이게 웬일인가. 마치 콩알이 손톱에서 튕겨나가듯 염주를 돌릴 때마다 홍건적이 한 놈씩 한 놈씩 북쪽의 구름 속으로 튕겨 들어가는 것이 아닌가. 왕비는 너무 기뻐서 꿈속에서 열심히 염주를 돌리며 북쪽을 바라보았다. 어느덧 홍건적이 다 물러가고 기쁨을 감추지 못해 왕의 손목을 잡는 순간 왕비는 꿈에서 깨었다.

기도를 마친 왕은 회향식이 끝나자마자 왕비에게 달려왔다. 왕비는 간밤 꿈 이야기를 왕에게 들려주었다. 이야기를 다 들은 왕은 기뻐하면서 말했다.

『중전, 참으로 고마운 일이구려. 틀림없이 부처님께서 이 나라를 지켜주실 징조가 아니고 무엇이겠소.』

그 길로 공민왕은 정세운을 총지휘관으로 삼고 홍건적을 토벌하라는 명을 내렸다.

그때 홍건적은 개경을 포위하고는 눈이 많이 와서 더 이상 쳐들어오지 못하고 방비가 해이해져 있었다.

『장군님, 적병들의 방비태세가 아주 허술한 상태입니다.』

『음, 수고했다.』

적의 형세를 염탐한 정세운은 그날 새벽 사방에서 일제히 적을 공격하는 작전으로 홍건적을 물리쳤다. 「설마」 하는 생각조차 못할 만큼 고려의 군사력을 얕본 홍건적은 잠자리에서 옷도 제대로 입지 못한 채 도망치다 대부분 얼어 죽었다. 압록강을 제대로 건너간 적병은 몇 명 되지 않았다.

난이 평정됐다는 소식을 들은 공민왕은 한없이 부처님께 감사드렸다. 왕비를 대동하고 다시 환궁을 서두르던 왕은 국청사 부처님 가피로 나라가 위기에서 벗어나 평군안민케 되었다 하여 절 이름을 국청사에서 「영국사寧國寺」로 바꾸도록 하고는 친히 편액을 써서 내렸다.

그 후 왕비가 거처하던 봉우리는 옥새를 무사히 보관한 곳이라 하여 옥새봉이라 불리우고 있다.

영동 · 영국사
충북 영동군 양산면 영국동길 225-35 (누교리 1397)

도승과 말세 우물

　세조가 왕위에 오른 지 몇 해가 지난 어느 해 여름. 오랜 가뭄으로 산하대지는 타는 듯 메말랐다. 더위가 어찌나 기승을 부렸던지 한낮이면 사람은 물론 짐승들도 밖에 나오질 못했다. 그러던 어느 날 한 스님이 지금의 충청북도 사곡리 마을을 지나며 우물을 찾았다. 더위에 먼 길을 오느라 갈증이 심한 모양이었다.

　그러나 아무리 찾아도 스님의 눈엔 우물이 보이질 않았다. 하는 수 없이 스님은 어느 집 사립문을 밀고 들어섰다.

　『주인 계십니까? 지나가는 객승 목이 말라 물 한 그릇 얻어 마실까 합니다.』

　『대청마루에 잠깐 앉아 계세요. 곧 물을 올리겠습니다.』

　주인 아낙은 길어다 놓은 물이 없다며 물동이를 이고 밖으로 나갔다.

　스님은 아낙의 마음씀이 고마워 대청마루에 앉아 땀을 식히고 있었다. 그러나 물 길러 간 아낙은 몇 시간이 지나도 오질 않았다. 이상하게 생각한 스님은 목마른 것도 바쁜 길도 잊은 채 호기심이 생겨 아낙이 돌아오길 기다렸다. 저녁 무렵, 아낙은 얼마나 걸음을 재촉했는지 숨을 몰아쉬며 한 손으로 구슬땀을 닦으면서 물동이를 이고 왔다.

　『스님, 오래 기다리게 해서 죄송합니다.』

　아낙은 공손히 물을 떠 올렸다. 우선 시원한 물을 받아 마신 스님은 궁금증을 풀 양으로 아낙에게 물었다.

『거, 샘이 먼가 보군요.』

『이 마을엔 샘이 없습니다. 여기서 10리쯤 가서 길어온 물입니다.』

아낙의 수고를 치하한 스님은 무슨 생각에선지 짚고 온 지팡이로 마당을 세 번 두들겨 보았다.

『과연 이 마을은 물이 귀하겠구려. 마을 땅이 층층이 암반으로 덮였으니 원… 그러나 걱정마시오. 내 주인 아주머니의 은공에 보답키 위해 좋은 우물 하나를 선사하고 가리다.』

이 말을 남긴 스님은 그 집을 나와 마을 구석구석을 살폈다.

동네 한복판에 이른 스님은 큰 바위에 다가서서 역시 지팡이를 들어 세 번 두들기더니 고개를 끄덕였다. 그리곤 우물을 파다가 도승이 나타났다는 소식을 듣고 달려온 청년들에게 일렀다.

『이 바위를 파시오.』

『스님, 여기는 바위가 아닙니까? 물이 나올 리 만무합니다.』

청년들이 믿기 어렵다는 듯 말했으나 스님의 표정은 태연자약할 뿐 아니라 엄숙하기까지 했다.

『자, 어서 여길 파시오. 겨울이면 더운물이 솟아날 것이고 여름이면 냉차 같은 시원한 물이 나올 것입니다. 뿐만 아니라 아무리 가물어도 마르지 않고 장마 져도 넘치지 않을 것이오.』

청년들은 도승의 말에 위압당한 듯 어안이벙벙했다. 이때 한 청년이 앞으로 나서더니 스님의 말씀을 믿고 한번 파보자고 제의했다.

장정들이 밤낮으로 사흘을 파도 물줄기는 보이질 않았다. 스님은 계속 팔 것을 명했고, 청년들은 내친걸음이니 시키는 대로 해보자며 작업을 계속했다. 닷새쯤 팠을 때다. 바위 틈새에서 샘물이 솟기 시작했다. 맑고 깨끗한 물이 콸콸 흘러 금방 한 길 우물 깊이를 채웠다. 청년들은 기쁨을 감출 수 없어 서로 부여안고 울며 춤을 췄다.

샘물이 솟는다는 소문에 온 마을이 뒤집혔다. 어른 아이 할 것 없이 우물을 구경하러 모여들었고 물을 마시며 기뻐했다. 그들에겐 생명의 샘이나 다름없었다. 이 모습을 아무 표정없이 지켜보던 스님이 입을 열었다.

『자, 조용히 하고 소승의 말을 들으세요. 앞으로 이 우물은 넘치거나 줄어드는 일이 없을 것입니다. 그러나 만일 이 우물이 넘치는 날에는 나라에 큰 변이 있을 것입니다.』

마을 사람들이 웅성거리며 쑥덕거리기 시작했다. 그러나 스님은 들은 체도 않고 말을 이었다.

『지난날 수양대군이 조카 단종 임금을 폐하고 왕위에 올랐지만, 만약 이 우물이 넘치는 날에는 그보다 몇 배 더 큰 변란이 일어날 것입니다.』

『스님, 이 우물이 그렇게 무서운 우물이면 차라리 지난날처럼 10리밖 개울물을 길어다 먹고 살겠습니다.』

『너무 걱정들 마시오. 이 우물이 세 번 넘치는 날이면 이 세상은 말세가 되니까, 그때 여러분은 이 마을을 떠나시오.』

이 말을 남긴 스님은 뒤도 돌아보지 않은 채 표연히 자취를 감쳤다.

마을 사람들은 기쁨도 컸지만 한편으로 두려움도 없지 않았다. 이들은 모이기만 하면 비슷한 말을 주고받았다.

『평생 숙원인 우물이 생기긴 했네만….』

『과연 기이한 일일세그려.』

『그 도승의 말을 너무 염려할 것은 없을 것 같으이.』

그러나 「우물이 세 번만 넘치면 말세가 온다」는 소문은 차츰 멀리 퍼져나갔다.

『과연 우물이 넘칠 것인가.』

사람들의 입에서 화제가 되는 동안 세월은 어느덧 몇 년이 지났다.

그러던 어느 날 새벽, 물 길러 나간 아낙 하나가 우물가에서 기절을 했다. 우물이 철철 넘치고 있었던 것이었다. 이 말은 삽시간에 이웃마을까지 퍼졌다. 사람들은 무슨 변이 일어날지 몰라 안절부절했다. 그로부터 며칠 후 왜구가 쳐들어왔다는 소식이 전해졌다. 이 난이 곧 임진왜란이었다.

또 한번 이 우물이 넘친 것은 1950년 6월 25일. 그날도 이 우물은 새벽부터 철철 넘치고 있었다 한다. 6·25의 민족적 비극을 알리기 위한 우물의 충정이었다고 마을 사람들은 지금도 말하고 있다.

아무 일 없이 정량을 유지한 채 조용히 샘솟고 있는 이 우물이 과연 또 넘칠 것인가. 그리고 스님의 예언대로 세상의 종말이 올 것인가.

약 50호의 농가가 평화롭게 살고 있는 충북 괴산군 증평읍 사곡리 마을의 말세우물. 「증평 사곡리 우물」 또는 「영천靈泉」으로도 불리는 이 우물은 현재 충북도 기념물 143호로 지정돼 있다.

마을 사람들은 아무리 많이 퍼 써도, 또 가물거나 장마가 들어도 한결같이 줄지도 늘지도 않은 채 그 깊이 만큼의 정량을 유지하며 마을의 식수가 되어 온 이 우물이 지닌 전설을 자랑으로 여기며 부처님 받들 듯 위한다고 한다.

한 스님의 신통력과 예언은 후세인들에게 신비의 전설로서 뿐 아니라 자비의 뜻과 삶의 정도를 일깨워 주고 있다.

괴산 · 사곡리
충북 괴산군 증평읍 사곡리

용궁에서 온 강아지

80이 넘은 늙은 내외가 가야산 깊은 골에 살고 있었다. 자식이 없는 이들 부부는 화전을 일구고 나무 열매를 따 먹으면서 산새와 별을 벗 삼아 하루하루를 외롭게 살아가고 있었다.

그러던 어느 날, 아침을 먹고 도토리를 따러 나서는 이들 앞에 복실복실한 강아지 한 마리가 사립문 안으로 들어섰다.

1년 내내 사람의 발길이 없는 깊은 산중이어서 좀 이상했으나 하도 귀여운 강아지인지라 「좋은 벗이 생겼다」 싶어 붙들어 키우기로 했다. 노부부는 마치 자식 키우듯 정성을 쏟았고, 강아지는 날이 갈수록 무럭무럭 자랐다.

이렇게 어언 3년이 흘러 강아지는 큰 개로 성장했다. 꼭 만 3년이 되는 날 아침, 이 집에 이상한 일이 일어났다. 밥을 줘도 눈도 돌리지 않고 먹을 생각도 않던 개가 사람처럼 말을 하는 것이었다.

『저는 동해 용왕의 딸인데 그만 죄를 범해 이런 모습으로 인간세계에 왔습니다. 다행히 할머니, 할아버지의 보살핌으로 속죄의 3년을 잘 보내고 이제 다시 용궁으로 가게 됐습니다. 두 분의 은혜가 하해와 같사온지라 수양부모님으로 모실까 하옵니다.』

개가 사람이며 더구나 용왕의 딸이라니 놀랍고도 기쁜 일이었다.

『우리는 너를 비록 개지만 자식처럼 길러 깊은 정이 들었는데 어찌 부모 자식의 의를 맺지 않겠느냐?』

개는 이 말에 꼬리를 흔들며 말을 이었다.

『제가 곧 용궁으로 돌아가 아버지 용왕님께 수양 부모님의 은혜를 말씀드리면 우리 아버님께선 12사자를 보내 수양 아버님을 모셔 오게 할 것입니다. 용궁에서는 용궁선사로 모셔 극진한 대접을 할 것이며 저를 키워주신 보답으로 무엇이든 맘에 드는 물건을 가져가시라고 할 것입니다. 그때 아무리 좋은 것이 있어도 모두 싫다 하시고 용왕 의자에 놓인「해인海印」이란 도장을 가져오십시오. 이 도장은 나라의 옥새 같은 것으로 세 번을 똑똑 치고 원하는 물건을 말하면 뭐든지 다 나오는 신기한 물건입니다. 이것만 있으면 여생을 편히 사실 것입니다.』

말을 마친 개는 허공을 세 번 뛰어 어디론가 사라져 버렸다. 노인은 꿈만 같았다.

이런 일이 있은 뒤 얼마가 지난 보름달이 중천에 뜬 어느 날 밤이었다. 별안간 사립문 밖에서 이상한 소리가 나더니 12마리 사자가 마당으로 들이닥쳤다.

『용왕께서 노인을 모셔오랍니다. 시간이 바쁘니 어서 가시지요.』

노인은 주저치 않고 따라나서 문밖에 세워 놓은 옥가마를 탔다. 사자들은 바람처럼 달렸다. 얼마 안 있어 가마는 찬란한 용궁에 도착했다. 그곳은 산호기둥, 황금대들보, 추녀에 달린 호박구슬, 진주벽 등 형형색색의 보화들이 찬란히 빛나고 있었다. 아홉 채의 궁궐 모두가 이런 보물로 장식됐는데 그중에서도 가장 크고 화려한 가운데의 궁전으로 노인은 안내되었다. 노인은 그저 얼떨떨했다.

『아이구 수양 아버님, 어서 오세요. 제가 바로 아버님께서 길러주신 강아지이옵니다.』

예쁜 공주가 버선발로 뛰어나오며 노인을 반겼다. 아름다운 풍악이 울리자 용왕이 옥좌에서 내려왔다.

『먼 길에 오시느라 수고가 많으셨습니다. 딸아이를 3년 동안이나 데리고 계셨다니 그 고마움 어찌 말로 다하겠습니까.』

용상 넓은 자리에 용왕과 노인이 나란히 앉고 좌우 시녀들이 풍악에 맞춰 춤을 추고 음식상이 나왔다. 공주는 한시도 수양 아버지 곁을 떠나지 않고 금강저로 음식을 고루 집어 입에 넣어주며 수양 어머니 문안과 함께 가야산의 지난날을 회상했다. 입에 들어만 가면 슬슬 녹는 산해진미의 음식 맛은 천하 일품이었다.

이렇게 용궁에서 지내기 한 달. 노인의 풍채는 몰라보게 좋아졌다. 노인은 갑자기 부인 생각이 나서 돌아가고 싶었다.

『먼 길 다시 오기도 어려운데 오신 김에 조금만 더 쉬었다 가시지요.』

『말씀은 감사하나 아내의 소식이 궁금하여 내일 떠나겠습니다.』

『정 그렇다면 할 수 없군요. 떠나시기 전에 용궁의 보물을 구경하시다가 무엇이든 맘에 드는 것이 있으면 말씀하십시오. 선물로 드리겠습니다.』

노인은 불현듯 「해인」을 가져가라던 공주의 말이 떠올랐다. 보물창고에는 물건들이 가득가득 쌓여 있었다. 순금의 왕관, 금강석화로, 옥가마, 산호초피리, 은구슬, 말 등 진귀한 보물을 보고도 구경만 할 뿐 달라지를 않으니 용왕은 이상하게 여겼다. 구경이 다 끝나갈 무렵 노인은 까만 쇠조각처럼 생긴 해인을 가리켰다.

『용왕님, 미천한 사람에게 눈부신 보배는 어울리지 않을 것 같사오니 저것이나 기념으로 가져가겠습니다.』

노인의 말에 용왕은 안색이 새파랗게 질렸다. 분명 귀중한 물건임에 틀림없었다.

그러나 용왕은 어쩔 도리가 없었다.

『허참! 그것은 이 용궁의 옥새로 정녕 소중한 것이외다. 허나 무엇이든 드린다고 약속했으니 가져가십시오. 잘 보관했다가 후일 지상에 절을 세우면 많은 중생을 건질 것입니다.』

용왕은 해인을 집어 황금 보자기에 정성껏 싸서 노인에게 주었다.

이튿날 노인은 용궁을 떠나왔다. 용왕 부부는 구중 대문 밖까지 전송했고 공주는 옥가마까지 따라와 작별의 눈물을 흘렸다.

『수양 아버님, 부디 안녕히 가세요. 용궁과 인간세계는 서로 다르니 이제 다시는 뵈올 수가 없겠군요. 부디 「해인」을 잘 간직하시어 편히 사세요. 그것으로 제게 베풀어 주신 은혜의 만분의 일이라도 보답되길….』

공주는 목이 메어 말끝을 흐렸다. 노인도 이별의 아쉬움을 이기지 못한 채 가야산에 도착했다. 노인은 아내에게 용궁 이야기를 자세히 들려주고 해인을 세번 두들겼다.

『내가 먹던 용궁 음식 나오너라.』

주문과 함께 산해진미의 음식상이 방 안에 나타났다. 내외는 기뻐 어쩔 줄 몰랐다. 뭐든지 안되는 것이 없었다. 이렇게 편히 오래오래 살던 내외는 죽을 나이가 되어 절을 지으니 그 절이 바로 지금의 합천 해인사다.

노인들이 죽게 되자 자식이 없어 이 「해인」을 해인사에 보관시켰으며 이 전설에 따라 절 이름을 해인사라 불렀다 한다.

합천 · 해인사
경남 합천군 가야면 해인사길 122 (치인리 10)

백련선사와 호랑이

　살을 에는 듯한 세찬 바람에 나무들이 윙윙 울어대고 눈보라마저
휘몰아치는 몹시 추운 겨울밤.

　칠흑 어둠을 헤치고 한 스님이 해인사 큰절에서 백련암을 향해 오
르고 있었다.

　『허허, 날씨가 매우 사납구나.』

　한 손으로는 바위를, 다른 한 손으로는 나무를 잡으며 신중히 발
걸음을 옮기고 있는 스님의 법명은 백련白蓮.

　스님은 가야산 깊은 골에 외따로 암자를 세워 자신의 법명을 붙여
백련암이라 칭하고 동자 하나를 데리고 수도에 전념하고 있었다.

　스님이 암자를 비우면 어린 동자가 스님이 돌아오기를 기다리며
홀로 암자를 지켰다.

　오늘도 큰절에서 주무시고 가라고 붙잡았지만 스님은 막무가내였
다. 사위가 어둠에 싸인 산길을 걷는 스님의 발길은 험한 날씨 탓인
지 오늘따라 무겁기만 했다.

　잠시 서서 숨을 돌리던 백련 스님은 그만 소스라치게 놀랐다. 스
님의 눈앞 바위 위에 벌건 불덩이 두 개가 이글이글 타고 있는 것이
아닌가. 스님은 주춤 뒤로 물러서며 그 불덩이를 쏘아보았다. 두 개
의 불덩이는 천천히 움직이면서 온 산이 울리도록 쩌렁쩌렁 포효하
는 것이었다. 호랑이었다.

　스님은 놀란 마음을 가다듬은 후 기침을 두어 번 하고는 엄한 목

소리로 호랑이를 꾸짖었다.

『본래 너는 산중의 왕이요, 영물 중의 영물이거늘 어찌 어둔 밤중에 이렇게 나타나 사람을 놀라게 하는고? 어서 물러서지 못할까.』

호통소리를 들은 호랑이는 더 큰 소리로 「어흥, 어흥!」 울부짖었다. 어찌 들으면 하소연 같은 울음소리였다.

『허허, 그렇게 울부짖지만 말고 어서 길을 비키래두.』

그러나 호랑이는 물러서지도 달려들지도 않고 그저 울기만 했다. 언제까지 그렇게 대치할 수만은 없고 해서 스님은 호랑이 곁으로 다가갔다.

그런데 이게 웬일인가. 호랑이는 어서 업히라는 듯 스님 앞에 자기 등을 갖다 대면서 수그려 앉는 것이 아닌가.

『오호! 참으로 기특한 일이로구나. 그런 뜻이라면 진작 알려줄 것이지… 자, 어서 가자.』

눈 깜짝할 사이에 백련암에 당도하여 스님을 내려준 호랑이는 어디론가 사라졌다.

그런데 이튿날 아침. 호랑이는 다시 돌아와 법당 앞에 꿇어앉아 있었다. 동자를 시켜 먹을 것을 줘도 호랑이는 고개를 저었고 아프냐고 물어도 고개를 저으며 자꾸 머리를 조아려 절을 하면서 뭔가 애원할 뿐이었다.

점심 때가 기울어서 산에 해가 져도 호랑이는 꼼짝도 하지 않았다. 이튿날도 그 다음날도. 동자는 그만 가엾은 생각이 들어 함께 살자고 스님께 간청했다.

사나운 짐승과 어찌 같이 사느냐고 선뜻 받아들이지 않던 스님은 동자가 하도 졸라대니 호랑이에게 물었다. 호랑이는 기다렸다는 듯 눈물을 흘리며 고개를 끄덕이는 것이 아닌가.

백련 스님은 뭔가 생각하더니 함께 살기를 허락했다.

『그래, 너도 이제 불제자가 되었으니 절대로 살생을 해서는 안되며 동자와 화목하게 잘 지내야 하느니라.』

『어흥, 어흥!』

호랑이는 알았다는 듯 크게 두번 울고는 동자의 손등을 가볍게 핥아 주었다.

『그리고 비록 짐승이지만 불자가 된 이상 예불에도 꼭꼭 참석하도록 해라.』

백련암 식구가 된 호랑이는 동자와 친형제처럼 정이 들었다.

동자는 산에서 맛있는 열매를 따다 주는가 하면 떡 한 조각이라도 호랑이에게 남겼다가 주었다.

스님이 외출해서 늦으면 둘이 마중나와 모셔오기도 했다.

그러던 어느 여름날.

백련 스님은 마을에 내려갔고 호랑이는 산으로 나무를 하러 갔다. 저녁밥을 하러 부엌에 들어간 동자는 산나물을 다듬다가 칼에 손을 베고 말았다. 빨간 피가 나왔고 상처는 쓰리고 아팠으나 동자는 붉은 피가 아까웠다.

『옳지 기왕에 흘러나온 피니 호랑이에게 먹여야지.』

동자는 아픈 것을 참고 호랑이 오기만을 기다렸다.

맛있게 익은 머루를 한 웅큼 따가지고 돌아온 호랑이를 동자는 반갑게 맞으며 피투성이 손가락을 내밀며 빨아 먹으라고 권했다.

그러나 호랑이는 고개를 설레설레 내저었다.

『괜찮아, 이건 살생이 아니니 어서 먹어.』

동자는 자꾸 졸라댔으나 호랑이는 선뜻 먹을 수가 없었다.

『그럼 이 피를 그냥 버리란 말야. 자, 어서 먹어. 어서….』

호랑이는 할 수 없이 피를 빨아 먹기 시작했다. 그러나 생전 처음 사람 피 맛을 본 호랑이는 그만 제정신이 아니었다.

동자의 손가락까지 깨물어 먹기 시작했다.

『아이구 아파, 아이구.』

호랑이는 본색을 드러내 동자를 아주 잡아먹고 말았다.

동자를 다 먹고 난 뒤 한잠을 푹 자고 난 호랑이는 그제서야 자기 잘못을 뉘우치고 구슬피 울기 시작했으나 동자의 모습은 찾을 길이 없었다.

그날 밤 뒤늦게 돌아온 백련선사는 이 일을 알고 대노하여 도끼로 호랑이 한쪽 발을 잘라 내쫓았다. 호랑이는 구슬피 울면서 백련암 근방을 배회하다가 어디론가 자취를 감추었다.

다시는 사람 눈에 띄지 말라는 스님의 말에 따라 지금도 호랑이는 산속 깊이 살며 도끼로 한 발이 잘렸기에 발자국이 외길로 나타난다고 한다.

가야산 · 백련암
경남 합천군 가야면 해인사길 118-116 (치인리1)

동지팥죽과 나한

『이봐요, 공양주.』

『왜 그래요….』

『왜 그래요가 다 뭐요. 오늘이 무슨 날인데 잠만 자고 있습니까? 어서 일어나요.』

『무슨 날은 무슨 날이에요. 해 뜨는 날이죠.』

『허참, 오늘이 동짓날 아닙니까? 동짓날. 팥죽을 쑤어서 공양 올려야지요.』

세상 모르고 늦잠을 자던 공양주 보살은 해봉 스님의 이 말에 정신이 번쩍 들었다.

『아이구! 이거 야단났군, 야단났어. 내 정신 좀 봐. 동짓날 팥죽 쑤는 것을 잊고 늦잠을 자다니.』

공양주 보살은 놀란 토끼처럼 자리를 차고 일어나 허겁지겁 옷을 주워 입고는 부엌으로 들어갔다.

『어휴, 이를 어쩌나….』

아궁이 불씨가 꺼져 재만 남은 것이 아닌가. 해는 벌써 뜰앞 소나무 가지에 걸렸는데 언제 불을 지펴 죽을 쑤어야 할지 공양주 보살은 앞이 캄캄했다. 정말 큰일이 아닐 수 없었다. 부처님 벌은 고사하고 주지 스님 불호령이 곧 떨어질 것만 같아 안절부절이었다. 생각다 못해 공양주 보살은 산등성이에 사는 나무꾼 김서방집에 가서 불씨를 얻으려고 길을 나섰다.

동짓달 찬바람이 매서운 데다 눈이 발목까지 올라와 걸음은 더딜 수밖에 없었다. 게다가 마음이 급하다 보니 김서방집이 오늘따라 천리 길처럼 멀기만 했다.

　『경을 칠… 오늘따라 왜 눈은 와서 속을 썩인담.』

　공양주는 허덕이며 산등성이를 내려왔다. 양지바른 언덕 김서방집 굴뚝에서 모락모락 연기가 피어 오르고 있었다.

　공양주는 반가웠다. 걸음이 빨라지다 못해 뛰기 시작했다. 사립문을 열고 들어선 공양주는 숨을 몰아쉬며 소리쳤다.

　『여보슈- 김서방.』

　『누구세요?』

　『나에요.』

　『아니 아침부터 공양주 보살님이 웬일이세요?』

　김서방댁이 의아한 듯 맞는다.

　『불씨 좀 얻으러 왔어요.』

　『불씨라뇨?』

　『네, 그만 늦잠을 자다가 오늘이 동짓날인 것을 깜박 잊었지 뭐요. 아궁이에 불씨가 꺼져 버렸어요.』

　『아니, 아까 행자님이 오셔서 불씨를 얻어갔는데 불이 또 꺼졌나요?』

　『네엣?』

　공양주는 무슨 소린가 싶어 놀랐다.

　『행자님이요?』

　『네, 조금 전에 행자님이 와서 팥죽 한 그릇 먹고 불씨를 얻어 갔어요.』

『팥죽까지 먹고 갔다구요?』

『네, 배가 고프다고 해서 한 그릇 드렸더니 다 잡수시고 갔어요.』

공양주는 마치 도깨비한테 홀린 듯했다.

『우리 절에는 행자님이 없어요.』

『네?』

『틀림없이 부처님이 다녀가신 겁니다.』

공양주 보살은 이 말을 남기고 다시 바쁜 걸음으로 절로 향했다. 절에 도착하자마자 공양주 보살은 해봉 스님에게 물었다.

『스님, 우리 절에 행자님이 있어요?』

『행자라니 갑자기 무슨 소리요?』

『아니 있나 없나만 대답하세요.』

『그거야 밥그릇 세는 공양주가 나보다 더 잘 알 거 아니오?』

공양주는 부엌으로 들어갔다. 정말 놀라운 일이었다. 아궁이에는 장작불이 훨훨 타고 있지 않은가.

공양주는 김이 무럭무럭 나는 솥을 열어보았다. 더운물이 끓고 있었다. 공양주는 급히 팥을 삶기 시작했다.

이때 주지 스님이 들어왔다.

『공양주, 아직도 공양이 안 되었나?』

『네, 곧 올리겠습니다.』

『어서 올리도록 하게나.』

크게 꾸중 듣지 않음을 다행으로 여긴 공양주 보살은 서둘러 팥죽을 쑤었다. 먼저 한 그릇 떠서 대웅전으로 갔다. 다시 팥죽을 들고 나한전으로 간 공양주는 나한님 앞에 팥죽을 내려놓다가 그만 까무러치게 놀랐다.

『아이구, 나한님.』

공양주는 고개를 못 들고 그대로 엎드려 크게 절을 했다.

공양주를 내려다보면서 빙그레 웃고 있는 나한님의 입가에 붉은 팥죽이 묻어 있는 것이 아닌가. 동짓날 늦잠을 잔 공양주의 버릇을 깨우쳐 주기 위해 김서방집에 가서 팥죽을 먹고 불씨를 얻어온 행자는 바로 나한님이었던 것이다.

공양주는 황공해서 절만 하고 있었다. 이때 법당을 진동하는 커다란 음성이 들렸다.

『공양주야, 이제 네 과오를 알겠느냐?』

『예, 깊이 깨달았습니다. 나무 아미타불.』

이 일이 있은 후 공양주는 크게 각성하여 새벽이면 일어나 목욕재계하고 공양 올리기를 게을리하지 않았다.

나한전 나한님 미소 어린 입술의 붉은색은 바로 그 팥죽이 묻어 있기 때문이라고 한다.

동래 · 마하사
부산광역시 연제구 봉수로 138 (연산6동 2039)

자장율사와 금개구리

　양산 통도사 산내 암자인 자장암 법당 뒤 절벽 바위에는 1천4백 년 전부터 금개구리가 살고 있다고 전한다. 요즘도 자장암에서 정성들여 기도를 잘하면 볼 수 있다는 이 금개구리는 자장율사가 통도사를 세우기 전, 석벽 아래 움집을 짓고 수도하고 있을 때 나타났다.

　어느 날 저녁 자장율사는 공양미를 씻으러 암벽 아래 석간수가 흘러나오는 옹달샘으로 나갔다.

　바가지로 막 샘물을 뜨려던 스님은 잠시 손을 멈췄다.

　『원 이럴 수가. 아니 그래 어디 가서 못 놀아서 하필이면 부처님 계신 절집 샘물을 흐려 놓는고.』

　스님은 샘에서 흙탕물을 일으키며 놀고 있는 개구리 한 쌍을 두 손으로 건져 근처 숲으로 옮겨 놓았다.

　다음날 아침, 샘가로 나간 자장 스님은 개구리 두 마리가 다시 와서 놀고 있는 것을 보았다.

　『허참, 그 녀석들 말을 안 듣는구먼.』

　스님은 다시 오지 못하도록 이번에는 아주 멀리 갖다 버리고 왔다. 그런데 이게 웬일인가. 다음날에도 개구리는 또 와서 놀고 있었다.

　『아무래도 이상한 일이로구나.』

　스님이 개구리를 자세히 살펴보니 여느 개구리와는 달리 입과 눈가에는 금줄이 선명했고 등에는 거북 모양의 무늬가 있었다.

『불연이 있는 개구리로구나.』

자장율사는 개구리를 샘에서 살도록 그냥 놔 두었다.

어느덧 겨울이 왔다. 자장율사는 겨울잠을 자러 갈 줄 알았던 개구리가 눈이 오고 얼음이 얼어도 늘 샘물 속에서 놀고 있는 것을 보았다.

『거 안되겠구나. 살 곳을 마련해 줘야지.』

스님은 절 뒤 깎아 세운 듯한 암벽을 손가락으로 찔러 큰 손가락이 들어갈 만한 구멍을 뚫고 그 안에 개구리를 넣어 주었다.

『언제까지나 죽지 말고 영원토록 이곳에 살면서 자장암을 지켜다오.』

스님은 이렇듯 불가사의한 수기를 내리고는 개구리를 「금와金蛙」라고 이름했다.

그 뒤 통도사 스님들은 이 개구리를 금와보살, 바위를 금와석굴이라 불렀다. 금와석굴은 말이 석굴이지 지름이 1.5~2cm 깊이 10cm 정도의 바위 구멍이다. 그 속에는 이끼가 파랗게 끼어 있는데 개구리 같기도 하고 큰 벌 같기도 한 것이 살고 있다고 한다.

자장율사의 수기를 받아 오늘까지 살아온다고 전해지는 이 금와보살은 통도사 내에 길조가 생길 때면 나타난다고 한다.

고 경봉 스님이 10세 되던 해였다. 당시 80여 세이신 용익 스님은 해인사 팔만대장경을 좋은 종이에 탁본하여 모실 수 있기를 발원했다. 용익 스님은 통도사 큰법당에서 백일기도를 올렸다.

기도 끝나기 3일 전, 금와보살이 큰법당 탁상 위에 나타났다. 용익 스님은 금개구리를 보는 순간 불사가 원만성취될 것이라는 확신을 갖고 부처님께 감사드리며 남은 3일간 철야정진을 했다. 기도가 끝나고 며칠 안되어 시주자가 나타나 팔만대장경 3질을 책으로 묶어 통도 · 해인 · 송광사에 1질씩 보관하게 됐다고 한다.

얼마 전 태웅 스님은 자장암 법당 증축불사를 위해 기도를 올리다가 개구리 소리를 들었다. 이상히 여긴 스님이 「관세음보살」을 외우면서 계속 기도를 하다 보니 부처님 옆 탁자 위에 회색 바탕의 몸에 다리가 붉은 금개구리가 기어나와 있었다.

스님은 그 후 사철 동안 굴 속을 들여다보면서 금개구리를 자세히 살폈다. 초봄의 금개구리는 자연석 같은 회색 바탕에 등에는 검은 점이 있고 발끝에는 둥글둥글한 구슬이 달려 있었다. 금테 같은 선을 두른 입은 마치 두꺼비 입을 닮았다. 여름이 되니 몸이 파랗게 변하면서 검은 점이 많이 보이다가 장마가 지자 다시 초봄의 색으로 변하더라는 것이다. 여름 더위가 심할 때는 몸 색이 누렇게 변하고 겨울이면 벌처럼 보였다고 한다.

이렇게 일기와 계절에 따라 변하는 금개구리는 먹이가 무엇이며 언제 밖으로 나오는지 아무도 알 수가 없었다.

궁금히 여긴 자장암 스님들은 어느 날 밤낮없이 교대로 석굴을 지켜봤다.

영축산에 어둠이 깃드니 금개구리 두 마리가 밖으로 나와 석굴이 있는 절벽 바위 위로 올라갔다. 그 속도가 얼마나 빨랐던지 순식간에 4~5m를 뛰어올랐다고 한다.

그러나 언제 굴 속으로 다시 들어갔는지 본 사람이 없는데 스님들은 아마 새벽 2~3시경인 듯싶다고 추측하고 있다.

여름철 바위가 태양열에 과열되어 뜨겁기가 달구어진 무쇠솥 같아도 금개구리는 아무렇지도 않게 깎아지른 듯한 절벽을 뛰어다닌다고 한다. 옛날 어떤 관리가 금개구리 이야기를 듣고 자장암을 찾았다.

『이 절에 금개구리가 있다면서요?』

『예, 있습니다. 자장율사 이후 한 번도 산문 밖을 나간 일이 없이 자장암을 지키면서 석굴 속에 살고 있지요.』

스님이 금개구리에 얽힌 이야기를 들려주자 관리는 믿으려 들지 않았다.

『내 그 개구리를 잡아 시험을 해볼 것이오.』

『아니됩니다. 그 개구리는 불연이 깊은 불가사의한 생물입니다.』

그러나 그 관리는 스님의 만류를 뿌리치고 개구리를 잡아 함 속에 넣어 밀폐한 뒤 산문을 나와 함을 열어보았다. 그러나 이게 웬일인가. 분명히 잡아 넣은 개구리는 보이지 않고 함은 비어 있었다. 그 후 전하는 말에 의하면 그 금개구리들은 자장율사의 신통력으로 살아가고 있다고 한다. 지금도 통도사 자장암을 참배하는 불자들은 으레 금와보살을 친견하려 한다. 그러나 신심이 돈독한 사람에게만 보이므로 친견 못하고 돌아서는 불자들이 더 많다고 한다. 금개구리 친견으로 자신의 신심을 한 번쯤 측량해 보아도 좋을 것 같다.

양산 · 영축산 자장암

경남 양산시 하북면 지산리 산83-1

스님을 사모한 처녀

언제인지 분명치 않지만 통도사에서 가장 높은 산내암자 백운암에 홍안의 젊은 스님이 홀로 경학을 공부하고 있었다. 장차 훌륭한 강백이 되기를 서원한 이 스님은 아침 저녁 예불을 통해 자신의 염원을 부처님께 기원하면서 경 읽기를 게을리하지 않았다.

아직 산기슭 군데군데에 잔설이 남아 있던 어느 봄날. 스님은 여느 날과 다름없이 저녁 예불을 마치고 책상 앞에 단정히 앉아 경을 읽고 있었다.

문득 인기척이 나는가 싶더니 아리따운 아가씨의 음성이 밖에서 들려왔다.

스님은 잠시 자신의 귀를 의심했다. 이 깊은 산중에 대낮도 아닌 다 저녁에 웬 여인의 음성인가 싶어 의아했던 것이다. 혹시 잘못 듣지 않았나 해서 다시 경책 쪽으로 눈을 돌리는데 분명히 여자의 음성이 또렷하게 들려왔다.

『스님, 계십니까?』

『뉘신지요?』

문을 연 스님은 이번엔 귀가 아니라 눈을 의심했다. 목소리만큼 아름다운 처녀가 바구니를 든 채 서 있는 것이 아닌가.

『늦은 시각, 이렇게 깊은 산중에 웬일이십니까?』

『소녀, 친구들과 나물 캐러 나왔다가 그만 길을 잃었습니다. 이리저리 헤매면서 길을 찾아보았으나 도무지 알 수 없었어요. 날은 저물고 갈 길이 막막하던 차 불빛을 보고 반가운 마음에 단숨에 달려왔습니다. 어려우시더라도 하룻밤 묵어가도록 허락하여 주시면 그 은혜 잊지 않겠습니다.』

『사연인즉 딱하나 소승 아직 젊은 나이에 혼자 수행 중이고, 방이라고는 하나밖에 없으니 매우 난처하군요.』

『하오나 스님, 이 밤에 소녀 어디로 갈 수 있겠습니까?』

소녀의 간곡한 청을 들은 스님은 어두운 산길에 처녀를 혼자 돌려보낼 수 없다고 생각됐다. 난처하긴 했지만 단칸방의 아랫목을 그 처녀에게 내준 스님은 윗목에 정좌한 채 밤새 경전을 읽었다.

스님의 경 읽는 음성은 낭랑했다. 고요한 산중에 울려퍼지는 그 음성은 마치 신비경으로 인도하는 듯 처녀를 사로잡았다.

처녀는 그밤부터 스님에게 연정을 품게 됐다. 거의 뜬눈으로 밤을 지새운 처녀는 날이 밝자 집으로 돌아왔으나 마음은 늘 백운암 스님에게 가 있었다.

스님을 사모하는 정은 날이 갈수록 깊어가 마침내 처녀는 병을 얻게 됐다. 마을에서 지체 있는 가문의 무남독녀인 처녀는 좋다는 약을 다 썼으나 백약이 무효였다. 부모님의 걱정은 태산 같았다. 처녀의 어머니는 식음을 전폐하고 좋은 혼처가 나와도 고개를 흔드는 딸의 심정을 알지 못해 안타깝기만 했다.

『애야, 네 소원을 다 들어줄 테니 어찌된 연유인지 속 시원히 말해 봐라.』

처녀는 지난날 만났던 젊은 학승 이야기와 함께 이루지 못할 사랑의 아픔을 숨김없이 고백했다.

사연을 들은 부모는 자식의 생명을 건지기 위해 백운암으로 스님을 찾아갔다.

『스님, 스님이 아니면 제 딸이 죽습니다. 한 생명 건지신다 생각하시고 제 딸과 혼인하여 주십시오.』

아무리 애걸하여도 젊은 스님의 굳은 결심은 흔들리지 않았다. 그 후 얼마 안가서 처녀는 병이 깊어져 죽게 됐다.

『어머니, 소녀 아무래도 오래 살지 못할 것 같습니다. 불효를 용서 하옵소서. 그리고 마지막으로 스님 얼굴 한 번만 보고 죽는다면 소녀 원이 없겠사옵니다.』

그 소식을 들은 스님은 마음속으로 안됐다고 생각하면서도 끝내 처녀 집을 방문치 않았다. 처녀는 그만 한 맺힌 가슴을 안고 눈을 감았고, 그 뒤 영축산 호랑이가 됐다고 한다.

그 후 여러 해가 또 지나 그 젊은 스님은 초지일관하여 드디어 산중 강사의 영광을 누리게 됐다.

산내 전 대중이 모인 가운데 통도사 강백 취임식이 감로당에서 베풀어졌다. 연회가 무르익어 갈 무렵, 갑자기 거센 바람이 일면서 호랑이 울음소리가 들려왔다. 순간 「휙」하고 큰 호랑이가 감로당 지붕을 이리저리 뛰는 것이 아닌가. 「어흥, 어흥!」 호랑이는 문을 할퀴면서 점점 사납게 울부짖었다.

대중들은 수군대기 시작했다.

『아무래도 이변일세. 필경 대중 속에 누군가가 저 호랑이와 무슨 사연이 있을 걸세.』

『그렇다면 각자 저고리를 벗어 밖으로 던져 보세. 그럼 그 주인공이 누구인지 알 것이 아닌가.』

연회석에 참석한 스님들은 저고리를 벗어 하나씩 밖으로 던졌다. 호랑이는 하나씩 받아서는 그냥 옆으로 던졌다. 그러나 이게 웬일인가. 마지막으로 새로 취임하는 강백 스님의 저고리를 받더니 마구 갈기갈기 찢으면서 더욱 사납게 울부짖는 것이었다. 대중들은 강백이 바로 호랑이가 노리는 대상이라고 생각했다. 그러나 아무도 말을 못하고 서로 얼굴만 쳐다보고 있었다.

이때였다. 강백 스님은 앞으로 나서며 말했다.

『이는 아무래도 소승의 속세 인연인가 봅니다.』

말을 마친 스님은 합장 예경하고 바깥 어둠 속으로 뛰어나갔다. 아무도 스님을 말리려 들지 못했다. 호랑이는 그 강백을 나꿔채더니 어디론가 사라졌다. 이튿날 날이 밝자 산중의 모든 대중은 강백을 찾아 온 산을 헤맸다.

깊은 골짜기까지 다 뒤졌으나 보이지 않던 강백 스님은 젊은 날 공부하던 백운암 옆 등성이에 상처 하나 없이 누워 있었다. 그러나 강백 스님은 이미 이 세상 사람이 아니었다. 자세히 살펴보니 남성의 심볼이 보이지 않았다.

그 후 통도사에서는 호랑이의 혈血을 눌러야겠다고 하여 큼직한 반석 2개를 도량 안에 놓게 되었다. 이를 「호혈석虎血石」「호석虎石」이라 부르는데 지금도 산신각에서 20m 남쪽 응진전 바로 옆과 극락전 옆 북쪽에 남아있다.

산중의 왕 호랑이는 산신과 밀접한 관계를 갖고 마치 외호신처럼 사찰의 산신각에 등장한다. 그러나 산신신앙은 불전에는 근거가 없는 신앙으로 불교가 산악숭배의 토속신앙을 습합한 형태다. 하근기의 대중 교화를 위한 한 방편으로 조선조부터 사찰에 산신각이 나타나기 시작했다. 대웅전이나 극락전과 달라 「전殿」이라 부르지 않고 「각閣」이라 칭한다.

양산 · 통도사
경남 양산시 하북면 통도사로 108

날아다니는 판자

원효대사(617~686)가 경상남도 양산군 통도사 앞에 있는 지금의 천성산에서 수도하고 있을 때다.

토굴에서 눈을 감고 가부좌를 튼 채 좌선에 들었던 대사는 갑자기 혀를 차면서 걱정스런 음성으로 혼잣말처럼 되뇌었다.

『어허, 이거 참 큰일났는 걸. 어서 서둘러야지, 그렇지 않으면 많은 사람이 다치겠구나.』

원효대사는 자리에서 벌떡 일어나 주변을 두리번거리며 무엇인가를 급히 찾았다. 원효 스님을 시봉하기 위해 바로 윗방에 기거하고 있던 학진 사미는 참선 삼매에 들었던 큰방 스님이 갑자기 일어나 황급히 뭔가를 찾는 모습이 이상하기만 했다.

『스님! 무슨 일이십니까?』

『화급을 다투는 일이 생겼느니라.』

사미승은 어안이 벙벙했다.

『스님, 사방이 모두 조용하기만 한데 어디서 무슨 일이 생겼습니까?』

『멀리 중국에서 변이 생길 조짐이니라.』

사미승은 기가 막혔다. 중국에서 일어날 일을 알고 계시다니 도무지 믿어지지 않았다. 그도 그럴 것이 천안통을 얻어 천하를 두루 볼 수 있는 원효대사의 안목을 한낱 사미승이 어찌 이해하겠는가.

원효대사는 급한 김에 딛고 서 있던 마루의 판자를 뽑아냈다. 그리고는 「신라의 원효가 판자를 던져 중생을 구한다.」는 글을 쓰더니 공중으로 힘껏 던졌다.

판자는 마치 큰 새처럼 중국을 향해 날아갔다. 사미승은 큰스님의 괴이한 행동을 그저 의아스럽게 보고만 있을 뿐이었다.

한편 천여 명의 스님과 신도들이 법당에 모여 막 법회를 시작하려던 중국 태화사에서는 난데없이 날아든 판자에 모두 놀랐다.

『아니, 도대체 저게 뭘까. 이상한 물체가 이곳 법당 쪽으로 날아오고 있어요.』

한 신도가 갑자기 공중을 가리키며 소리치자 몇몇 신도들이 법당에서 나와 하늘을 쳐다보았다.

『정말 저게 무엇일까? 거참 이상하게 생겼네.』

『나비도 아니고, 새도 아닌 저런 이상한 물체가 어디서 날아왔을까?』

『그런데 저 이상한 물체가 법당 주위를 빙빙 돌며 더 이상 날아가지를 않는군요.』

법당 밖에서 괴이한 물체가 나타났다고 사람들이 웅성거리자 법당 안에서 법회를 보던 신도들도 이 광경을 보려고 모두 마당으로 나왔다.

이때였다.

『우르릉 쾅.』

멀쩡하던 법당이 요란한 소리를 내면서 무너졌다. 마침 사람들이 모두 밖으로 나온 뒤라 아무도 피해를 입지 않았다. 갑작스런 일에 잠시 정신을 잃었던 신도들이 정신을 차려보니 그제서야 날아다니던 판자가 태화사 경내에 떨어졌다.

사람들은 우르르 몰려가 그 판자를 보았다.

『아니 이건, 그 유명한 신라의 원효 스님이 우리를 구하기 위해서 날려 보낸 판자로군요.』

판자를 보려고 몰려든 사람들은 머나먼 해동의 고승 원효 스님이 천리안을 갖고 자기들을 구해준 사실을 알고는 모두 동쪽을 향해 합장 배례했다. 그리고는 원효 스님의 도력에 감탄을 연발했다.

『정말 대단하신 스님이군요.』

『과연 부처님 같은 성인이십니다.』

『일찍이 거룩하신 성자인 줄은 알고 있었지만 이토록 큰 도력을 지니신 줄은 몰랐습니다. 이제 스승을 만났으니 그분 곁에 가서 수행을 하여야겠습니다.』

법회에 설법을 하러 나왔던 한 스님이 원효 스님의 도력에 감읍하여 신라로 떠나려하자 너도 나도 스님들이 줄을 이었다.

스님뿐 아니라 재가 불자들도 원효 스님을 친견하고 법을 배우겠다고 나서니 천여 명이 신라로 향했다.

원효 스님을 찾아 신라로 들어온 그들은 모두 원효 스님에게 제자가 되기를 청했다. 그러나 움막 같은 토굴에서는 천여 명이 기거할 수가 없었다.

원효대사는 새로 맞은 중국인 제자 천 명이 머물 수 있는 새로운 절터를 찾아나섰다. 스님이 산을 내려오고 있는데 어디선가 백발의 산신령이 나타났다.

『대사께선 절터를 찾고 계시지요?』

『그러하옵니다.』

『이 산 중턱 계곡에 이르면 천여 명이 수행할 수 있는 아주 좋은 가람터가 있습니다. 다른 곳으로 가지 말고 곧장 그곳으로 가보시지요.』

원효 스님은 걸음을 되돌려 산 중턱으로 갔다. 과연 그곳엔 스님을 기다리고 있는 듯한 반듯한 터가 있었다. 원효 스님은 그곳에 절을 세웠다. 그리고는 멀리 중국에서 천 명의 대중이 왔다 하여 올 래來 자와 멀 원遠 자를 써서 「내원사」라 이름하였다. 또 산신령이 나타나 스님의 길을 막았다 하여 산신령 만났던 자리는 「중방내」라고 불리고 있다.

천 명의 대중을 데리고 가끔 산꼭대기에 올라가 《화엄경》을 설하던 곳을 「화엄벌」이라 부르는데 지금도 《화엄경》을 놓았던 자리에는 풀이 크게 자라지 못해 풀빛이 다르다고 한다.

이 산 이름을 「천성산千聖山」이라 한 것도 중국에서 온 천 명의 대중이 원효대사의 가르침을 받고 모두 깨침을 얻어 그 산에서 천 명의 성자가 나왔다 하여 붙여진 이름이다.

어느 날 제자들이 밤길을 걷다가 칡넝쿨에 걸려 넘어져 발을 삐고 무릎을 다쳤다. 제자들이 다친 모습을 본 원효 스님은 두 번 다시 그런 일이 있을까 염려하여 이 산을 다스리는 산신령께 부탁했다.

「산신령께서는 우리 절 대중이 산길을 걷다 칡넝쿨에 걸려 넘어지는 일이 없도록 선처를 바랍니다.」

그 뒤부터 이 산의 칡넝쿨은 옆으로 뻗지 못하고 위로만 꼿꼿하게 자란다고 한다. 내원사來遠寺는 음은 같으나 언제부턴가 내원사內院寺로 표기하고 있다. 그리고 원효 스님이 마루판자를 뽑아낸 절은 널빤지를 날려 보냈다하여 척판암이라 명했다.

양산 · 내원사
경남 양산시 하북면 내원로 207 (용연리 291)

노파의 가르침

『도력은 무슨 도력, 매일 먹고 자는 일 아니면 하산하여 탁발이나 하는 것이 고작인 스님을 바라보고 3년씩이나 기다린 내가 어리석었지.』

《법화경》 강의로 신통자재하다는 스님을 찾아 영축산 토굴에 가서 삭발한 연회 스님은 이제나 저제나 하고 《법화경》 강설을 기다리다 결국은 떠나기로 결심했다. 3년이 되도록 나무하고 밥하고 불 때는 일만 시키는 스님을 평생 모시고 살아봐야 무소득이라고 생각한 것이다. 연회 스님이 걸망을 지고 막 토굴을 나서려는데 준수하게 생긴 낯선 스님 한 분이 찾아왔다.

『누구신지요?』

『예, 낭지 스님의 법제자가 되려고 찾아온 지통이라 합니다.』

연회 스님은 내심 놀랐다.

『아니 지통 스님같이 고명하신 분이 우리 스님의 법제자가 되려 하다니….』

연회 스님은 마음의 의문을 풀기 위해 다시 물었다.

『스님께선 어떻게 이곳에 오시게 됐는지요?』

『어느 날 절 앞마당에 까마귀가 와서 영축산에 가서 낭지 스님의 제자가 되라고 일러주기에 예사로운 일이 아닌 듯하여 찾아왔습니다.』

이때 마을에 내려갔던 낭지 스님이 돌아왔다. 지통 스님이 인사를 올리자 낭지 스님은 빙그레 웃으며 말했다.

『어서 오게. 기다리고 있었네. 신령스런 까마귀가 자네를 깨우쳐 내게 오게 하고, 또 내게 알려서 자네를 맞게 하니 이 어찌 상서로운 일이 아니겠는가.』

지통은 감읍하여 눈물을 흘리며 낭지 스님에게 귀의했다.

이를 지켜본 연회 스님은 그제서야 자기 스님 법명이 낭지며 법이 높으신 분임을 짐작했다. 연회는 걸망을 풀고 지통과 함께 낭지 스님 문하에서 다시 공부를 시작했다. 그러나 1년이 지나도록 법제자 지통 스님에게도 가르치는 것이 없었다.

그렇게 1년이 지난 어느 날, 낭지 스님은 드디어 지통 스님에게 《법화경》 강설을 시작했다. 참으로 심심미묘한 법문이었다.

하루 종일 먹고 자고 쌀이나 탁발해 오던 스님에게서 어떻게 저런 법문이 나올 수 있을까. 연회 스님은 불현듯 궁금증이 일어 낭지 스님 뒤를 몰래 밟았다. 산 정상에 오른 낭지 스님이 무슨 주문을 외우자 구름이 스님 곁으로 다가왔다. 낭지 스님은 그 구름을 타고 어디론가 흔적없이 사라졌다.

다음날 연회 스님은 스승 앞에 나아가 어제 일을 고백하고 용서를 빈 뒤 스님에게 물었다.

『스님은 구름을 타고 어디를 다녀오시는 것입니까?』

낭지 스님은 이미 다 알고 있다는 듯 빙그레 웃으며 말했다.

『그 일이 그렇게 궁금하냐? 그렇담 일러주마. 나는 구름을 타고 청량산에 가서 문수보살 설법을 듣고 오느니라.』

연회 스님은 날이 갈수록 스승이 신비롭고 불가사의한 도력을 지

넜음을 확인할 수 있었다.

어느덧 15년의 세월이 흘러 낭지법사는 제자 연회에게 《법화경》 강술을 끝마쳐 주고 보현관행 닦는 법을 일러준 뒤 어디론가 자취를 감추고 말았다.

스승이 떠나자 연회 스님은 토굴 앞뜰에 연못을 파기 시작했다.

『저 스님 연못 파놓은 것 보려면 내 해골이나 볼 수 있을까?』

하루에 열 삼태기씩 파는 스님을 보고 나무꾼이나 일반 스님들은 빈정댔다. 그러나 시작이 반이라고 연못은 완성됐고 계곡물이 모여 연못물이 깊어지자 연꽃이 피어났다. 그런데 이상하게도 그 연꽃은 겨울이 되어도 시들지 않고 사시사철 피어 있으면서 온 산에 그윽한 향기를 풍겼다. 연회 스님은 30년 동안 《법화경》을 읽어 얻은 영험을 기뻐하며 보현관행에 더욱 주력했다.

『영축산에 이상한 연못이 생겨 춘하추동 지지 않는 연꽃이 피어 있답니다』

소문이 마을에 퍼지자 처처에서 구경꾼이 몰려들기 시작했다. 사람들은 연회 스님의 준수하고 인자한 풍모에 저절로 합장을 하고 미묘한 향기의 연꽃에 환희심을 냈다.

어느 날 눈병으로 앞을 못 보는 아들을 업고 온 여인을 측은하게 여긴 연회 스님이 연꽃 한 송이를 꺾어 아이의 눈에 비비면서 《법화경》을 읽어 주니 아이는 그만 눈을 떠 광명세계를 얻었다.

이 영험의 현장을 본 참배객들은 영축산 연꽃을 만병통치 영약이라고 입을 모았다. 그 뒤 영축산 연못에는 환자들로 인산인해를 이뤘다. 병을 고친 환자들은 스님이 토굴에서 사시는 것을 안타깝게 여겨 대불전을 세워 연회사라 절 이름을 붙인 뒤, 연회 스님을 모셨다. 이 소문은 국왕인 원성왕의 귀에까지 들어갔다.

『영축산 연회법사를 궁중의 초청 국사로 모시도록 해라.』

왕은 대신에게 이렇게 어명을 내렸다.

『스님, 경축합니다.』

어명이 당도하기 전 신도들에 의해 뜻밖의 소식을 들은 연회 스님은 당황했다.

『내가 국사가 되다니…. 자격도 없지만 명예와 부귀란 혼탁한 급류에 몸을 던짐과 같으니 이 길을 피해야겠구나. 내가 없더라도 연꽃은 피어날 터이니까.』

연회법사는 국사 초빙을 하려는 대신들이 오기 전에 몸을 피하기 위해 급히 길을 떠났다. 스님이 산등성이를 넘어 남면으로 향하는데 초라한 노인이 나타나 물었다.

『스님, 어딜 그렇게 바삐 가십니까?』

『뜻밖의 소문에 어쩔 수 없이 암자를 버리고 조용한 토굴을 찾아가는 중이오.』

『그렇다면 스님이 연회법사시군요. 스님, 영축산에서 연꽃 장사를 하나 권력과 부가 있는 국왕 옆에서 연꽃 장사를 하나 연꽃 장사는 마찬가지 아닙니까?』

『노인장, 그런 속된 말로 사람을 속물로 만들지 마시오.』

기분이 상한 연회법사가 다시 발길을 옮기자 노인은 스님 등을 향해 크게 소리쳤다.

『멍텅구리 같은 스님, 하나만 알고 둘은 모르면서 무슨 도를 닦는

다고!』

참으로 높은 법문이라고 생각했으나 스님은 빠른 걸음으로 고갯길을 내려왔다. 이때 스님은 노파와 맞추쳤다.

『스님, 오시는 길에 노인을 못 보셨어요?』

『봤는데 아주 나를 불쾌하게 했어요.』

『아이고 이런 답답한 스님 봤나. 그분은 문수보살의 화현이십니다.』

『예?…그럼 할머니는 누구신가요?』

『나는 문수보살을 모시는 변재천녀라오.』

『예?… 거룩한 두 분을 만난 인연을 끝까지 잊지 않겠습니다.』

이 말이 끝나자 노파는 어디론가 사라져 버렸다. 이리하여 스님은 국사가 되어 왕과 조정대신을 제도하고 낭지법사 일대기를 정리한 후 자취를 보이지 않았다.

영축산 · 연회사
경남 양산시 하북면 / 울산시 울주군

호로병의 신비

『대선아.』

『네, 스님.』

『너 아랫마을에 내려가 호로병 다섯 개만 구해 오너라.』

『갑자기 호로병은 뭐 하실려구요?』

『쓸 데가 있느니라. 어서 사시마지 올리기 전에 다녀오너라.』

대선 사미가 마을로 내려가자 원효 스님은 동해가 내려다보이는 큰 바위에 가부좌를 틀고 선정에 들었다.

『어떻게 할까?』

지그시 눈을 내려감은 원효 스님은 수차의 자문자답 끝에 자기 희생쪽을 택했다. 스님은 왜구들이 말을 듣지 않을 경우 5만 왜구를 살생키로 각오했다. 그것은 무고히 짓밟힐 신라 백성을 구하면서 적군마저도 살생죄를 범치 않게 하려는 보살심이었다.

5만 명 살생이란 큰 죄를 스스로 짊어지려는 결심이 서자 원효 스님은 자기 집착에서 벗어나 후련한 듯 눈을 크게 떴다.

이때 저 멀리 수평선에 하나 둘 까만 배가 떠오르기 시작했다. 이윽고 그 배들이 동해를 까맣게 덮었다. 왜구의 병선들이었다. 때는 신라 신문왕 원년(681). 지금으로부터 약 1천3백년 전이었다.

대마도를 거점으로 일본 해적들은 해마다 신라의 함대와 동해안 지방을 침입하여 약탈과 방화, 살인을 자행했다. 그럴 때마다 태평세월을 보내던 신라인들은 막심한 피해를 입곤 했다. 이를 막기 위해 신라 조정에서는 배를 만들고 군사를 길렀다. 그러자 왜구는 몇 년간 뜸했다. 왜구의 침입이 뜸해지자 신라는 다시 안일해졌다. 이 틈을 노려 왜구의 대병선단이 물밀듯 밀어닥친 것이었다.

5만 대군을 이끌고 쳐들어온 왜구는 서라벌을 향해 진격할 채비를 차렸다. 이들은 동래와 울산 앞바다에 배를 대고 첩자를 풀어 놓았다. 원효 스님은 이러한 왜구의 계략을 이미 다 헤아리고 있었다.

스님은 눈을 감았다. 이미 그의 나이 60여 세. 이제 자신의 생애에 마지막 보살행이 될 것이라고 생각하니 파란 많던 지난날이 주마등처럼 스쳤다.

20세 젊은 나이에 구도의 길에 올라 중국으로 가던 중 해골에 고인 썩은 물을 마시고 홀연 자성을 깨달은 지 어언 40여 년. 공주와의 사랑, 도둑떼와의 생활 등 온갖 만행과 행각을 겪었으나 지금처럼 어려운 경계는 일찍이 없었다.

『5만 목숨을 살릴 길은 없을까?』

원효 스님은 신라 장군기를 바위에 세워 놓고 암자로 돌아왔다. 그의 눈은 빛나고 입은 굳게 다물어져 있었다.

『대선아, 너 저 아랫마을 어구에 가면 길손 두 사람이 있을 테니 가보아라.』

『가서 어떻게 할까요, 스님?』

『그냥 가보면 알게 될 것이니라.』

마을 어구에 당도한 대선 사미는 뱃사람들을 발견했다. 등을 보이고 있는 그들이 스님께서 말한 길손인가 싶어 가까이 다가가니 그들은 왜말을 하고 있었다.

『장군기가 펄럭이는 걸 보니 필시 신라 대군이 있을 걸세. 그냥 돌아가세.』

『이봐, 저 성벽 안에 신라 군사가 있다면 저렇게 조용할 수가 있을까? 길에 군사가 지나간 흔적도 없고, 마을 사람들 얼굴이 평안하기만 하니 성벽 안에 군사는 있을 리 없네. 저 장군기는 무슨 곡절이 있을 테니 올라가 알아보세.』

둘은 산을 오르기 시작했다. 사미승은 뒤를 따랐다. 산 중턱쯤 오르자 그들은 길을 잃었다. 주위를 살피던 그들은 저만치 서 있는 사미승을 보고 손짓해 불렀다.

『우리는 뱃사람인데 길을 잃었구나. 저기 장군기가 있는 곳을 가려는데 안내 좀 해주겠느냐?』

『그러구 말구요. 저 절은 제가 사는 미륵암이에요. 함께 가시죠.』

『고맙다. 그런데 저 깃발은 무슨 깃발이지? 저 근처에 군사들이 있니?』

『아뇨.』

이들이 왜국의 첩자라고 생각한 대선은 조심스럽게 대답했다.

『그럼 저 뒷산 성벽 안에도 없니?』

『글쎄요, 그건 저도 잘 모르겠는데요. 아마 없을 거예요.』

『봐라, 내가 없다고 했잖아. 이제 그만 돌아가자.』

두 녀석이 막 길을 내려가려는데 장군기가 세워진 바위 위에서 우렁찬 소리가 들렸다.

『여보시오. 두 분 길손은 잠깐 들렀다 가시오.』

『저, 스님. 저희들은 바빠서 그냥 돌아가렵니다. 다음날 찾아뵙지요.』

『어허, 모처럼 오셨는데 그냥 가시다뇨. 대선아, 어서 모셔오너라.』

『야, 그냥 달아나는 게 어때?』

『아냐, 달아나면 의심을 살 테니 구경이나 해보자.』

어쩔 수 없이 암자에 들어선 두 녀석은 두리번거리며 속삭였다. 이런 그들을 뚫어지게 바라보던 스님이 입을 열었다.

『어디서 오셨소?』

『기장에서 왔습니다.』

『기장? 그럼 왜군을 만났겠군.』

『왜군이라뇨? 못 봤는데요.』

『못 봤다구? 네가 네 자신을 못 봤다고 하다니, 너희가 왜인이 아니고 무엇이냐?』

스님이 호통을 치자 한 녀석이 재빨리 품에서 비수를 꺼내 스님을 향해 찔렀다.

『네 이놈!』

순간, 대갈일성과 함께 선사의 주장자가 허공을 쳤다. 칼을 빼든 왜군은 그 자리에 쓰러져 정신을 잃었다. 이를 본 한 녀석은 목숨을 빌었다. 이윽고 다른 녀석이 정신을 차리자 스님은 그들 앞에 호로병 다섯 개를 나란히 놓았다.

『너희가 내 말을 들으면 무사할 것이나 만약 어기면 너희들은 물론 5만 대군이 죽음을 면치 못할 것이니라.』

선사는 붓을 들어 호로병 목에 동그랗게 금을 그었다. 그러자 두 녀석의 목이 아프면서 조여들었다. 그리고 목에는 호로병과 같은 핏

멍울진 붉은 동그라미가 생기는 것이 아닌가. 두 녀석은 공포에 떨면서 엎드려 목숨을 빌었다. 스님은 다섯 개의 호로병에 동그라미를 그어 그 중 세 개를 그들에게 주었다.

『자, 이것을 갖고 너희 대장에게 가서 일러라. 만약 이 밤이 지나도록 돌아가지 않으면 죽음을 면치 못할 것이라고.』

두 녀석은 즉시 대장에게 가서 호로병을 내보이면서 보고했다.

『뭣이? 이 따위 호로병을 갖고 나를 놀리는 거냐!』

화가 치밀어 오른 대장은 칼을 들어 호로병을 쳤다. 병이 깨지는 순간 대장의 목이 꺾이고 피를 토하며 숨졌다. 놀란 왜군은 혼비백산하여 도망치고 말았다.

지금도 동래 범어사가 있는 금정산 중턱에 가면 원효대 바위가 있고 바위에는 당시 장군기를 세웠던 자리가 움푹 파인 것을 볼 수 있다. 거기서 5리쯤 올라가면 미륵암이 있고 그 뒤로 성벽이 있어 원효 스님의 자재했던 신통력을 음미케 한다.

금정산 원효대
부산광역시 금정구 청룡동 산524번지

스승을 제도한 상좌

임진왜란 때 동래 범어사에 매학이란 스님이 있었다. 이 스님은 원래 욕심이 많아 신도들의 재물을 탐내어 수도보다는 재물을 모으는 데만 눈이 어두웠다.

어느 날 매학 스님이 지금의 화정, 당시 조선 병사들이 진을 치고 있던 소산 앞을 지나가다 조그만 초가집에 서기가 돌고 있는 것을 발견했다. 스님이 옷깃을 여미고 그 집에 들어서니 옥동자가 우렁찬 울음소리를 내며 태어나는 순간이었다. 토방 앞에 다다른 스님은 밖에서 기침을 하고는 산모를 향해 말했다.

『태어난 아기는 불가와 인연이 깊은 옥동자입니다. 그러니 잘 길러 주시면 몇 년 후 내가 와서 데려가겠습니다.』

아기를 낳느라 힘이 빠져 기진맥진한 산모는 아기가 불연이 있다는 말에 퍼뜩 정신이 들었다.

『불가에 인연이 깊은 아이라면 당연히 부처님 앞으로 가야지요. 하오나 밖에 계신 어른은 뉘신지요?』

『소승 범어사에 있는 매학이라 합니다.』

『그럼 언제쯤 아기를 데리러 오실는지요?』

『10년 후에 들르겠습니다.』

산모는 매학 스님의 말에 순순히 응낙했다. 그 후 10년이 지나 매학 스님은 동자를 범어사로 데리고 와서 상좌로 삼았다. 어린 상좌는 아주 영특하여 잔심부름을 잘하고 부처님께 예불도 곧잘 했다.

그러던 어느 날. 매학 스님은 동자에게 뒷산에 가서 나무를 해 오라고 시켰다. 저녁때가 다 되어 돌아온 상좌는 빈 지게로 돌아왔다.

『하루종일 어디서 놀다가 빈 지게를 지고 돌아오느냐?』

매학 스님은 불호령을 내렸으나 어린 상좌는 눈도 깜짝하지 않고 대답했다.

『스님, 그저 놀다가 돌아온 것이 아닙니다. 제가 수풀을 헤치고 나뭇가지를 낫으로 베었더니 그 나뭇가지에서 시뻘건 피가 줄줄 흘러내리지 않겠어요. 그래서 도저히 무서워 나무를 벨 수가 없었어요.』

상좌의 말에 매학 스님은 노발대발하여 호통을 쳤다.

『원, 이런 고약한 놈을 봤나? 어디서 그런 얼토당토 않은 거짓말을 배웠느냐? 나뭇가지에서 피가 흐르다니! 나를 속이려거든 내 앞에서 당장 물러가거라.』

상좌는 하는 수 없이 그 길로 범어사를 떠나 금강산에 들어가 공부를 했다. 금강산 영원동에 가서 세간을 영원히 끊고 오직 한마음으로 정진한 상좌는 크게 깨달아 영원조사가 됐다. 스님은 흰구름 떠가는 푸른 하늘과 흐르는 시냇물에 마음을 두고 자적하게 지냈다.

스님이 30세가 되던 어느 날 선정에 들어 스스로 법열을 즐기고 있는데 홀연히 시왕동에서 범어사 옛 스승의 사후 죄를 묻는 소리가 크게 들렸다. 스님은 출정하여 스승을 구하려고 신통력으로 명부에 이르러 그 원인을 알아봤다. 그 이유인즉 스승은 생전에 탐심으로 재물을 모으고 선한 일이라곤 조금도 하지 않아 죽어 구렁이의 과보를 받았다는 것이었다.

세상으로 다시 돌아온 영원 스님은 곧 범어사로 향했다. 범어사에 도착해 보니 큰 구렁이가 고방에 도사리고 앉아 팥죽을 먹고 있는 것이 아닌가. 영원 스님은 여정은 풀지도 않고 즉시 고방으로 들어가 구렁이를 향해 정중하게 절을 했다.

그 구렁이는 이상하게도 팥죽을 잘 먹어 대중은 구렁이에게 늘 팥죽을 쑤어 주면서 극진히 대접했다.

구렁이가 팥죽을 다 먹길 기다린 영원 스님은 얼마 동안 독경을 하고는 『스님, 이게 웬일이십니까? 어서 해탈하여 승천하시옵소서.』라고 말하며 밖으로 나갔다. 그러자 구렁이도 꿈틀거리며 영원 스님을 따라 나서는 것이 아닌가. 구렁이와 함께 시냇가에 이른 영원 스님은 구렁이에게 이렇게 말했다.

『이러한 업신을 얻게 된 것은 전생에 탐심으로 재산을 모은 까닭이니 이제부터 모든 인연을 버리고 몸과 마음의 탐욕을 버리십시오.』

말을 마치는 순간 영원 스님은 옆에 놓인 큰 돌을 들어 구렁이를 내려쳤다. 바로 그때였다. 숨져 가는 구렁이의 몸에서 새 한 마리가 나와 영원 스님 품에 안겼다. 스님은 다시 금강산으로 향했다. 길 가는 도중, 이 새는 암수의 짐승이 짝을 지어 노니는 것을 보면 그곳으로 날아가려고 퍼득거려 스님은 이를 막느라 무척 애를 썼다.

그러던 어느 날, 날이 어두워 인가를 찾던 영원 스님은 젊은 부부가 살고 있는 집에서 하룻밤 묵어 가게 되었다. 그날 밤 스님은 품안의 새를 주인에게 맡기며 당부의 말을 남겼다.

『지금부터 열달 후에 당신들 내외에게 옥동자가 생길 것이니 잘 길러주기 바랍니다. 그 아이는 불가와 인연이 깊으므로 10년 후 내가 다시 와서 데려가겠소.』

그 후 10년이 지난 뒤 영원 스님은 다시 이 집에 찾아와 동자를 절로 데려갔다.

동자승은 영원 스님에게 열심히 공부하고 불도를 닦아 차츰 스님의 풍모를 갖추게 됐다. 그러던 어느 날, 영원 스님은 동자승 앞에 무릎을 꿇고 큰절을 했다.

『스님, 저를 모르시겠습니까?』

『아니, 스님 어찌된 일입니까? 어서 일어나십시오.』

동자는 영문을 몰라 어리둥절했다.

『스님, 저는 본래 스님의 제자였습니다. 정신을 차려 저를 똑똑히 보십시오.』

영원 스님이 목메인 소리로 말할 때 동자승은 불현듯 전생을 보았다.

동자승은 자신의 전생을 거울 보듯 보고 영원조사의 도력을 환히 알면서도 구렁이인 자기를 죽였다는 그 원한의 숙업을 어쩌지 못해 어느 날 밤 그만 일을 저지르게 됐다. 영원 스님보다 뒤늦게 자리에 들기 위해 살그머니 방문을 열고 들어오는 동자승의 손에는 도끼가 들려져 있었다.

영원 스님이 기척이 없는 것으로 미뤄 깊은 잠에 들었을 것이라 믿은 동자승은 발끝으로 살금살금 걸어 영원 스님 곁으로 다가가 도끼로 내려쳤다. 그 순간, 벽장문이 확 열리면서 『스님, 이제 숙업은 다 소멸됐습니다.』하였다.

동자승은 들었던 도끼를 힘없이 놓았다. 그 뒤 동자승은 착한 일을 하고 바르게 깨달으니 그가 곧 우운조사라고 한다.

스승을 제도한 영원조사는 전국을 운수행각하며 제자를 제접하다 경남 함양군 마천면에 있는 지리산에 들어가 절을 세우니 그 절이 바로 부용, 청허, 청매 스님 등 당대의 선지식이 주석한 「영원사靈源寺」다.

지리산·영원사
경남 함양군 마천면 마천삼정로 544-659 (삼정리 953)

해월의 장좌불와

지금으로부터 6백여 년 전 어느 봄날. 그림처럼 아름다운 남해 바다에 돛단배 한 척이 육지를 향해 들어오고 있었다.

『여보, 우리가 마치 요람에 든 아기 같구려.』

외로운 섬생활을 청산하고 육지로 이사하는 노부부는 더없이 흡족했다. 그들이 이처럼 즐거워하는 것은 비단 배 안의 아늑함 때문만은 아니었다. 자식이 없어 적적하던 이 부부에게 뒤늦게나마 경사가 생긴 것이다.

『뱃속의 아기도 기분이 좋은가 봐요.』

『아, 그래요!』

미처 아기 생각을 못했다는 듯 노인은 눈을 둥그렇게 뜨고 웃었다. 육지에 오르면 집을 마련하고 아기를 낳아 단란한 가정을 이룰 꿈에 부풀며 얼마쯤 왔을 때였다.

『아니, 배가 왜 꿈쩍을 안 할까.』

『아이구 영감, 잘 가던 배가 갑자기 웬일일까요.』

『그러게 말이오.』

노인은 재빨리 노를 챙겨 저었다. 그러나 배는 조금도 움직일 기미를 보이지 않았다. 그뿐인가. 찰랑대던 물결도 굳은 듯했다.

『여보, 제 뱃속의 아기도 꼼짝을 안 해요.』

『에엑! 아기도 놀지를 않는다구?』

노인의 안색은 파랗게 질렸다. 모처럼 희망을 안겨준 태아마저 움직이질 않는다니 그저 눈앞이 캄캄할 뿐이었다.

그때였다. 『으앙!』 하는 아기의 울음소리가 죽음처럼 고요한 바다의 침묵을 깼다. 예기치 못했던 순간적인 해산이었다.

『아들이다!』

정신을 차린 듯 노인은 엉겁결에 소리쳤다. 학수고대하던 아들을 얻고도 공포와 불안에 잠긴 노부부는 탯줄을 끊어 바다에 던졌다. 그 순간 또다시 이변이 생겼다.

탯줄이 바닷물에 닿자마자 배는 언제 멈췄느냐는 듯 항해를 계속했고 바닷물도 정겹게 출렁거렸다.

아기의 건강한 울음소리는 경쾌하게 바다에 울려퍼졌다. 신기하게 태어난 그 아기는 참으로 비범하게 자랐다.

노인은 바다마저 숨죽이게 하고 태어난 아들 이름을 해월이라 했다.

커갈수록 재주가 뛰어나며, 책 읽기를 즐기던 해월은 열 살 되던 해 입산의 뜻을 밝혔다.

『뭐, 입산출가를 하겠다구?』

『네, 부모님 슬하를 떠나 도를 닦을까 합니다. 허락하여 주십시오.』

『아니, 네 나이 겨우 열 살인데 도를 닦겠다니 알 수 없는 일이로구나.』

해월의 부모는 펄쩍 뛰었다. 그러나 평범한 자식이 아님을 깨달은 노인은 할멈을 달래 해월의 출가를 허락했다.

해월은 자신의 영감이 계시하는 대로 발길을 옮겼다. 도착한 곳은 지금의 통영시 광도면 안정리 상촌부락 뒤 벽방산 음봉암. 그 암자엔 고매한 도승이 한분 있었다. 스승을 만났으나 나름대로의 신념을 지닌 해월은 도승의 가르침에 따르려 하질 않았다.

『스님께서 절 어리다고 하심은 마치 제 부모님께서 출가를 걱정하시던 자애로운 정과 같아 감사드립니다. 그러나 스님, 제가 암자 밖 저 큰 바위에서 10년 간 도를 닦게 해주십시오.』

꾸지람도 해보고 달래도 보았으나 해월의 뜻은 돌처럼 굳었다. 기어코 해월은 거대한 바위에 도의 자리를 정하고 앉았다.

계절이 바뀌어 살을 에는 듯한 겨울 한파가 몰려왔다.

『해월아, 바람이 차다. 네 힘으론 이 추위를 이기지 못할 테니 어서 암자로 가자.』

『아닙니다. 꼭 이겨내겠습니다.』

2년, 3년 해가 거듭됨에 따라 해월은 청년으로 변해갔다.

『벌써 7년째다. 해월아, 이러다간 입도入道하지도 못한 채 쓰러지겠다.』

도승은 안타까워 견딜 수가 없었다.

『괜찮습니다. 조금만 더 저를 지켜봐 주십시오.』

이렇게 10년이 되던 날 도승은 더 이상 볼 수만 없어 잣죽을 끓여 가지고 해월에게 갔다.

『그 자리에 앉은 지 벌써 10년. 네 힘이 어지간한 것을 이제 알겠으니 이 잣죽이나 먹고서 깨달음을 기다려라.』

해월은 아무 응답이 없었다.

『아니, 이 애가!』

도승은 해월이 깨달음의 경지에 도달했음을 직감했다.

노스님이 섬짓 놀라는 순간 갑자기 뇌성벽력이 천지를 진동하면서 해월이 앉은 거대한 바위가 두 갈래로 갈라졌다. 그제야 잠자코 있던 해월이 몸을 털고 일어났다.

『스님, 너무 오랫동안 심려를 끼쳐드려 송구스럽습니다.』

『과연 크게 깨쳤구나.』

『제 뒤로 저와 똑같이 스님을 찾아와 이곳에서 10년 공부를 할 젊은이가 있을 듯합니다.』

『허-그래?』

노스님은 해월이 신통했다.

그 후 종열이란 젊은이가 이 바위에서 10년 정진 후 깨달음을 얻었다. 마을 사람들은 노스님과 해월, 그리고 종열 등 세 명의 도사가 깨달음을 얻은 이 바위를 「삼도사 바위」라 불렀다.

통영 · 벽방산 삼도사 바위
통영시 광도면 덕포리

일곱 왕자와 허왕후

　가야국 김수로왕은 어찌된 영문이지 왕비 맞을 생각을 하지 않았다.

　걱정하던 신하들은 어느 날 아침 조정 회의를 마친 후 왕에게 좋은 배필을 골라 왕비로 모실 것을 권했다.

　『경들의 뜻은 고맙소. 그러나 내가 이 땅에 내려온 것은 하늘의 명령이었고 왕후를 삼는 일 역시 하늘의 명령이 있을 것이니 경들은 염려치 마오.』

　그러던 어느 날, 왕은 배와 말을 준비하고 바닷가에 나아가 손님이 오거든 목련으로 만든 키와 계수나무 노를 저어 맞이하도록 신하들에게 명령했다.

　신하들이 바다에 다다르니 갑자기 바다 서쪽에서 붉은 빛의 돛을 단 배가 붉은 기를 휘날리면서 해변에 이르고 있었다. 그러나 20여 명의 신하와 노비 그리고 금은 보석을 잔뜩 싣고 온 배 안의 공주는 선뜻 따라나서질 않았다.

　이 보고를 받은 왕은 친히 바닷가로 거동, 산기슭에 임시 궁전을 만들어 공주를 맞이했다.

　『저는 아유타국(중인도에 있던 고대 왕국)의 공주인데 성은 허씨이고 이름은 황옥이며 나이는 16세입니다. 지난 5월 저의 부왕과 모후께서는 꿈에 하늘의 상제로부터 가락국왕이 아직 배필을 정하지 못했으니 저를 보내라는 명을 받고는 즉시 이곳으로 보내셨기에 용안을 뵙

『게 되었습니다.』

『나는 이미 공주가 올 것을 알고 있었소.』

그날로 왕과 공주는 결혼을 했고, 그해 왕후는 곰을 얻는 꿈을 꾸고는 태자 거등공을 낳았다.

그 후 왕후는 9명의 왕자를 더 낳아 모두 10명의 왕자를 두었다. 그 중 큰아들 거등은 왕위를 계승하고 김씨의 시조가 됐으며, 둘째·셋째는 어머니 성을 따라 허씨의 시조가 됐다.

나머지 일곱 왕자는 가야산에 들어가 3년간 수도했다. 이들에게 불법을 가르쳐 준 스승은 왕후와 함께 인도에서 온 허왕후의 오빠 장유화상(보옥선사)이었다. 왕후가 아들들이 보고 싶어 자주 가야산을 찾자 장유화상은 공부에 방해가 된다며 왕자들을 데리고 지리산으로 들어갔다.

그러나 아들을 그리는 모정은 길이 멀면 멀수록 더욱 간절했다. 왕후는 다시 지리산으로 아들들을 찾아갔다. 산문 밖에는 오빠 장유화상이 버티고 서 있었다. 먼 길을 왔으니 이번만은 면회를 허락할지도 모른다는 희망을 안고 가까이 다가갔으나 장유화상은 여전히 냉랭했다.

『아들의 불심을 어지럽혀 성불을 방해해서야 되겠느냐. 어서 돌아가도록 해라.』

왕후는 생각다 못해 산중턱에 임시 궁궐을 짓고 계속 아들을 만나려 했으나 오빠에게 들켜 한 번도 만나지 못했다.

일곱 왕자는 누가 찾아와도 털끝 하나 움직이지 않을 정도로 수행에 전념했다. 궁으로 돌아와 아들들의 도력이 높다는 소문을 들은 허왕후는 아들들의 모습이 보고 싶어 견딜 수가 없었다. 몇 번이나 마음을 달래던 왕후는 다시 지리산으로 갔다.

그런데 이게 웬일인가. 8월 보름달 빛이 휘영청 밝은 산문 밖에서 장유화상은 전과 달리 미소를 지으며 반가이 맞았다.

『기다리고 있었다. 네 아들들이 이제 성불했으니 어서 만나 보거라.』

왕후는 빠른 걸음으로 안으로 들어갔으나 아들들은 기척이 없었다. 그때였다.

『어머니, 연못을 보면 저희들을 만날 수 있습니다.』

라는 소리가 들렸다.

달빛이 교교한 못 속에는 황금빛 가사를 걸친 일곱 아들이 공중으로 올라가는 모습이 뚜렷이 나타났다. 왕후에게는 이것이 아들들과의 마지막 만남이었다.

그 후 김수로왕은 크게 기뻐하며 아들들이 공부하던 곳에 대가람을 이루니 그곳이 바로 오늘의 경남 하동군 화개면의 지리산 반야봉에 위치한 칠불사다.

김왕광불金王光佛, 왕상불往相佛, 왕행불王行佛, 왕향불王香佛, 왕성불王性佛, 왕공불王空佛 등 일곱 생불生佛이 출현했다 하여 「칠불사」라 불리운 이 절은 한 번 불을 때면 49일간 따뜻했다는 아표자방(경남 유형문화재 제144호)으로도 유명하다.

절 대부분이 여순반란사건 때 소실되어 최근 중창불사가 한창인데 불자 화백 손연칠 씨가 요즘 일곱 왕자의 전설을 벽화로 묘사하고 있다.

수로왕이 머물렀다는 「범왕부락」, 허왕후의 임시 궁궐이 있던 곳은 「천비촌」, 수로왕이 도착했을 때 저자(시장)가 섰다는 「저자골」, 어두워질 때 왕후가 당도하여 어름어름했다는 「어름골」 등 칠불사 인근에는 지금도 이 전설과 관련 있는 지명이 사용되고 있다.

하동 · 칠불사
경남 하동군 화개면 법왕길 528 (범왕리 1605)

노힐부득과 달달박박

옛날 신라의 진산으로 알려진 백월산(지금의 경남 창원 소재) 아래 자리한 어느 마을에 노힐부득과 달달박박이란 두 청년 선비가 살고 있었다. 풍채가 좋고 골격이 범상치 않은 두 청년은 속세를 초월한 높은 이상을 지닌 좋은 친구였다.

이들이 20세가 되던 어느 가을날.

두 사람은 백월산에 올라 먼 산에 곱게 물든 단풍을 바라보며 사색에 잠겨 있었다. 이때 부득이 먼저 입을 열었다.

『여보게, 우리가 이렇게 평범한 생활에 만족하며 평생을 지낼 수는 없지 않은가.』

『자네도 그런 생각을 하고 있었군. 나도 동감일세.』

두 청년은 그날 함께 출가할 것을 결심, 그 길로 마을 밖 법적방(창원에 있는 절)에 가서 머리를 깎고 스님이 되었다.

그 후 부득은 회진암에, 박박은 유리광사에 각각 터를 잡은 뒤 처자를 데리고 와서 밭을 일구며 정신수양을 했다.

양쪽 집이 서로 왕래하며 오손도손 재미있게 지냈으나 두 사람은 속세를 떠나고 싶은 마음을 잠시도 버리지 않았다.

『아내와 자식들과 함께 지내며 의식이 풍족하니 좋기는 하지만, 연화장 세계에서 여러 부처가 즐기는 것만 못하네. 더구나 불도를 닦아 참된 것을 얻기 위해 머리를 깎았으니 마땅히 몸에 얽매인 것을 벗어 버리고 무상의 도를 이루어야 할 것일세.』

추수를 끝낸 어느 날 밤. 두 사람은 장차 깊은 산골짜기에 숨어 공부할 것을 다짐했다.

그날 밤 두 사람은 꿈을 꾸었다.

백호의 빛이 서쪽에서 오더니 그 빛 속에서 금빛 팔이 내려와 두 사람의 이마를 쓰다듬어 주는 상서로운 꿈이었다.

이튿날 아침, 서로 꿈 이야기를 주고받던 두 사람은 똑같은 꿈을 꾸었음에 감탄과 놀라움을 금치 못했다.

이들은 드디어 백월산 무등곡으로 들어갔다. 박박은 북쪽에 판잣집을 만들어 살면서 아미타불을 염송했고, 부득 또한 남쪽 고개에 돌무더기를 쌓아 집을 만들어 살면서 아미타불을 성심껏 구했다.

그렇게 3년이 지나 경덕왕 8년(709) 4월 8일. 해가 뉘엿뉘엿 서산에 걸릴 무렵, 20세 안팎의 아름다운 한 낭자가 난초 향기를 풍기면서 박박이 살고 있는 판잣집으로 찾아들었다. 그녀는 말없이 글을 지어 박박 스님에게 올렸다.

갈 길 더딘데 해는 져서 먼 산에 어둠이 내리니

길은 막히고

성은 멀어 인가도 아득하네

오늘 이 암자에서 자려 하오니

자비스런 스님은 노하지 마소서

글을 읽은 박박은 생각할 여지도 없이 한마디로 거절했다.

『절은 깨끗해야 하므로 그대가 머물 곳이 아니오. 지체하지 마시고 어서 다른 곳으로 가 보시오.』

낭자는 다시 부득이 살고 있는 남암으로 찾아갔다.

『그대는 이 밤중에 어디서 왔는가?』

『맑고 고요하기가 우주의 근본 뜻과 같거늘 어찌 오고감의 경계가 있겠습니까. 다만 어진 스님의 뜻이 깊고 덕행이 높다는 풍문을 듣고 보리를 이루는 데 도움을 드릴까 해서 찾아왔습니다.』

이렇게 답한 낭자는 다음과 같이 게송을 읊었다.

해 저문 깊은 산길에

가도가도 인가는 보이지 않네

대나무와 소나무 그늘은 그윽하기만 하고

시내와 골짜기에 물소리 더욱 새로워라

길 잃어 잘 곳 찾는 게 아니고

존사를 인도하려 함일세

원컨대 내 청을 들어주시고

길손이 누구인지 묻지 마오

부득은 이 게송을 듣고 내심 몹시 놀랐다.

『이곳은 여자와 함께 있을 곳은 아니나, 이 깊은 산골짜기에서 날이 어두웠으니 어찌 모른 척할 수 있겠습니까. 어서 안으로 드시지요.』

밤이 깊자 부득은 자세를 바르게 하고 희미한 등불이 비치는 벽을 마주한 채 고요히 염불삼매에 들었다.

새벽녘이 되자 낭자는 부득을 불렀다.

『스님, 제가 산고가 있으니 스님께서 짚자리를 준비해 주십시오.』

부득이 불쌍히 여겨 자리를 마련해 준 뒤 등불을 비추니 낭자는 이미 해산을 끝내고 다시 목욕하기를 청했다. 부득은 부끄러움과 두려움이 일었으나 어쩔 수 없이 물을 덥히고 낭자를 통 안에 앉혀 목욕을 시키기 시작했다.

그때였다. 통 속 물에서 향기가 풍기기 시작하더니 목욕물이 점차 금물로 변하기 시작했다.

『아니!』

부득이 놀라 크게 소리치니 낭자가 조용히 미소를 지으며 말했다.

『우리 스님께서도 이 물에 목욕을 하시지요.』

마지못해 낭자의 말에 따라 목욕을 한 부득은 또다시 크게 놀랐다. 갑자기 정신이 상쾌해지더니 자신의 살결이 금빛으로 변하는 것이 아닌가. 그리고 옆에는 연화좌대가 하나 마련되어 있었다. 낭자가 부득에게 앉기를 권했다.

『나는 관음보살이오. 대사를 도와 대보리를 이루게 한 것입니다.』

말을 마친 낭자는 홀연히 자취를 감췄다. 한편 북암의 박박은 날이 밝자 『부득이 지난밤 필시 계를 범했겠지. 가서 비웃어 줘야지.』 하면서 남암으로 달려갔다.

그런데 이게 어찌된 일인가. 부득은 미륵존상이 되어 연화좌 위에 앉아 빛을 발하고 있지 않은가. 박박은 자기도 모르게 머리를 조아려 절을 하며 물었다.

『어떻게 해서 이리 되셨습니까?』

부득이 그간의 사정을 말하자 박박은 자신의 미혹함을 탄식했다.

『나는 마음에 가린 것이 있어 부처님을 뵙고도 만나지를 못했구료. 먼저 이룬 그대는 부디 옛정을 잊지 말아 주시오.』

『통 속에 아직 금물이 남았으니 목욕을 하시지요.』

박박도 목욕을 하고 무량수를 이루었다.

이 소문을 들은 마을 사람들이 다투어 모여 법을 청하자 두 부처는 그들에게 불법의 요지를 설한 뒤 구름을 타고 올라갔다.

훗날 경덕왕이 즉위하여 이 말을 듣고는 백월산에 큰절 「남사南寺」를 세워 금당에 미륵불상을 모시고 아미타불상을 강당에 모셨는데 아미타불상에는 박박이 목욕시 금물이 모자라 얼룩진 흔적이 그대로 있었다 한다.

창원·남사지
경남 창원시 의창구 북면 백월리

땀 흘리는 비석

　임진왜란 때 나라를 위해 분연히 앞장섰던 승병대장 사명대사의 구국의지를 기리기 위해 조선조 선조대왕은 명을 내렸다.

　『사명대사의 고향에 전각을 세우고 그곳에 스님의 진영을 봉안하여 훗날까지 스님의 충혼을 모시도록 해라.』

　임금의 명이 떨어지자 사명대사의 출생지인 경남 밀양군 무안면 산강리에는 사당이 세워지고 스님의 영정이 봉안됐으며, 선조는 이 전각에 「표충사」라 사액했다.

　『누구든 이 표충사 근처를 어지럽히거나 신성시 하지 않을 시는 엄히 다스리도록 하라.』

　친히 사액한 선조는 고을 원에게 이처럼 신신당부하여 사명 스님의 호국정신을 치하했다. 그로부터 관료는 말할 것도 없고 백성들까지도 그 사당 앞을 지날 때는 늘 경건한 마음으로 참배를 올렸다. 그렇게 백여 년의 세월이 흘러 당우가 퇴락하자 사명 스님의 5대 법손인 남붕선사는 표충사를 중수하는 동시에 스님의 공적을 기리는 표충비를 세웠다. 때는 영조 14년, 1738년이었다.

　표충비를 세울 돌을 고르기 위해 경상도 경산까지 가서 높이 3.9m, 폭 97cm, 두께 70cm 크기의 돌을 구해온 남붕 스님은 당시 정승 이익현에게 비문을 부탁했다.

　『내 본시 승려의 부탁으로 글 짓는 것을 즐기지 않았으나 오직 대사님의 사정이 간절하여 이를 물리치기 어려워 특례로 곧 비에 글월을 새기는 것입니다.』

배불숭유 정책으로 불교를 탄압했던 당시의 정승 역시 사명대사의 나라 사랑하는 마음을 외면할 수는 없었던 모양이다.

표충비가 세워지고 다시 백 년 후, 그러니까 조선 제24대 헌종 5년(1839), 사명대사의 8대 법손인 월파선사는 표충사를 밀양 영정사로 옮기고 절 이름을 「표충사」로 바꿨다.

표충서원을 옮겨 가자 사명 스님의 고향엔 표충비만 남게 됐다. 지방문화재 제15호로 지정되어 지난날의 역사를 말해 주고 있는 이 비석은 현재 몸체에 금이 간 채 비각 안에 세워져 있다.

비석 몸체에 금이 간 것은 일제 때였다. 사명대사의 이름만 들어도 벌벌 떠는 일본 사람들은 잔꾀를 냈다.

『저 비석은 보기만 해도 왠지 섬뜩하단 말이야. 마치 사명대사 귀신이라도 담긴 것만 같으니 무슨 방법을 쓰는 것이 어떻겠소?』

『좋소. 나도 동감입니다. 저 비석 옆에다 담배 창고를 옮겨 짓도록 합시다.』

일본인들이 사명대사의 혈맥을 끊기 위해 비석 옆에다 창고를 세우던 날이었다.

비석은 마치 살아있는 듯 몸부림치기 시작했다. 한동안 못 견딜 정도로 몸부리치니 비석 몸체에 마치 피를 흘리는 듯한 형상으로 「쫙」금이 갔다.

일본 사람들이 표충비를 무서워하는 데는 그만한 이유가 있었다. 물론 임진왜란 때 왜구를 물리친 용맹스런 승장의 비라는 점도 없지 않으나 마치 스님의 구국혼이 비석에 어린 듯 나라에 큰일이 일어날 때면 비석에서 땀이 흐른다는 말을 듣고 더욱 두려워진 것이다.

예전 것은 기록이 없어 알 수 없고 비석이 세워진 후 나라에 큰일이 있을 때 땀을 흘렸다는 첫기록은 1894년 갑오경장이 일어나기 7일 전으로 되어 있다.

비석이 있는 곳을 지나던 한 아낙은 매서운 겨울 날씨인데도 비석 몸체에서 땀이 흐르듯 물기가 흐르고 있는 것을 보았다. 아낙은 이상하다고 생각하여 집에 도착하자마자 남편에게 말했다. 남편 역시 가만히 두고만 볼 일이 아니다 싶어 관가로 달려가 고했다. 당시 비석이 흘린 땀이 3말 1되나 된다고 한다.

그 뒤 군지郡誌에 기록된 표충비의 땀 기록은 경술합방, 기미독립만세운동, 8 · 15해방, 6 · 25동란, 4 · 19학생의거, 5 · 16군사정변 등 여섯 차례이다. 그 중 가장 많은 땀을 흘린 것은 기미년 만세사건 때와 5 · 16 군사정변 때로 기미독립운동 때는 19일간에 걸쳐 5말 7되를, 5 · 16 군사정변 때는 5일간에 5말 7되를 흘렸다. 군郡의 공식 기록은 없으나 육영수 여사가 서거한 다음날도 비석은 땀을 흘렸다고 한다.

이렇듯 나라에 중대사가 있을 때면 미리 땀을 흘려 어려움을 예고해 주니 마을 사람들은 비석의 영험을 받아들여 대소사에 준비하는 마음가짐을 갖게 됐다. 6 · 25동란 때는 전쟁이 일어나기 25일 전부터 3말 8되나 흘렸다.

『표충비가 땀을 흘린다는 소문이 동네에 나돌기 시작하자 주민들은 아무래도 무슨 변이 있을 조짐인 듯하다며 양식이며 비상약품 등을 준비했지요.』

6 · 25 무렵을 회고하는 주민 이씨의 말처럼 마을 사람들은 땀 흘리는 비석의 영험을 믿으며 크고 작은 일에 조심하고 준비하는 마음 가짐을 갖고 있다.

『우리 마을에선 사명대사의 구국 충혼이 이 표충비에 서려 있다고 믿고 있지요. 매년 관광철이면 이 비석을 보려고 1백 여 명의 관광객이 들르는데 주민들은 너나없이 사명대사의 호국정신을 강조하며 자랑스럽게 안내합니다.』

사명당 추모회 구장회 회장의 말처럼 마을 주민들은 사명대사의 정신을 이어 대체로 정의감이 강하다는 소문이다. 비석이 땀을 흘릴 때는 사람이 땀 흘리는 형상과 똑같아서 앞이마에 땀방울이 맺혀 뺨으로 흘러내리는 듯 비석 전후면 머리 쪽에서 땀이 나와 비문 글귀 사이를 타고 흘러내린다고 주민들은 말한다.

『외지 사람들은 과학적으로 기후 · 습도 운운하지만 여러 차례 땀 흘리는 광경을 목격한 저희들은 사명대사의 충혼이 서리지 않고는 일어날 수 없는 불가사의한 일이라고 생각합니다.』

마을 촌노 한 분은 자신의 믿음을 입증이라도 하려는 듯 『62년 장마 때는 보리가 썩어 나갈 정도였는데도 비석엔 습기 하나 차지 않았다.』며 사명대사의 높은 도력을 거듭 강조한다.

이 마을 사람들은 앞으로는 이 비석이 나라의 경사로 땀 흘리는 일이 많기를 발원하고 있다.

밀양 · 표충사
경남 밀양시 단장면 표충로 1338 (구천리 23)

비련의 무영탑

　울창한 소나무 숲에 가리운 불국사 쪽을 바라보는 아낙의 눈엔 어느덧 이슬이 맺혀 여윈 볼을 타고 흘렀다.

　멀리 백제 땅에서 지아비를 찾아온 아사녀. 그리움에 지쳐 먼발치서나마 남편의 모습을 보고자 신라 땅을 찾았으나 용이치가 않았다. 그녀는 깊은 한숨을 몰아쉬며 못 속을 들여다봤다. 흐르는 것은 흰구름뿐 남편 아사달도, 아사달이 조성하고 있는 석가탑의 그림자도 보이질 않았다. 다시 고개를 들어 숲속을 바라보는 순간 아낙은 흠칫 놀랐다. 아사달의 얼굴이 환히 웃으며 다가오는 것이 아닌가. 아낙은 불국사 입구를 향해 달리기 시작했다. 그녀는 흘러내리는 치맛자락을 잡으며 난간에 앉아 있는 스님에게 다가갔다.

　『스님, 아무리 연못 속을 들여다봐도 그리운 남편의 모습은 떠오르질 않습니다. 석가탑도 보이지 않구요. 스님, 어찌하면 아사달을 볼 수 있을까요?』

　『아사녀, 그대의 애끓는 심정은 참으로 안타깝소. 그러나….』

　지그시 감았던 눈을 뜬 스님은 합장한 채 애원하는 아사녀를 연민의 눈으로 바라보았다.

　『스님, 이렇게 미칠 듯이 그리워하는 저의 정성이 아직 모자라서인가요?』

　아사녀는 흐느끼며 말했다.

　『아사녀, 아사달을 만나려는 그대의 마음은 한낱 오욕이 빚은 사

랑 때문이오. 사랑은 고귀한 것이지만 오욕이 담긴 사랑은 영원할
수 없소. 그대는 자기를 버린 맑은 마음으로 불전의 탑을 조성하는
아사달의 지극한 정성을 따르며 아사달 보기를 기도하오. 그러면 관
음보살님의 은혜를 입을 것이오.』

　법문을 들려준 스님은 조용히 일어나 경내로 들어갔다. 스님의 뒷
모습에서 숭고함을 느낀 아사녀는 합장한 채 한참을 바라보며 마음
을 가다듬었다.

　어둠이 내리면서 숲속을 울리는 맑고 경건한 목탁 소리에 그녀는
가슴에 두 손을 모으고 관세음보살을 부르며 염불에 열중했다. 삼매
에 든 그녀의 염불은 관세음보살이 아사달이 되고 아사달이 관세음
보살이 됐다. 아스라해지는 의식 속에 그녀는 아사달을 일심으로 불
렀다.

　저녁놀이 지고 뒷산 절에서 범종 소리가 들려올 때면 아사녀는 동
구 밖에 나가 아사달을 기다렸다.

　『아사녀, 집에서 기다리지 않고 왜 예까지 나왔소.』

　『집에서 기다리기가 너무 지루하옵니다. 늘 함께 있고 싶은 마음
에 지아비 계신 곳으로 뛰어가고 싶은 것을….』

　홍조된 아사녀의 얼굴은 행복에 젖어 있었고, 그에 대한 아사달의
사랑은 흐르는 강물 같았다.

　『아사녀, 곧 일이 끝나게 되오. 그때는 하루 종일 당신과 함께 있
을 것이오.』

　그러나 아사달은 또 떠나야 했다. 불국사 탑을 조성키 위해 천 리
타향 신라 땅으로 떠나야만 했다. 아사녀는 온 생애가 끝나는 것만

같았다.

「아사달ㅡ」

아사녀의 애절한 외침은 어두운 숲속으로 퍼져나갔다가 다시 메아리로 되돌아왔다. 아사녀는 메아리에 이끌리는 듯 숲속을 헤맸다. 시냇물이 그녀를 가로막았다. 다시 냇물을 거슬러 오르자 돌다리에 선 파수병이 그녀를 불러 세웠다.

『어디를 가시오?』

『지아비 찾아 백제 땅에서 온 아낙입니다. 제발 들어가게 허락해 주세요.』

『안되오. 절을 다 지을 때까지 잡인의 출입을 금하라는 어명이오. 여자는 더더욱 안되오.』

파수병은 그녀를 창대로 밀어냈다.

불국사 담을 끼고 돌며 아사달을 애타게 부르던 아사녀는 담을 넘어 들어갔다. 석공들이 잠든 방을 두루 살피던 그녀는 불이 켜진 방 앞에 이르자 그만 숨이 막힐 것 같았다. 아사달이 단정히 앉아 있는 것이 아닌가.

『아사녀! 아사녀, 어떻게 이곳에… 미칠 듯 보고 싶었소.』

『아사달! 얼마나 찾아 헤맸는지 몰라요. 다시는 헤어지지 않을 거예요.』

기쁨과 슬픔이 엉켜 두 사람은 뜨거운 포옹을 했다. 그러나 시간은 결코 그들을 위해 멈추지 않았다. 새벽이 다가오고 있었다.

범종이 울리고 목탁 소리가 잠든 절을 깨우자 아사달은 일말의 불안을 느꼈다.

『이대로 아사녀와 백제로 돌아갈까? 아냐, 공사가 곧 끝날텐데. 더구나 지엄한 왕명을 어긴 죄는 어떻게 하나.』

아사달은 자기도 모르게 한숨을 내쉬었다.

『아사달, 안색이 좋지 않은데 무슨 걱정이 있으세요? 혹시 제가 떠나야 하나요?』

『아사녀, 잠깐이오. 지금까지도 떨어져 살아왔소. 사람들이 알기 전에 어서 이곳을 떠나 공사가 끝나도록 기다려 주오.』

아사녀는 아사달 가슴에 얼굴을 부비며 흐느꼈다.

『아사녀, 지루하고 견딜 수가 없거든 절 앞 영지影地를 들여다보시오. 내가 쌓아 올리는 탑이 비치고 내 모습도 비칠 것이오.』

말을 마친 아사달은 방문을 열고 나가려 했다. 아사녀는 울며 아사달의 옷깃에 매달렸다. 온 힘을 다해 잡으려 했으나 아사달은 자꾸만 멀어져갔다. 안타까운 아사녀는 있는 힘을 다해 아사달을 불렀다.

꿈이었다. 아사달을 부르는 자신의 소리에 소스라쳐 깬 아사녀의 온몸은 땀에 젖어 있었다.

아침 햇살이 눈부셨다. 맑게 가라앉은 연못은 햇빛을 반사하고 있었다.

아사녀는 못가로 다가갔다. 한 걸음 다가서서 못 속을 들여다보고, 또 한 걸음 다가가서 못 속을 들여다봤다. 어느덧 아사녀의 걸음은 빨라졌다. 아사달의 이름을 뇌이던 그녀는 못가에서 걸음을 멈췄다. 수면이 일렁거렸다. 그녀의 얼굴이 흩어졌다 모아지고 다시 흩어졌다. 그 얼굴은 아사녀의 얼굴이 되기도 하고 아사달의 얼굴로 보이기도 했다.

아사달의 얼굴이 환히 웃으며 그녀를 부르고 있었다. 아사녀는 두 팔을 들어 아사달을 불렀다. 그러자 아사달이 저만치서 팔을 벌리고 그녀를 손짓해 불렀다. 그리움과 반가움이 그녀를 휘감았다.

아사녀는 아사달을 부르며 못 속으로 뛰어들었다. 아사달을 부르는 애절한 외침이 수면으로 퍼져 올랐다가 사라졌다.

사람들이 뛰어왔을 때 아사녀의 꿈과 사랑과 비원을 삼킨 영지는 아무 일 없는 듯 조용했다. 수면엔 흰구름과 숲을 안은 불국사가 비치고 있을 뿐 석가탑은 비치지 않았다.

아사녀의 슬픈 죽음을 전해 들은 아사달도 아사녀를 부르며 못 속으로 몸을 던졌다.

그 후 석가탑은 영지에 그림자가 비치지 않았다 해서 무영탑이라 불리었다.

경주 · 불국사
경북 경주시 불국로 385 (진현동 15-1)

호랑이 처녀의 비련

신라 38대 원성왕 8년(792) 사월 초파일. 청년 김현은 영험 있기로 소문난 흥륜사 앞뜰 5층탑에서 밤이 깊도록 탑돌이를 하고 있었다.

『나무 아미타불 관세음보살, 나무 아미타불 관세음보살….』

얼마 동안 탑을 돌다가 기도를 마치고 막 돌아가려던 김현은 걸음을 멈칫했다.

『아니, 이 밤에….』

뒤를 돌아다본 김현은 벌린 입을 다물지 못했다. 아리따운 여인이 자기 뒤를 좇아 탑돌이를 하는 것이었다. 성안에서 처음 보는 미녀였다. 김현은 그녀에게 말을 걸고 싶었으나 그 모습이 어찌나 근엄하고 정결했던지 감히 접근하지 못했다.

『음, 내일 밤 다시 와야지.』

다음날 밤, 삼경의 인경이 울리자 김현은 흥륜사 경내로 들어섰다. 그녀는 벌써부터 탑돌이를 하고 있었다. 김현도 따라서 돌기 시작했다. 그는 기도보다는 낭자의 뒷모습에 온 정신을 다 팔고 있었다.

얼마 후 그녀가 삼배를 올리고 탑을 뜨려 하자 김현은 급히 쫓아갔다.

『낭자.』

『…….』

『실례지만 나는 성안에 사는 김현이라는 사람이오. 낭자는 뉘시

길래 밤마다 탑돌이를 하시는지….』

『아사미라 하옵니다.』

여인은 방긋 웃으며 이름만을 말하고는 그냥 발길을 옮겼다.

『낭자-.』

김현은 여인의 팔을 잡고 그녀를 똑바로 보았다.

『낭자, 나는 어젯밤 낭자를 본 순간부터 지금까지 낭자 생각으로 가득하오.』

그는 다시 목청을 가다듬어 말을 이었다.

『한번 얼굴을 보는 것도 인연인데, 이는 필시 하늘이 준 연분인가 보오. 낭자 사랑하오.』

『이 몸은 낭군님 뜻을 받아들일 수 없는 몸이옵니다.』

『그대가 아무리 피하려 해도 나는 오늘 그대를 따라가리다.』

『아니 되옵니다. 소녀의 집은 가난하고 병석에 누운 어머니가 계셔 모실 곳이 못 되옵니다.』

『낭자, 내 마음을 거절하지 마시오. 낭자.』

아사미는 어느새 김현의 넓은 가슴에 얼굴을 파묻었다.

이리하여 산을 몇 굽이 돌아, 삼경이 넘어 조그만 촌막에 이르렀다.

『낭군님, 잠깐 계시와요. 안에 들어가 어머님께 말씀드리고 나오겠어요.』

잠시 후 방문이 방긋이 열리며 소녀가 나왔다.

그녀의 어머니인 듯한 노파가 밖을 내다본다.

『낭군님, 소녀의 어미예요.』

『갑자기 찾아와 실례가 많습니다. 낭자의 고운 자태에 그만 불문 곡직하고 찾아왔습니다.』

『이왕 오셨으니 안으로 모셔야겠으나 성질이 포악한 아사미의 세 오라비가 곧 돌아와 해칠지 모르니 어서 몸을 피하시지요.』

노파는 근심스런 표정이었다.

그때였다. 어디선가 호랑이의 울음소리가 우렁차게 들려오니 아사미는 그만 질겁을 했다.

『에그머니…. 낭군님, 어서 몸을 피하십시오.』

그녀는 김현을 헛간에 숨겼다.

『어머니, 다녀왔습니다.』

『앗-』

헛간 문틈으로 밖을 내다보던 김현은 자기도 모르게 외마디 소리를 질렀다. 초막 앞에는 남자가 아닌 커다란 호랑이 세 마리가 서성거리고 있지 않은가.

「저놈들이 사람 냄새를 맡고 있구나. 이거 야단났네.」

그때 소녀의 음성이 들렸다.

『안돼요, 그쪽으로 가면….』

소녀는 호랑이 앞을 가로막았다.

『제발, 사람은 없으니까 방에 들어가 쉬세요.』

호랑이 세 마리는 방으로 들어갔다. 이런 해괴한 광경을 숨어서 본 김현은 망연자실할 수밖에 없었다. 밤이 깊었다. 김현이 인기척에 놀라 눈을 떠 보니 소녀가 옆에 와 있었다.

『오, 낭자-.』

『낭군님.』

두 사람은 그 밤을 함께 지냈다. 날이 훤히 밝자 소녀는 살며시 일어나 문밖으로 나갔다. 그러나 뜻밖에도 호랑이 세 마리가 문앞에 도사리고 앉아 소녀를 해칠 듯했다. 김현은 그만, 『앗!』 소리를 치며 헛간 밖으로 나와 소녀를 등 뒤로 감췄다.

호랑이는 적을 만난 듯 몸을 일으키더니 산이 울릴 듯 큰소리로 울었다. 김현은 사시나무 떨 듯 떨고 있을 뿐 속수무책이었다. 이때 갑자기 어디선가 위엄스런 음성이 들려왔다.

『이놈들, 삼배야(호랑이 형제 이름). 내가 너희 형제를 세상에 내보낼 때 산중을 평정하라고 했거늘, 어찌 포악과 횡포를 일삼고 있느냐. 벌 받아 마땅한 일이니 어서 썩 물러가거라.』

추상 같은 이 호령에 호랑이들은 어깨를 떨어뜨리고 어디론지 사라져 버렸다. 이 광경에 아연했던 김현은 얼마 만에 정신을 차려 소녀에게 입을 열었다.

『낭자, 도대체 어떻게 된 일이오?』

『아무것도 묻지 마세요. 낭군님은 어서 돌아가십시오.』

김현은 구슬피 우는 소녀를 달래다가 후일을 기약하고 성안으로 돌아갔다.

다음날 성중은 발칵 뒤집혔다. 큰 호랑이 한 마리가 성안에 나타나 사람과 가축을 해쳐 인심이 흉흉해졌다. 큰 변괴가 날 거라는 유언비어가 떠돌자 경주 부중에선 「호랑이를 잡는 사람에게 벼슬과 상금을 후하게 내린다.」는 방을 붙였다.

김현은 급히 말을 몰아 아사미의 초막으로 달려갔다.

『낭자―.』

『….』

『낭자―.』

몇 번인가 급히 부르자 방문이 열리고 소녀가 나왔다.

『어머나, 낭군님.』

소녀는 근심어린 표정으로 말을 이었다.

『낭군님, 소녀는 죄 많은 계집입니다. 어서 소녀를 죽이시고 벼슬과 상을 받으십시오. 소녀 하룻밤 낭군님 정을 받은 몸이니, 낭군님 위해 죽으렵니다.』

말을 마친 소녀는 갑자기 김현의 칼을 뽑아 자기의 배를 찌르고 쓰러졌다.

『낭자―.』

쓰러진 소녀는 큰 호랑이로 변했다.

『아니…? 이게 무슨 변인고.』

순간 김현은 전후 사정을 알 수 있었다. 소녀는 호랑이가 둔갑한 것이요, 오빠의 죄를 대신해서 자신을 찔러 목숨을 끊음으로써 김현에게 벼슬을 받게 한 것이었다.

김현은 영웅으로 받들어지고 큰 벼슬을 받았다. 그 후 김현은 호랑이의 원을 풀어주기 위해 절을 세우고 큰 재를 지냈다. 그 절이 바로 경주에 있던 「호원사虎願寺」다.

경주 · 호원사지
경북 경주시 원화로 431-47 (황성동)

진정법사 어머니

신라 진정법사는 몹시 가난한 집에서 태어났다. 일찍이 아버지를 여읜 그는 품을 팔아 홀어머니를 극진히 봉양했다.

집안이 너무 어려워 장가도 들지 못한 채 어머니께 효도를 다했으므로 마을에서는 칭찬이 자자했다.

그러던 어느 날.

어떤 스님 한 분이 그의 집에 와서 쇠붙이 시주를 구했다.

살림이 워낙 가난한지라 그의 집에 철물이라고는 다리 부러진 쇠솥 하나밖에 없었다. 본시 불심이 돈독한 진정의 어머니는 생각다 못해 다리 부러진 솥을 스님께 내드렸다.

저녁때가 되어 품팔이 갔던 아들이 돌아오자 어머니는 낮에 있었던 일을 사실대로 이야기했다. 상의도 없이 선뜻 하나밖에 없는 솥을 보시했다고 아들이 화를 낼까 염려하던 어머니는 의외로 기뻐하는 아들의 모습을 보고는 더없이 고마웠다.

『참 잘하셨습니다. 불사에 내놓으셨으니 그보다 더 좋은 일이 어디 있겠습니까. 우리가 아무리 가난해도 그 솥이 없어 밥을 지어 먹지 못하지야 않을 테니까요.』

진정은 이렇게 어머니를 위로하고는 그날부터 질그릇에 밥을 지어 어머니를 봉양했다. 그 무렵, 진정은 의상법사가 태백산에서 많은 사람들을 교화 제도한다는 소문을 들었다.

「꼭 만나 뵙고 설법을 듣고 싶은데….」

단걸음에 달려가 의상법사를 친견하고 싶었으나 어머니를 홀로 두고 길을 떠날 수가 없었다. 며칠간 망설이던 진정은 의상법사에 대한 흠모의 정과 공부하고 싶은 마음을 누를 길이 없어 어머니께 말씀드렸다.

　『어머니, 어머니께서도 들으셔서 알고 계시겠지만 의상 스님의 도력이 굉장한가 봅니다. 저는 그 스님 이야기를 듣고 난 뒤로는 자꾸 출가하고픈 생각에 일이 손에 잡히지를 않습니다. 오늘이라도 떠나고픈 마음 간절하나 차마 어머니 때문에 못 떠나겠습니다. 어머니께서 돌아가시면 저는 그 길로 의상 스님을 찾아가 상좌가 되겠습니다.』

　아들의 말을 들은 어머니는 뜻밖이라는 듯 몹시 반가워했다.

　『네가 그런 생각을 갖고 있는 줄 미처 몰랐구나. 참으로 장하다. 불법은 만나기 어렵고 인생은 덧없는 것인데 언제 나 죽기를 기다리겠느냐. 늦어서는 안될 일이니 네 마음이 그렇다면 지체 말고 어서 떠나거라.』

　『어머니께서는 오직 저 하나만 믿고 사시는데 제가 어떻게 어머니 곁을 떠날 수 있겠습니까?』

　『어미를 생각하는 네 효심은 알겠으나, 네 앞길이 나 때문에 막힌 데서야 어미된 도리가 아니니라. 이 길로 즉시 출가하여 열심히 공부하여 큰스님이 되는 것이 곧 어미를 위하는 일이다. 만약 네가 나로 인하여 출가를 늦춘다면 그것은 어미를 위함이 아니고 나를 지옥에 떨어지게 함이나 다를 바 없다.』

　어머니의 간곡한 당부에 진정은 머리를 숙인 채 어찌할 바를 몰랐다. 어머니는 부엌에 나가 뒤주를 기울여 쌀을 한 톨도 남기지 않고 모두 밥을 지었다.

『네가 쌀을 가지고 가다가 밥을 지으려면 길이 더딜 것 같아 있는 쌀을 모두 털어 밥을 지었으니 한 되 밥은 집에서 먹고, 남은 밥은 말려서 싸 가지고 가다가 먹도록 해라. 남자가 무슨 일이든 결심을 하면 중도에서 그만두는 일이 있어서는 안되니 어미 말 명심하길 바란다.』

어머니의 재촉과 당부는 눈물겹도록 지극했다.

『어머니를 홀로 두고 출가하는 일도 자식으로서 차마 못할 일이온데 집에 남은 쌀까지 싹싹 긁어 가지고 떠난다면 정말 불효막심하여 아니되옵니다.』

진정은 어머니가 싸 주신 밥보따리를 풀어놓으며 사양했다.

그러나 어머니는 도로 싸 주셨다.

『어미의 정을 그렇게 외면해서야 어디 자식이라 하겠느냐. 나는 아는 사람의 집을 찾아다니면서 지낼지라도 배 고파 죽지는 않을 것이니 내 염려는 하지 않아도 된다.』

『하오나 어머니….』

진정은 눈물을 흘리며 다시 보따리를 끌렀다. 모자는 세 번이나 서로 권하고 사양하다 진정은 마침내 밥을 싸 들고 태백산으로 향했다.

의상법사를 만날 기쁨에 들뜬 진정의 발걸음은 피곤한 줄 몰랐다. 밤낮없이 사흘을 걸으면서 그는 자신의 머리 깎은 모습을 그렸다. 생각만 해도 가슴이 뛰었다. 하지만 어머니가 싸주신 밥을 꺼내 먹을 때면 목이 메었다. 연로하신 어머니께서 이 집 저 집 기웃거리며 문전걸식이나 하지 않으실런지, 행여 추위에 떨지나 않으실까, 들떴던 출가의 기쁨도 잠시였다. 발길을 돌려 어머니 곁으로 돌아가고픈 맘이 파도처럼 일었다. 그러나 그는 뒤주를 털어 밥을 싸 주시면서 간곡히 일러주시던 어머니의 말씀을 되살렸다.

마음을 다져먹고 의상 문하에 들어가 진정이란 법명을 수지한 그는 마침내 의상의 10대 제자 중 한분이 됐다.

태백산에서 공부하기 3년이 되던 어느 날. 스님은 어머니의 부음을 들었다. 스님은 슬퍼하지 않고 조용히 입정에 들었다. 그리고는 7일 만에 깨어나 스승 의상에게 어머니가 입적하였음을 알리자 의상은 3천 대중을 거느리고 진정 스님의 고향 근처인 소백산 추동으로 왔다. 그리고는 약 3개월간 화엄산림법회를 열고 화엄경을 설하면서 진정법사 모친의 천도를 기원했다. 강의를 마치는 날이었다.

진정 스님은 꿈에 어머니를 만났다. 하얀 옷을 단정히 입은 어머니는 살아생전보다 더 단정하고 깔끔한 몸매로 나타나 아들에게 말했다.

『나는 이미 천상에 왔으니 내 염려는 말고 오직 법도를 닦는 데 열중하거라.』

이때 진정법사와 함께 강의를 들은 지통 스님은 강의내용 중 중요한 것을 뽑아 2권의 책으로 묶어 세상에 내놓으니 이 책이《추동기錐洞記》이다. 지통 스님의 법명을 따라 《지통기智通記》라고도 한다.

소백산 · 추동
경북 봉화군 봉화읍 내성리

머슴이 세운 절

보구는 나이 40이 넘도록 장가를 못 든 채 마을 좌장집에서 머슴 살이를 하며 혼자 살고 있었다. 비록 거느린 식구 없이 혼자였지만 그는 외로운 줄 모르고 성실히 일하며 주위 사람들에게는 늘 웃음을 보내는 착한 사람이었다. 그런데 웬일인지 더운 여름이 다 가고 찬 바람이 불기 시작하면서 보구는 전보다 말수가 줄고 뭔가를 골똘히 생각하는 듯했다.

『자네 요즘 무슨 걱정이라도 생겼는가?』

『아닙니다.』

이상히 여긴 좌장 어른이 물어봐도 보구는 신통한 답을 들려주지 않았다.

그렇게 며칠이 지난 어느 날. 나들이를 다녀오던 좌장은 자기 눈을 의심했다.

『보구가 이웃마을에 와서 빈집을 헐고 있다니? 저건 분명 보구 모습인데….』

좌장은 가던 길을 멈추고 가까이 다가갔다. 틀림없는 보구였다.

『여보게, 자네 거기서 뭘하고 있나?』

『예, 절을 지으려고 헌집을 사서 헐고 있습니다.』

좌장은 기가 막혔다. 장가도 못 간 머슴 주제에 절을 짓다니.

『이 사람아! 이제 나이 들어 머슴살이도 얼마 못할 처지인데 절을 짓다니?』

좌장은 보구가 분수를 모르는 것만 같아 심하게 나무랐다. 옆에서 이 말을 듣고 있던 좌장의 동생이 말을 거들었다.

『형님, 말씀이 너무 과하신 듯합니다. 평생 머슴살이하여 알뜰히 모은 돈으로 절을 지으려는 보구의 마음이 갸륵하지 않습니까. 형님 우리가 도와주도록 합시다.』

이때 언제 그런 노래를 익혔는지 염불하듯 보구가 노래를 불렀다.

좌장 어른 좌장 어른, 그런 말씀 마세요. 나무 아미타불 관세음보살 어영땅 김수로왕은 무엇이 모자라서 높고 높은 봉우리에 허어이 허어이 아버지를 위로하여 부운암을 짓고 어머니를 위로하여 모운암을 지었나요. 나무 아미타불 관세음보살.

노래를 들은 좌장과 그 동생은 보구가 예사 머슴이 아니라는 생각이 들었다.

『형님, 보구를 도와줍시다. 절이 다 이뤄지면 우리도 저승 가신 부모님 위해 기도하고 자손들도 대대로 그 절에 가서 불공 올리면 얼마나 좋습니까?』

『음, 그렇게 하자. 내 잠시 보구를 업신여긴 것이 미안하구먼.』

마을에 돌아온 좌장은 온 동네 사람들에게 한 사람도 빠짐없이 보구의 절 짓는 일을 도와주도록 일렀다.

『말이 씨가 된다더니 보구가 정말 절을 짓나 보네.』

『평소 절 하나 짓는 게 소원이라고 입버릇처럼 말하더니 잘됐

구면.』

마을 사람들은 너나없이 착한 보구를 도와주러 갔다. 그런데 좌장 집 머슴 중 가장 기운이 센 큰머슴만이 빠져 있었다. 평소 심술궂어 주인에게 꾸지람을 많이 들으나 기운이 센 덕에 내쫓기는 신세를 면한 그는 아침이면 늦잠을 자는 게으름뱅이였다.

그날도 주인 어른에게 보구 절 짓는데 부역갈 것을 채근받고도 배가 아프다고 핑계를 대고 있었다.

『흥, 같은 머슴 처지에 누구는 절 짓고 누구는 부역가다니….』

큰머슴은 샘이 나서 더욱 늑장을 부렸으나 좌장의 눈이 무서워 할 수 없이 지게를 지고는 어슬렁어슬렁 불사현장으로 갔다.

사람들은 모두 열심히 일하느라 큰머슴이 오는 줄도 몰랐다. 아무도 쳐다보지 않자 큰머슴은 지게에 짐을 지고 몇 걸음 옮기다 말고는 심술이 나서 칡덩쿨 속에 짐을 쳐박고는 벌렁 누워 하늘에 떠가는 구름을 보며 신세 한탄을 했다.

마침 마을 사람을 대접하려고 주막에 가서 술 한 통을 사서 지고 오던 보구가 먼발치서 이 광경을 보았다. 보구는 시치미를 뚝 떼고는 큰 머슴이 누운 숲가에 와서 노래를 불렀다.

오늘 이 부역 해주는 사람

소원성취한다니 소원을 말해 보소

장가 못 든 사람은 장가를 들고

시집 못 간 사람은 시집을 가네

나무 아미타불 관세음보살

고대광실 높은 집 네 귀퉁이 풍경 달고

아들을 낳으면 귀동자를 낳고

딸을 낳거들랑 옥동자를 낳으시라

까마귀야 까마귀야 헤에이 헤에이

나무 아미타불 관세음보살

누워 있던 큰머슴은 어디선가 들려오는 노랫소리에 귀가 번쩍 뜨였다.

『뭐? 장가도 들고 고대광실 높은 집서 아들딸 낳고 잘 산다고….』

큰머슴은 벌떡 일어나 지게를 지고는 보구를 따라 일터로 가며 노래를 부르기 시작했다.

가자 가자 부역가자

보구대사 절을 짓네

헤에이 부역가자

절을 지으러 가자

까마귀야 까마귀야

갈가마귀야 너도 가자

보구대사 절을 짓네

나무 아미타불 관세음보살

큰머슴은 보구에게 『대사님! 대사님!』하며 신명이 나서 일했다.

사람들은 이런 큰머슴을 보고는 『이제 철이 났다.』며 와르르 웃었다.

보구 혼자 지으면 몇 달이 걸릴 지 모를 절이 순식간에 완공됐다.

회향날, 좌장을 비롯한 동리 사람들은 모두 마음속으로 한 가지씩 부처님께 소원을 빌었다. 그랬더니 그 소원이 모두 이루어졌다. 물론 착한 사람이 된 큰머슴도 장가를 들어 아들딸 낳고 행복하게 살았다고 한다.

지금의 경주시 외동읍에 세워진 이 절은 멀리서까지 와서 소원을 비는 절이라 하여 영원사라 불렸으며 인근 주민들의 발길이 끊이지 않았다고 한다. 지금은 폐사되어 삼층석탑만 남아 있다.

경주 · 영원사지
경북 경주시 외동읍

묘정의 여의주

때는 신라 38대 원성왕 8년(792) 봄. 경주 황룡사 지해법사를 궁중으로 모셔 50일간 화엄산림법회를 열었다.

지해 스님의 시봉 묘정은 발우를 든 채 우물 속을 들여다봤다. 한낮의 물속에는 한가롭게 떠가는 구름을 등진 사미승이 그를 쳐다보고 있었다. 묘정은 한동안 물속의 사미승을 바라보다가 한숨을 쉬며 중얼거렸다.

『아니야! 내가 아냐. 물속의 사미는 묘정이 아니야.』

그는 몇 번이고 되풀이했다. 며칠 전 궁녀들이 주고받던 소리가 아직도 귓전에 생생했다.

『묘정 사미 얼굴은 와 그러노?』

『스님 되길 잘했지. 그 얼굴 보고 누가 시집가려 하겠나?』

묘정은 아직껏 한 번도 자기 용모에 대해 생각해 본 일이 없었다.

『나를 본 사람한테 까닭없이 미움을 갖다니….』

묘정은 합장하고 눈을 감은 채 부처님 앞에 엎드렸다. 마음을 진정하려고 안간힘을 썼다.

그는 벌떡 일어나 스님에게 뛰어갔다.

『스님, 어찌하면 좋습니까?』

『왜, 무슨 일이 있었느냐?』

『스님, 온몸에 증오가 가득합니다.』

『증오라니? 네가 누구를 어떻게 미워한단 말이냐?』

묘정은 자신의 마음을 자세히 고했다.

『묘정아, 네가 남을 미워하는 것은 너 자신을 남보다 아끼는 까닭이며, 물속의 너를 추악하게 본 것 또한 너의 자만심 때문이니라. 오늘부터 너를 보는 사람이 기쁜 마음과 사랑하는 마음이 일도록 수도해라.』

묘정은 곧장 법당으로 갔다. 부처님 앞에 무수히 절하며 기도했다. 그러나 미움은 가시지 않고 홀로 버림받은 외로움이 엄습했다.

『부처님, 모든 사람이 소승을 보았을 때 환희심을 느끼고 서로 사랑하도록 착한 업의 길로 인도하여 주십시오.』

열흘, 한 달이 지나도록 쉬지 않고 기도했다. 밥 먹을 때도 길을 걸을 때도 기도를 계속했다.

묘정은 설법을 듣기 위해 바다에서 올라와 우물에 머무는 자라에게 먹이를 주며 자신의 소원을 독백하는 버릇이 생겼다.

어느덧 세월은 흘러 며칠 후면 자라와도 이별하게 되었다.

『자라야, 내가 네게 먹이를 주기 시작한 지도 벌써 4순(40일)이 지났구나. 이제 열흘 후면 너와 헤어져야 하는데 아무리 미물이지만 네게도 정이 있겠지. 나에게 무슨 정표를 하지 않겠니?』

묘정이 말을 마치자 자라는 홀연 목을 길게 빼더니 오색 영롱한 구슬을 입 밖으로 내밀었다. 묘정은 놀랐으나 구슬을 받아 품에 간직했다. 기도는 계속됐고, 서서히 그의 가슴에서 답답하고 어두운 그늘이 가시기 시작했다. 모든 사람을 자비의 눈길로 보게 됐다. 물속의 모습이 자기가 아니라는 생각도 사라졌다.

사람들도 그를 대하면 어느덧 환희심을 느끼게 됐다.

이제까지 묘정을 외면하던 사람들도 그를 사랑하고 존경하여 그의 주위에 모여들었다. 신라 백성 모두가 묘정을 사랑했다. 법회가 끝나는 날, 법당에서는 왕을 비롯하여 왕후와 공주 그리고 문무백관이 함께 공양을 하게됐다.

왕은 묘정을 보자 한눈에 맘에 들었다.

『묘정 사미, 법회가 끝나거든 돌아가지 말고 짐과 함께 왕궁에서 지내도록 해라.』

왕은 한시도 묘정을 곁에서 떠나지 못하게 했다. 화려한 궁중 생활에 묘정은 그만 기도를 잊고 있었다.

그 해 가을. 나라에서는 당나라 천자에게 하례 올릴 정사사신ㅜ使使ㅌ을 보내게 됐다. 간택된 사신은 한사코 묘정과 함께 가길 원했다.

『상감마마, 이번 길은 단순한 새해 하례만을 위함이 아니오니 묘정 스님과 함께 가도록 윤허하여 주옵소서.』

『험한 뱃길에 묘정은 왜?』

『묘정은 비범한 도를 지니고 있으므로 당나라에 가서 닥칠 난관 극복에 큰 힘이 될 것으로 아옵니다.』

왕은 허락하였다.

수만 리 뱃길을 따라 당나라에 도착한 묘정은 천자를 비롯 문무대관의 사랑을 한 몸에 받았다. 그러던 어느 날 교육행정을 맡은 대신 지관이 천자에게 아뢰었다.

『폐하, 아뢰옵기 황송하오나 묘정은 조금도 존경할 인물이 못

되옵니다.』

『지관은 무슨 말을 하는고?』

천자는 노하여 지관을 노려봤다.

『폐하, 황공하오이다. 세상 사람들이 묘정에게 사랑을 느낌은 그 인품과 상에 있는 것이 아니옵고….』

『그렇다면?』

『묘정이 무엇인가 신령한 물건을 몸에 지닌 탓인 줄 아옵니다.』

『신령한 물건이라니?』

『폐하, 지금 곧 묘정의 몸을 뒤져 보면 알 것이옵니다.』

묘정의 품속에서 영롱한 구슬이 나오자 왕은 추상 같은 호령을 내렸다.

『일찍이 짐이 네 개의 여의주를 갖고 있다가 지난 봄 그 하나를 잃어버렸다. 그것이 묘정의 몸에서 나오다니…. 내 너를 참할 것이로되 사미임을 가상히 여겨 목숨을 살려주니 이 길로 곧 네 나라로 돌아가거라.』

묘정은 허둥지둥 신라로 돌아왔다.

실의에 빠진 그의 얼굴에서는 자비로운 미소의 빛이 가시었다. 사람들은 다시 그의 용모를 비웃었다.

묘정은 다시 한 번 여의주를 갖고 싶어 우물가에 나와 자라가 나타나기를 기다렸다. 자라는 나타나지 않았다. 여의주와 자라에 대한 생각과 증오가 뒤엉켜 가슴 속에서 소용돌이쳤다.

사람들은 침식을 잃고 우물만 들여다보는 그를 미쳤다고 손가락질했다.

어둠이 깔리고 물속의 얼굴이 보이지 않았다. 묘정은 눈을 감았다. 귓전에 울리는 소리가 있었다. 소리 나는 쪽을 향해 발길을 옮겨 표연히 사라진 그는 자라와 함께 다시는 돌아오지 않았다.

그 우물은 남아 있는데….

 경주·용장사 금광정金光井
경북 경주시 내남면 용장4길 41-11 (용장리 525)

묘를 쓰다 생긴 이변

눈발이 희끗희끗 날리며 바람마저 세차게 부는 추운 겨울 점심 무렵.

아름드리 소나무가 무성한 얕은 산에 화려한 상여 하나가 다다랐다. 관이 내려지자 상주들의 곡성이 더욱 구슬퍼졌다. 땅을 치고 우는 사람, 관을 잡고 우는 사람 등 각양각색으로 슬픔을 못 이겨 하는데 오직 맏상주만은 전혀 슬픈 기색조차 보이질 않았다. 40세쯤 되어 보이는 그는 울기는커녕 뭘 감시하는 듯 연신 사방을 둘러보며 두 눈을 번득였다. 마을 사람들과 일꾼들은 그를 이상한 눈으로 쳐다보며 수군대기 시작했다. 그때였다.

『죄송합니다. 오늘 장례식에서는 떡 한 쪽, 술 한 잔도 드릴 수가 없습니다. 또 새끼 한 뼘, 거적 한 장도 가져가서는 안됩니다. 그 대신 일꾼 여러분에게는 장례식이 끝난 뒤 마을에 내려가 품삯을 곱으로 드리겠습니다.』

곡도 하지 않고 두리번거리기만 하던 맏상주가 당연히 나눠 먹어야 할 음식을 줄 수 없다는 까닭 모를 말을 하자 사람들은 술렁대기 시작했다. 그러나 그에게는 그만한 사연이 있었다.

간밤이었다. 돌아가신 부친 옆에서 꼬박 이틀 밤을 새운 그는 몹시 고단해 잠시 졸았다. 그때 그에게 선조인 듯한 백발의 노인 한 분이 다가와 산을 가리키며 말했다.

『맏상주는 명심해서 듣거라. 그대 부친의 묏자리는 길흉이 함께 앉았으니 잘하면 복을 누리고 잘못하면 패가망신할 것이니라.』

깜짝 놀란 그는 노인에게 매달렸다.

『어떻게 하면 길함을 얻을 수 있을까요?』

『내 말을 잘 듣고 명심해서 실천하면 되느니라. 좀 어렵겠지만 무슨 일이 있어도 장례를 지낼 때 술 한 잔은 물론 물 한 모금도 남에게 줘서는 안되느니라. 만약 새끼줄 한 토막이라도 적선하게 되면 가세가 기울고 대가 끊길 것이며, 이르는 대로 잘 지키면 가세가 번창할 것이다.』

단단히 일러주고 노인은 사라졌다. 맏상주는 아무에게도 이 사연을 공개할 수가 없었다. 행여 누가 음식을 먹을까 아니면 새끼 한 토막이라도 집어갈까 열심히 주위를 살피기만 할 뿐이었다.

주린 배를 움켜쥐고 부지런히 삽질을 하는 일꾼들은 아무래도 무슨 곡절이 있나 보다며 수군거렸다. 이때 걸인들 한 패가 몰려왔다. 그러나 떡 한 쪽 얻지 못한 패거리들은 욕설을 퍼붓기 시작했다.

『세상에 막걸리 한 잔 안 주는 초상집은 생전 처음이구만. 어디 요놈의 집구석 잘사나 봐라. 에이 툇.』

그러나 맏상주는 못 들은 척했다. 혹시 걸인들이 행패라도 놓으며 음식을 먹을까 염려된 그는 불안해서 견딜 수가 없었다. 그는 음식을 모두 집으로 가져가게 하고는 머슴에게 다시 단단히 일렀다. 아무도 음식에 손을 대서는 안된다고. 그 광경을 본 걸인들은 상소리를 퍼부으며 돌아갔다. 맏상주는 한결 마음이 놓였다. 허나 그는 다시 걱정이 시작됐다.

「집으로 보낸 음식을 누가 남은 음식인 줄 알고 퍼 가거나 먹으면 어쩌나.」

그는 더 이상 참을 수가 없었다.

『내 품삯을 세곱 네곱, 아니 그 이상이라도 줄 테니 묘를 다 쓰거든 거적과 새끼줄, 지푸라기 하나 남지 않게 모조리 태워 주십시오.』

『아무래도 말 못할 깊은 사연이 있으신가 본데, 염려 마십시오. 이왕 물 한 모금 안 먹고 시작한 일 부탁대로 잘해 드리리다.』

두번 세번 다짐받은 맏상주는 황급히 집으로 달려갔다. 막 대문 안으로 들어서는데 아낙들과 걸인들이 시비를 하고 있었다. 맏상주는 미친 듯 두 팔을 내저으며 사람들을 내몰았다.

한편 산에서는 묘가 다 되자 썩은 새끼 하나 남기지 않고 흩어진 새끼줄을 긁어모아 태우기 시작했다. 바로 그때였다. 어디서 나타났는지 깡마른 거지 소년 하나가 달달 떨며 모닥불 곁으로 다가왔다.

『이 녀석아, 저리 비켜라.』

『에이 아저씨, 거지는 모닥불에 살이 찌는 걸 모르시는군요.』

『잔소리 말고 어서 저리 비켜!』

일꾼 한 사람이 맏상주 부탁이 생각나 거지 아이를 떠밀었다. 아이는 맥없이 땅바닥에 나가 뒹굴었다. 소년은 앙앙 울어댔다.

『불쌍한 아이를 말로 쫓을 것이지 밀기는 왜 미나?』

『글쎄, 가엾군.』

거지 소년은 일꾼들이 달래주자 더 소리 높여 울더니 막 불이 붙으려는 거적 하나만 달라고 애원했다.

『추워 죽겠어요. 그 거적 태우지 말고 나 주세요, 아저씨.』

『안된다.』

『태우는 것보다 내가 덮으면 좋잖아요. 네? 아저씨.』

『안된다.』

『태우는 것보다 내가 덮으면 좋잖아요. 네? 아저씨.』

마치 사시나무 떨 듯 몸을 움츠리며 사정하는 거지 아이를 보다 못해 일꾼들은 맏상주와 약속을 저버린 채 인정을 베풀고 말았다.

『애야, 이걸 갖고 사람들이 보지 않게 저 소나무 숲으로 빠져나가거라. 누가 보면 우린 큰일난다. 알았지?』

『네, 이 은혜 죽어도 잊지 않겠습니다.』

거적을 뒤집어 쓴 거지 소년은 쏜살같이 소나무 숲으로 달아났다. 일꾼들은 적선을 했다는 기분에서 흐뭇한 얼굴로 연장을 챙기기 시작했다.

그때였다. 「꽝!」하고 천지가 진동하는 폭음이 들려왔다.

바로 거지 소년이 사라진 소나무 숲에서 난 소리였다. 놀란 일꾼들이 소나무 숲으로 달려가 보니 참으로 묘한 정경이 생겼다.

거지 아이는 간 곳이 없고 숲속에는 보지 못한 절 한 채가 솟아나 있는 것이 아닌가. 일꾼들은 겁을 먹고 마을로 내려왔다.

그 후 묘를 쓴 집안은 날로 가세가 기울기 시작했다. 그러나 어찌된 일인지 거지에게 거적을 준 일꾼들은 차차 형편이 피면서 큰 부자가 됐다.

마을 사람들은 소나무 숲에서 솟아난 절을 「송림사松林寺」라 불렀고 가난한 이웃에게 적선을 베풀 때 복을 받는다는 교훈을 되새겨 서로 도우면서 화목하게 살았다.

지금도 대구에서 안동으로 가는 국도를 따라 30리쯤 가면 경북 칠곡군 동명면에 이르게 되는데 면소재지서 동쪽으로 5리쯤 가면 신라 내물왕 때 창건됐다는 송림사가 있다. 이 절에는 국보 전탑과 순금의 불감 등 보물이 있다.

칠곡·송림사
경북 칠곡군 동명면 송림길 73 (구덕리 91-6)

화공과 관음상

옛날 중국 천자에게 사랑하는 여자가 하나 있었는데, 그 여인은 천하절색의 미녀였다.

『아마 이처럼 아름다운 여인은 고금에는 물론 그림에서도 볼 수 없을 것이니라.』

이처럼 흡족해 한 천자는 어느 날 미모의 여인과 함께 있는 자리에 화공을 불렀다.

『화공은 듣거라. 오늘부터 이 여인의 실제 모습을 한 치도 틀림없이 그려 그녀의 아름다움을 오래 오래 볼 수 있도록 해라.』

왕명을 받은 화공의 이름은 전하여지지 않으나 혹자는 장승요라고도 한다. 그 화공은 천자의 명을 받들어 여인의 모습을 다 그렸는데 그만 마지막 붓을 놓는 순간 붓을 잘못 떨어뜨려 그림 배꼽 밑에 붉은 점을 찍어 놓게 되었다. 아무리 지워 보려 했으나 고쳐지질 않았다. 화공은 어느 결에 그 미인의 배꼽 밑에는 반드시 날 때부터 붉은 점이 있었을 것이라고 믿게 돼 완성된 그림을 천자에게 바쳤다.

『아니 이럴 수가. 옷 속에 감춰진 배꼽 밑의 점까지 그리다니….』

그림을 본 황제는 내심 놀라지 않을 수 없었다.

『그림의 형상은 실물과 똑같이 매우 잘 그렸으나 감추어진 배꼽 밑의 점은 어떻게 알고 그렸느냐?』

화공이 답이 없자 황제는 진노하여 명을 내렸다.

『화공을 당장 하옥하여 중벌을 내리도록 하라.』

이때 옆에서 듣고 있던 재상이 아뢰었다.

『저 사람은 마음이 아주 곧습니다. 원컨대 용서하여 주옵소서.』

『만약 그가 어질고 곧다면 어젯밤 짐이 꿈에 본 사람의 형상을 그려 바치게 하라. 그 그림이 꿈과 같으면 용서해 줄 것이니라.』

천자의 명을 받은 화공은 어느새 11면 관음보살상을 그려 바쳤다. 황제는 다시 놀라움을 금치 못했다. 과연 간밤 꿈에 본 보살상과 똑같지 않은가. 황제는 그제서야 화공이 예사롭지 않음을 인정하고 용서해줬다.

죄를 면한 화공은 박사 분절에게 물었다.

『내가 듣기로는 신라국에서는 불법을 높이 받들어 믿는다 하니 그대와 함께 배를 타고 그곳에 가서 함께 공부하여 널리 이웃나라를 이롭게 하는 것이 좋은 일이 아니겠소?』

박사 분절이 좋다고 승낙하자 두 사람은 신라국에 이르러 중생사 관음보살상을 조성했다.

그 관음상이 봉안되자 신라인들은 우러러 기도하여 많은 영험을 얻었다.

신라 말년 천성년간(926~929)에 정보 최은함이 나이가 많도록 아들이 없다가 이 절 관음보살 앞에 나아가서 기도를 올린 후 아들을 낳았다. 그 후 석 달이 채 못되어 후백제의 견훤이 경주를 침범하여 성 안이 어지러웠다. 최씨는 아기를 안고 절로 달려가서 관음보살님께 이렇게 고했다.

『이웃나라 군사가 갑자기 쳐들어와 일이 다급하게 됐습니다. 이 어린 자식으로 인해 식구 모두 화를 입을 우려가 있사오니 참으로 대성께서 이 아이를 주신 것이라면 원컨대 자비의 힘으로 길러 주시어 우리 부자가 다시 상봉케 하여 주옵소서.』

최씨는 슬피 울면서 세번 절하고 아기를 포대기에 싸서 관음상 밑에 감추고는 뒤를 돌아보며 떠났다. 몇 달이 지나 적병이 물러가자 절로 달려가 아기를 찾아보니 살결은 마치 새로 목욕한 것 같았고, 입에서는 아직도 젖냄새가 나고 있었다.

아기는 자라면서 총명하고 지혜롭기가 보통 사람과 달랐으니 그가 곧 정광벼슬에 이른 승노였다. 그는 낭중 최숙을 낳았고, 숙은 안제를 낳았으니 이로부터 계속 자손이 끊이지 않았다.

통화 10년(992) 3월에 있었던 일이다. 중생사에 사는 성태 스님은 보살상 앞에 꿇어앉아 고했다.

『저는 오랫동안 이 절에 살면서 부지런히 예불을 모시고 게으르지 않았습니다. 허나 절의 토지에선 나는 것이 없어 더 이상 향사香祀를 계속할 수 없으므로 다른 곳으로 옮기려 인사드립니다.』

보살님께 하직 예불을 올리던 스님은 그만 잠시 졸았다. 그때 관음보살님이 꿈에 나타나 스님에게 일렀다.

『법사는 아직 이곳을 떠나지 말라. 내가 시주를 해서 제사에 쓸 비용을 충분히 마련해 줄 것이니라.』

잠에서 깬 스님은 기뻐하며 다시 머물기로 작정했다.

그날로부터 13일 후 갑자기 낯선 사람 둘이서 소와 말에 물건을 잔뜩 싣고 절 문앞에 이르렀다.

『어디서 오신 뉘신지요?』

『우리는 김천 지방(지금의 김해) 사람입니다. 며칠 전 중생사에 사신 다는 스님 한 분이 우리를 찾아와서 공양에 쓸 비용이 어려워 시주를 구하러 왔다고 하시기에 마을에서 시주를 모아 쌀 엿 섬과 소금 넉섬을 갖고 왔습니다.』

이 말을 들은 스님은 영문을 알 수 없었다.

『이 절에서 시주 나간 스님이 없으니 그대들이 필경 절을 잘못 찾아 온 것 같소.』

『아닙니다, 스님. 그 스님이 우리를 데려오다가 저기 우물가에 이르러 절이 멀지 않으니 먼저 가서 기다리겠노라며 앞서 가셨습니다. 그래서 우리는 따라온 것입니다.』

참으로 이상한 일이었으나 성태 스님은 그들을 데리고 법당으로 들어갔다. 그때 그 사람들은 관음보살상을 바라보며 반가운 듯 크게 말했다.

『스님! 바로 이 부처님이 시주를 구하러 오셨던 그 스님상입니다.』

그들은 말하면서도 놀라움과 감탄을 금치 못했다. 그 후 중생사에는 공양 올려지는 쌀과 소금이 해마다 끊이지 않았다.

또 어느 날 저녁에는 일주문에 불이 났다.

『중생사에 불이 났어요. 빨리들 나오세요.』

마을 사람들이 물통을 들고 달려와 불을 끈 후 법당에 올라가 보니 관세음보살상이 없어졌다.

『에그머니나, 부처님이 안 계시잖아요?』

『아니, 부처님이 어디로 가셨을까?』

『영험이 있으시다니까 불난 와중에 누가 훔쳐간 것 아닐까요?』

『이렇게 모여서 걱정만 하고 있을 게 아니라 우리 모두 나가서 경내를 찾아봅시다.』

마을 사람들은 뿔뿔이 흩어져 경내 이곳 저곳을 찾았다. 그때 한 여인이 외쳤다.

『여기 관세음보살님이 계세요!』

여인은 절 뜰 가운데 우뚝 서 계시는 관음상을 보고 반가움과 놀라움에 자신도 모르게 큰소리로 외쳤던 것이다.

『불이 나니까 누가 밖으로 안전하게 모셨나 보군요. 누가 부처님을 이곳으로 모셔 오셨습니까?』

모두 모른다고 고개를 저을 뿐 아무도 대답이 없었다.

그제야 마을 사람들은 이것이 관음대성의 신령스러운 힘인 것을 알았다.

그 후 중생사를 찾는 신도들의 기도는 오늘에 이르도록 끊임없이 이어져 오고 있으며, 간곡히 기도할 때 기도성취가 이뤄지고 있어 옛 전설을 되살린다고 한다.

경주 · 중생사
경북 경주시 윗내리길 29-12 (배반동 640-1)

선묘화의 애련

당나라 등주 해안.

『여보게, 저기 좀 보게.』

『아니, 거북이가 웬 여자를 등에 업고 뭍으로 오르고 있지 않은가.』

『어서 관에 고하러 가세.』

어부의 신고를 받은 관원들이 해안으로 달려가 보니 그곳엔 아리따운 처녀가 갈 곳을 몰라하고 있었다.

부하들로부터 보고를 받은 등주 주장 유지인은 마침 슬하에 자식이 없는 터라 그 처녀를 자기 집으로 데리고 갔다. 유장군은 기이하고 신비스러운 일이라 생각되어 그녀에게 물었다.

『너는 어찌하여 거북의 등에 업혀 이곳에 이르게 되었느냐?』

『소녀는 신라 처녀 묘화라 하옵니다. 불행하게도 약혼자가 전쟁에 출전한 사이에 중국으로 공출되는 몸이 되었습니다. 배를 타고 오면서 생각하니 차라리 죽는 쪽이 현명한 듯하와 바다에 몸을 던졌습니다.』

묘화의 애절한 사연을 들은 유장군은 선녀같이 아름다운 그녀를 수양딸로 삼아 친딸처럼 귀여워했다. 묘화 역시 자신을 구해준 유장군을 친아버지처럼 정성껏 모셨다.

그러나 묘화는 항상 고국땅 신라를 그리워했으며, 한시도 약혼자일지 도령을 잊을 수가 없었다.

그러던 어느 날. 신라 스님 한 분이 밀항을 하다 잡혀 감옥에 갇혔다는 소식을 들은 묘화는 신라인을 돕기 위해 면회를 갔다. 그런데 이게 어인 일인가. 꿈에도 못 잊어하던 약혼자가 스님이 되어 이역 만리에 와 있다니. 묘화는 두근거리는 가슴을 가누지 못한 채 스님에게 다가갔다.

『스님, 혹시 일지 도련님이 아니신지요?』

『네, 그렇습니다만… 아가씨는 뉘시기에 제 속명을 알고 있으며, 어찌 신라말을 그리도 잘하십니까?』

『도련님!』

묘화는 그만 반갑고 기뻐, 일지의 품에 안겨 한없이 울고 또 울었다. 일지, 즉 의상 스님 역시 너무도 꿈 같은 현실에 기쁘기도 하고 인연의 묘함을 절감했다.

불행히도 10여 세 때 어머니를 여읜 의상은 15세에 묘화와 약혼했다. 그러나 백제와의 전쟁에 출전하여 많은 공을 세우고 돌아와 보니 묘화는 중국에 공출 시녀로 뽑혀 가고 없었다. 이는 의상을 사위로 삼으려는 박대감의 계략이었다. 얼마 후 이 사실과 함께 묘화가 중국에 도착하기 전 바다에 투신했음을 사신을 통해 알게 된 의상은 출가를 결심했다. 전쟁터에서 죽어간 군사들에 대한 죄책감, 어머니를 잃은 고독감, 그리고 약혼녀의 죽음 등에서 그는 삶의 회의를 깊이 느껴던 것이다.

이러한 사연을 알게 된 유장군은 의상을 자택으로 모셔 거처케 했다. 의상은 묘화에게 5계를 주고 선묘화라는 불명을 주어 불제자로 귀의시켰다. 이제는 약혼자가 아니라 오직 스님과 신도 사이일 뿐이었다. 의상은 유장군의 선처로 종남산 지상사에 가서 지엄을 만났다.

『내가 꾼 어젯밤 꿈은 그대가 올 징조였구려.』

간밤에 해동에서 난 나무 하나가 중국까지 덮었는데 가지 위 봉황새 집의 여의주 하나가 그 빛을 먼 곳까지 비추는 꿈을 꾼 지엄은 집을 깨끗이 청소하고 손을 기다렸다.

입실하여 《화엄경》의 깊은 뜻을 해석하는 의상을 보고 지엄은 『학문을 거론할 상대자를 만났다』며 몹시 기뻐했다.

공부를 마치고 등주로 돌아오게 된 의상은 유지인 장군집을 찾아가 그간 베풀어 준 호의에 감사했다.

이튿날 새벽, 선묘화가 알까봐 아직 어둠이 걷히지도 않았는데 의상은 길을 재촉했다. 소식을 들은 선묘화는 미리 준비한 법복과 여러 가지 용품을 함에 담아 부랴부랴 해안으로 달려갔다. 그러나 의상이 탄 배는 벌써 시야에서 아물거리고 있었다.

선묘화는 눈물을 흘리며 주문을 외웠다.

『나의 본심은 법사를 공양하는 일입니다. 원하옵건대 이 함이 저 배에 닿기를….』

이때 질풍이 불더니 옷함을 새털 날리듯 배에 옮겼다. 이를 본 선묘화는 순간 바닷속에 몸을 던지면서 이렇게 서원했다.

『부처님이시여! 제 몸이 호법용으로 변하여 세세생생 대사를 모시고 옹호하여 불도를 이루게 하옵소서.』

선묘화의 간절한 염원은 곧 이루어졌다.

큰 용이 물속에 잠겼다 떠올랐다 하며 배를 부축하니 의상은 무사히 신라에 도착했다. 이를 지켜본 의상은 인연이란 참으로 끊기 어려운 것임을 새삼 확인했다.

귀국 후 산천을 두루 편력하며 화엄법회를 열어 중생을 교화하던 의상은 676년 태백산에서 걸음을 멈추었다.

『저기야말로 산천이 수려하고 땅이 신령하여 법륜을 굴릴 만한 곳이로구나.』

의상은 태백산 기슭에 절터를 잡으려고 결심했다.

『대사님! 저 산엔 가지 마십시오. 그곳엔 산적이 5백여 명이나 있습니다.』

『그렇다면 더욱 잘되었군요. 그들을 교화시켜 선량한 백성이 되도록 해야 될 테니까요.』

마을 사람들의 만류에도 불구하고 의상은 산으로 들어갔다. 산적들은 금품을 빼앗으려 했으나 아무것도 가진 것이 없자 『살려줄 테니 썩 물러가라.』고 호통을 쳤다. 의상은 두목을 찾았다.

두목은 선뜻 나타나지 않았으나 의상 스님이 집요하게 부탁하니 험한 얼굴을 내보였다.

『두목, 당신들은 고구려의 패잔병이 아니오? 나라가 망한 지 이미 오래 되었으니 이제 그만 귀화하여 생업을 갖고 열심히 살아야지 이렇게 양민을 괴롭혀서야 되겠소?』

『흥, 듣기 싫소. 목숨은 살려줄 테니 어서 돌아가 조정에 고하려면 고하시오. 이곳은 정병 10만 군이 몰려와도 점령하기 어려울 테니.』

『오늘 우리가 이렇게 만난 것도 다 인연이니 내 말에 따르시지요.』

『잔소리는 그만하고 냉큼 돌아가시오. 그렇지 않으면 당장 목을 베어 버릴 것이오.』

산적 두목이 으름장을 놓으며 부하들을 부르니 산적떼들이 우르르 몰려왔다.

『저 승려를 단칼에 처단하라.』

이때였다. 허공에 선묘룡이 나타나 번갯불을 일으키며 큰 바위를 때리니 넓이 일 리나 되는 넓적한 반석이 떨어져 나왔다. 이와 함께 산신은 봉황새로 변하여 이 바위를 공중에 들어올려 떠 있게 하는 것이 아닌가. 이변에 놀란 산적들은 의상의 도력에 무릎을 꿇고 참회하며 머리를 깎고 제자가 됐다.

그 후 5백 명이 역사를 하니 절은 6개월만에 완공됐으며, 바위가 공중에 떴다 하여 절 이름을 「부석사浮石寺」라 명했다. 또 봉황새가 나타났다 하여 산이름을 봉황산이라 불렀다.

특히 무량수전 아미타불 밑에서 석등 아래로 꼬리를 둔 채 석룡이 묻혀 있다 하니 선묘의 넋은 1천3백 년이 지난 지금도 부석사에 살고 있는 셈이다.

영주 · 부석사
경북 영주시 부석면 부석사로 345 (북지리 148)

아도화상의 전법

아직 겨울이라기엔 이른 늦가을이었다. 옷은 비록 남루했지만 용모가 예사롭지 않은 한 고구려인이 신라 땅 일선군(지금의 경상북도 선산)에 있는 부자 모례장자 집을 찾아왔다.

『어떻게 제 집엘 오시게 되었는지요?』

모례장자는 행색과는 달리 용모가 준수한 낯선 객에게 점잖고 융숭하게 대하면서도 일말의 경계를 금할 수 없었다.

『나는 묵호자라는 고구려 승려입니다. 인연 있는 땅이라 찾아왔으니 나를 이곳에 묵을 수 있도록 주선하여 주십시오.』

당시는 신라에 불교가 공인되지 않은 때인지라(눌지왕 때) 모례장자는 묵호자의 불법에 관한 설명이 쉽게 납득이 가지 않았다.

그러나 그는 전생부터의 인연이었는지 아무래도 낯선 객이 신비스럽고 큰 불도를 알고 있는 대인인 듯하여 지하에 밀실을 지어 편히 거처케 했다.

이 무렵 조정에서는 중국에서 의복과 함께 보내온 향의 이름과 쓰는 법을 몰라 사람을 시켜 나라 안을 두루 돌아다니며 알아보게 했다. 이 소문을 들은 묵호자는 사람을 불러 친히 일러줬다.

『이는 향이라는 것으로 태우면 그윽한 향기가 풍기지요. 만일 이를 태우면서 정성이 신성한 곳에까지 이르도록 간곡히 축원하면 무슨 소원이든지 영험이 있을 것입니다.』

그 후 얼마가 지난 뒤 나라에서는 묵호자를 청하는 사신을 보내

왔다.

『공주마마가 위독하옵니다. 백방으로 약을 쓰고 의원을 불러 치료를 했으나 전혀 효험이 없어 이렇게 모시러 왔사오니 어서 궁으로 함께 가 주시지요.』

불법을 펴기 위해 숨어서 때를 기다리던 묵호자는 때가 온 듯 선뜻 승낙하고 서라벌로 향했다.

묵호자는 공주가 누워 있는 방에 들어가 향을 피우고 불공을 드렸다. 그윽한 향기가 방 안에 차츰 퍼져 가득하고 묵호자의 염불이 끝나자 공주는 감았던 눈을 스르르 뜨면서 제정신을 찾았다.

왕은 기뻐하며 묵호자에게 소원을 물었다.

『빈승에게는 아무것도 구하는 일이 없습니다. 다만 천경림에 절을 세워서 불교를 널리 펴고 국가의 복을 비는 것을 바랄 뿐입니다.』

왕은 즉시 이를 허락하여 불사를 시작케 했다. 묵호자는 고구려에 계신 어머니 고도령에게 감사의 절을 올렸다.

어머니가 일러준 일곱 절터 중 천경림에 흥륜사를 세운 묵호자는 그때부터 숨겨 둔 불명 아도란 이름을 쓰기 시작했다.

아도화상의 어머니 고도령은 중국에서 온 사신 아굴마와 연정이 깊어 아도를 낳게 되었다. 그 후 아도가 다섯 살이 되자 고도령은 아도를 출가시켰다. 총명하여 어른들의 귀여움을 독차지하던 아도가 16세가 되던 해 어머니 고도령은 아들을 찾아와 모든 사연을 이야기하고는 아도를 중국으로 보냈다. 아도는 중국에 가서 아버지 아굴마를 만나고는 현창화상 문하에 들어가 3년간 공부한 후 고구려로 돌아왔다.

어머니 고도령은 아들을 만나 반가웠으나 내색하지 않고 다시 신라땅으로 보냈다.

『신라땅에는 천경림을 비롯하여 7곳의 큰 가람터가 있으니 이는 모두 불전佛傳의 인연지로서 앞으로 불법이 깊이 전해질 곳이다. 그곳에 가서 대교를 전하면 응당 네가 이 땅의 개조가 될 것이다.』

아도는 어머니의 이같은 가르침을 잊지 않고 수행에 전력하며 불법을 폈다.

그러던 어느 날. 왕이 세상을 뜨고 새 임금이 등극하자 나라에서는 하루아침에 아도화상을 해치려 했다. 아도는 제자들과 함께 다시 모례장자의 집으로 돌아왔다.

그들은 그곳에서 경을 가르치고 설법했다. 많은 신봉자가 따르는 가운데 낮에는 소와 양을 1천 마리씩 길렀다. 그렇게 5년의 세월이 흐른 뒤 아도화상은 행선지도 밝히지 않고 훌쩍 그곳을 떠났다. 모례장자가 가는 길을 물었으나 『나를 만나려거든 얼마 후 칡순이 내려올 것이니 칡순을 따라오시오.』라는 말을 남겼을 뿐이었다.

그 해 겨울.

과연 기이하게도 정월 엄동설한에 모례장자 집 문턱으로 칡순이 들어왔다. 모례장자는 그 줄기를 따라갔다. 그곳에 아도화상이 있었으니 그곳이 바로 신라불교의 초전지인 지금의 도리사 터였다.

잘 오셨소, 모례장자. 내 이곳에 절을 세우려 하니 이 망태기에 곡식 두 말을 시주하시오.』

아도화상은 모례장자 앞에 작은 망태기를 내놓고 시주를 권했다. 모례장자는 기꺼이 승낙을 하고는 다시 집으로 내려와 곡식 두 말을 망태기에 부었으나 어인 일인지 망태기는 2말은커녕 2섬을 부어도 차지 않았다. 결국 모례장자는 재산을 다 시주하여 도리사를 세웠다.

모례장자의 시주로 절을 다 지은 아도화상이 잠시 서라벌 나들이를 하고 돌아오는데 절이 세워진 태조산 밑에 때 아닌 복사꽃이 만개하여 눈이 부셨다.

아도화상은 이에 절 이름을 「도리사桃李寺」라 칭했고 마을 이름을 도개마을이라 했다.

도리사에서는 지난 1976년 경내 화엄석탑 및 담장 석축을 정비하다가 아도화상 석상을 발견했다. 같은 해 탑 해체 작업 중 부처님 진신사리 1과가 출현해 전국 불자들이 구름처럼 몰려와 친견하고 세인들에게 화제가 됐다.

지금도 도리사 인근 마을에 가면 양과 소 천 마리를 길렀던 곳이라 해서 「양천골」·「우천골」이라 부르고, 도개동 웃마을에는 외양간이 있었다 해서 「우실」이라 부른다. 또 모례장자의 집터는 「모례장자터」 그리고 우물은 「모례장자샘」 또는 「모례정毛禮井」이라 하는데 모례장자샘에서는 지금도 맑은 물이 샘솟고 있다. 마을에서는 긴 화강암을 우물 정井 자 모양으로 엇갈리게 짜 맞추어 놓았다.

선산 · 도리사
경북 구미시 해평면 도리사로 526 (송곡리 403)

범종소리와 귀신들

옛날 경주 땅 어떤 민가에 얼굴이 곱고 자태가 아름다운 한 여자가 살고 있었다. 사람들은 그녀가 너무 예뻐 도화녀라고 불렀다.

어느 날 그 집에 대궐서 왔다는 장수 몇 명이 들이닥쳐 어명이라며 그녀를 궁궐로 데리고 갔다. 뜻밖에 왕의 부름을 받아 궁에 들어간 그녀는 영문도 모른 채 임금이 계신 은밀한 방으로 안내됐다.

임금은 그녀를 보는 순간 눈빛이 달라졌다.

『음, 오느라 수고했다. 네가 도화녀냐?』

『그러하옵니다.』

『과연 소문대로 네 미모가 출중하구나. 오늘부터 내 곁에 있도록 하여라.』

『황공하오나 그리할 수 없사옵니다. 예부터 여자가 지켜야 하는 것은 두 남편을 섬기지 않는 일인 줄 아옵니다. 남편이 있는데 또 다른 남자에게 시집을 가는 일은 비록 만승〔天子〕의 위엄을 지녔다해도 맘대로 하지는 못할 것입니다.』

『만약 내 너를 죽인다면 어찌하겠느냐?』

『차라리 여기에서 목이 베어져 죽는 한이 있더라도 딴 남자를 섬기는 일은 원치 않습니다.』

갈수록 자세가 꼿꼿해지는 여인 앞에 주색을 즐기는 왕은 더욱 재미를 느꼈는지 희롱하는 투로 말했다.

『남편이 없으면 되겠느냐?』

『되겠습니다.』

왕은 아무 말없이 순순히 그녀를 집으로 돌려보냈다.

그 해, 주색에만 빠져 정사를 돌보지 않던 진지왕은 나라 사람들에 의해 폐위되었다. 그 후 2년이 지나 도화녀의 남편 또한 죽었다. 장례를 치르고 10일이 지난 어느 날 밤. 폐위된 진지왕은 어디서 들었는지 갑자기 도화녀의 방에 나타났다.

『네가 옛날에 허락한 말을 잊지 않았으렸다. 지금 네 남편이 없으니 내 뜻을 허락하겠느냐?』

도화녀는 잠시 생각에 잠긴 듯하더니 말했다.

『조금만 기다려 주십시오. 부모님께 고하고 오겠습니다.』

여인은 총총걸음으로 안방에 다다랐다. 자다 말고 찾아온 딸을 보고 놀란 부모는 자초지종 사연을 듣고 딸을 달랬다.

『비록 지금은 폐위됐으나 임금님의 명인데 어찌 피할 수가 있겠느냐. 어서 임금이 계신 방으로 들어가도록 해라.』

임금은 그곳에 7일 동안 머물렀는데 그 동안 오색구름이 집을 덮었고, 방 안에는 향기가 가득하였다. 7일 뒤에 왕은 갑자기 사라졌고, 그로부터 이내 여인에겐 태기가 있었다. 다시 열 달 후 해산을 하는데 느닷없이 천지가 진동하더니 사내아이를 분만했다. 도화녀는 아이의 이름을 비형이라 불렀다.

진평왕은 돌아가신 선왕의 아기 비형이 태어났다는 소문을 듣고 아이와 그의 어머니를 대궐에 살게 했다.

비형이 15세가 되던 해. 진평왕은 그에게 집사라는 벼슬을 주었다. 비형은 맡은바 일을 잘 처리해 임금의 신임을 받았다.

그런데 이상한 소문이 대궐에 파다했다. 비형이 밤이면 어디론가 사라졌다가 새벽녘에야 돌아와 잠을 잔다는 것이었다. 이상히 여긴 왕은 장수들을 시켜 비형의 행동을 살피게 했다.

아니나 다를까. 소문대로 비형은 밤이 되니 성을 날아 넘어가는 것이었다. 그는 서쪽 황천 언덕 위에 다다르더니 한 무리의 귀신들을 데리고 노래하고 춤을 추며 놀았다. 장수들이 엎드려서 엿보니 귀신의 무리들은 새벽녘 여러 절에서 울려오는 범종소리를 듣더니 각각 흩어지는 것이 아닌가. 비형도 대궐로 돌아왔다. 상세히 보고받은 왕은 비형을 불러 물었다.

『네가 밤마다 귀신들을 데리고 논다니 그게 사실이냐?』

『네, 그렇습니다.』

비형은 숨김없이 대답했다. 그러자 왕은 비형에게 뜻밖의 부탁을 했다.

『네가 귀신들과 그렇게 친하다니 귀신들을 시켜 신원사 북쪽 개천에 돌다리를 놓도록 해라. 그곳은 모량내와 기린내, 그리고 물개내 세 물줄기가 합치는 곳이므로 홍수 때면 물살이 거칠어 나무다리는 견디지를 못하느니라. 그곳에 돌다리를 놓으면 그쪽 통행인들이 한시름 놓을 수 있을 것이다.』

『네, 분부대로 거행하겠습니다.』

그날 밤, 비형은 왕가숲 귀신들을 불러 임금님의 청을 이야기했다. 귀신들은 다리를 놓기 시작했다. 한편에선 돌을 나르고 한쪽에선 돌을 다듬어 하룻밤 사이에 아름답고 튼튼한 다리가 이루어지고 있었다. 새벽이 가까워오자 귀신들의 일손은 더욱 바빠지기 시작했다. 신기하게도 신원사 범종 소리를 비롯 경주 곳곳 사찰에서 범종

소리가 울려 퍼지자 다리는 완성되었고, 귀신들은 종소리를 들으며 흡족한 표정으로 모두 제각기 흩어졌다.

그 후 사람들은 사람의 재주로는 도저히 이룩할 수 없는 훌륭한 다리를 귀신들이 놓았다 하여 이 다리 이름을 「귀교鬼橋」라 불렀다. 지금은 탑동 오능 부근 신원사 터에서 멀지 않은 곳에 약간의 석재가 남아 옛 전설을 뒷받침하고 있다.

왕은 「반은 귀신이고 반은 사람」 이라고 여기저기서 쑤군댈 만큼 비형이 일을 잘해내자 또 물었다.

『귀신들 중에 사람으로 출현해서 조정 정사를 도울 만한 자가 있느냐?』

『길달이란 자가 있사온데 가히 정사를 도울 만합니다.』

그 길로 길달을 데려다 집사 벼슬을 주니 과연 그는 충성스럽고 정직했다.

그 후 길달을 시켜 흥륜사 남쪽에 문루를 세우게 하고 밤마다 길달이 그 문루 위에서 자니 그 문을 길달문이라고 했다.

귀신들은 그 후 왕가숲 입구에 영묘사 절터를 골라 하룻밤 사이에 절을 지었다 한다.

얼마 전 흥륜사 터로 불리던 경주시 사정동에서 영묘사靈廟寺, 영묘사슈妙寺란 명문이 새겨진 기와조각이 발견되어 주목을 끌고 있다.

경주・귀교
경주시 황남동 오릉 부근 신원사터에서 발굴중인 실제 귀교 추정지

혜공 스님의 도력

신라의 혜공 스님은 천진공의 집에서 품팔이하던 노파의 아들로 어릴 때 이름은 우조였다.

어느 해 여름. 천진공이 심한 종기를 앓다가 거의 죽을 지경에 이르니 문병하는 사람이 집 앞을 메웠다. 그때 우조의 나이는 7세였다.

『어머니, 집에 무슨 일이 있기에 손님들이 이렇게 많이 찾아오시나요?』

『주인 어른께서 나쁜 병에 걸려 장차 돌아가시게 되었는데 아무리 어려 철이 없기로서니 그것도 모르고 있단 말이냐?』

『어머니, 제가 그 병을 고치겠습니다.』

『아니, 네가 그 병을 고치다니 무슨 뚱딴지 같은 소리냐?』

『글쎄 두고 보면 아실 테니 어서 주인 어른께 허락을 받아 주세요.』

노파는 아들의 말이 너무나 어이가 없었으나 이상한 생각이 들어 주인에게 말했다. 백약이 무효인 상태에서 죽을 날을 기다리며 고통을 참느라 애쓰던 천진공에겐 아무리 어린아이의 말이었지만 반가운 소리였다.

『어서 우조를 가까이 들도록 해라.』

부름을 받은 우조는 천진공의 침상 밑에 앉아만 있을 뿐 이렇다 할 말도 움직임도 보이질 않았다.

『우조야, 어서 이리 가까이 와서 이 종기를 치료해야 할 것이 아니냐?』

주인의 말을 들었는지 못 들었는지 우조는 그냥 눈을 감은 채 앉아만 있을 뿐이었다. 그렇게 얼마가 지났을 때다. 천진공의 종기가 여기저기서 터져 고름이 줄줄 흐르는 것이 아닌가. 그러나 주인은 우연한 일로만 생각하고 별로 이상히 여기지 않았다.

그 후 우조는 자라면서 주인을 위해 매를 길러 길들였는데 이것이 아주 천진공의 마음에 들었다.

어느 날 천진공의 동생이 벼슬을 얻어 지방으로 부임하게 되자 천진공은 매를 한 마리 골라 주었다. 동생이 매를 갖고 임지로 떠난 뒤 얼마 안되어 천진공은 갑자기 그 매 생각이 났다.

『내일 새벽 일찍이 우조를 보내 그 매를 가져오게 해야지.』

그러나 이게 웬일인가. 언제 어떻게 알았는지 우조는 그 매를 가져다가 새벽녘에 천진공에게 바쳤다.

『아니 우조야, 네 어찌 내 심중을 알고 이 매를 가져왔느냐?』

우조는 다만 빙그레 미소를 지을 뿐 말이 없었다.

천진공은 그제서야 깨달았다. 지난날 종기를 고친 것도 모두가 우조의 범상치 않은 힘에 의한 것임을.

『나는 지극한 성인이 내 곁에 있는 것을 알지 못하고 예의에 벗어난 말과 행동으로 욕을 보였으니 그 죄를 어찌 씻을 수 있겠습니까? 이제부터는 부디 도사께서 저를 인도해 주십시오.』

천진공은 엎드려 절을 하며 지난날을 참회했다.

신령스런 현상을 자주 나타낸 우조는 마침내 출가하여 혜공 스님이 되었다.

스님은 작은 절에 살면서 늘 술에 취한 채 삼태기를 지고는 노래하고 춤추며 미친 듯 거리를 돌아다녔다. 그래서 사람들은 그를 부궤화상이라 부르고 스님이 사는 절을 삼태기란 뜻에서 부개사라 불렀다.

뿐만 아니라 걸핏하면 우물 속에 들어가서 몇 달씩 나오지 않았다. 또 우물 속에서 나올 때면 푸른 옷을 입은 신동이 먼저 솟아나왔으므로 대중들은 이를 조짐으로 스님이 우물에 들어가고 나오는 것을 미리 알았다. 더욱이 몇 달만에 우물에서 나와도 스님의 옷은 젖지 않는 기이한 현상을 보여 대중을 놀라게 했다.

만년에는 경북 영일군 항사리에 있는 항사사(지금의 오어사)에 주석했다. 그 무렵 원효대사는 많은 불경의 소疏를 찬술하고 있었는데 자주 혜공 스님에게 묻고 혹은 서로 농담을 나누었다. 어느 날 두 스님은 절 근처에 있는 시내를 따라가면서 물고기와 새우를 잡아먹었다. 이때 원효 스님이 갑자기 괴춤을 내리더니 바위 위에다 방변을 했다. 이를 지켜보던 혜공 스님은 허허 웃으며 농담을 건넸다.

『자네가 눈 똥은 내가 잡은 물고기일 게요.』

이런 일이 있은 뒤 항하사처럼 많은 사람이 출세했다 하여 항사동 항사사라 불리우던 절 이름은 「오어사吾魚寺」로 바꿔 부르게 됐다.

지금도 오어사에는 원효 스님의 삿갓이 보관되어 있다. 요즘 여름철에 볼 수 있는 섬세한 발보다 10배나 더 정교한 풀뿌리로 짜여진 이 삿갓의 높이는 1척이고 밑의 직경은 1.5척이다. 뒷부분은 거의 삭아 버렸는데 겹겹이 붙인 한지에 붓글씨가 쓰여져 천 년 세월을 되돌아보게 한다.

혜공 스님의 이적은 한두 가지가 아니었다.

어느날 구참공이 산에 놀러갔다가 혜공 스님이 산길에 쓰러져 죽은 것을 보았다. 시체가 부어 터지고 살이 썩어 구더기가 난 것을 보고는 오랫동안 슬피 탄식하다 말고삐를 돌려 성에 돌아오니 혜공이 술에 몹시 취해 시장 안에서 노래하며 춤을 추고 있는 것이 아닌가. 구참공은 자신의 눈을 의심했으나 틀림없이 여느 날과 다름없는 혜공 스님이었으므로 재삼 스님의 도력에 감탄했다.

또 어느 날은 풀로 새끼를 꼬아 가지고 영묘사에 들어가서 금당과 경루, 남문의 낭무廊廡를 묶어 놓고 강사에게 말했다.

『이 새끼를 3일 후에 풀도록 해라.』

과연 3일만에 선덕왕이 절에 왔는데 선덕왕을 연모한 지귀의 심화心火가 절의 탑을 태웠지만 새끼로 맨 곳은 화재를 면했다. 이처럼 신령스러운 자취를 많이 남긴 혜공 스님은 공중에 떠서 열반했는데 사리가 그 수를 헤아릴 수 없을 만큼 많이 출현했다.

그는 열반 전 어느 날 《조론》을 보고는 『이것은 내가 옛날에 지은 글이다.』고 말했다. 일연 스님은 이로써 혜공 스님이 조론의 필자인 승조(후진 때 스님)의 후신임을 알았다고 《삼국유사》에 밝혔다.

포항 · 오어사
경북 포항시 남구 오천읍 오어로 1 (항사리 34)

장군의 사랑

　삼국통일의 주역이었던 신라 명장 김유신 장군의 어머니는 아들이 어릴 때부터 엄한 훈계를 했다. 특히 벗과 사귀는 일을 경계하여 아무 친구나 함부로 사귀지 못하게 했다.

　서라벌 산등성이마다 진달래가 붉게 타는 어느 봄날 오후, 청년 김유신이 막 외출준비를 하려는데 내당으로부터 어머니의 부름을 받았다.

　『도련님, 마님께서 속히 내당으로 들라고 하십니다.』

　『무슨 일이 있는 것 같더냐?』

　『잘 모르긴 하오나 마님 표정이….』

　『음, 알았다.』

　하인 오월의 전갈을 받은 유신은 내심 느낌이 있어 곧 어머니에게 나아갔다.

　『어머님, 부르셨습니까?』

　『오냐, 어서 들어오너라.』

　방에 들어온 아들을 바라보는 어머니의 눈초리는 평소보다 더 근엄했다. 금방이라도 불호령이 떨어질 것만 같았다.

　잠시 침묵이 흘렀다.

　아들의 모습을 본 유신의 어머니는 마음을 가라앉힌 듯 조용한 어조로 말문을 열었다.

　『네가 기생 천관에 빠져 매일 그 집엘 드나든다는 소문이 자자한

데 그게 사실이냐?』

　시인이라도 하는 듯 아들이 말이 없자 유신의 어머니는 길게 한숨을 내쉬며 다시 말을 이었다.

　『에미는 이제 늙었다. 앞으로 살면 얼마나 살겠느냐. 장가도 안 든 네가 그런 천한 여자들과 어울려 음탕한 술집에서 히히덕거리며 논다니 내 마음이 몹시 언짢구나. 내 마지막 소원은 네가 나라에 큰 공을 세워 임금과 어버이를 영화롭게 하고 나라의 대들보가 되길 바랄 뿐이다.』

　말을 마친 유신의 어머니는 옷고름을 들어 눈가를 훔쳤다.

　백발이 히끗히끗한 노모의 눈물을 보는 순간 유신은 가슴이 저려옴을 느꼈다.

　『어머님, 금후로는 다시 그 집 근처에도 가지 않을 것입니다. 심려치 마옵소서.』

　『오냐, 그래야지.』

　어머니는 아들의 결심이 고마운 듯 유신의 두 손을 꼭 잡았다.

　유신의 어머니는 등에 7개의 별점을 지니고 태어난 아들이 장성하면 꼭 나라의 큰 재목이 될 것으로 믿고 있었다. 그토록 믿음직스런 아들이 기방 출입이 잦다는 소문을 듣고는 대경실색하여 즉시 아들을 불러 타이른 것이다. 유신이 곧 잘못을 뉘우치고 어머니 앞에서 굳은 맹세를 하니 노모는 아들의 효심이 무척 고맙고 대견하기만 했다.

　다시는 천관의 집에 가지 않겠다고 맹세한 유신은 심신수련에만 정성을 쏟았다. 그러나 보고픈 정은 누르면 누를수록 솟구쳤다. 자

기도 모르게 천관의 집쪽으로 옮겨지는 발길을 중도에서 옮긴 것만
도 여러 차례. 그럴 때마다 유신은 어머니의 모습을 떠올리며 자신
을 달랬다.

그러던 어느 날.

오랜만에 벗과 만나 술을 마시며 이야기꽃을 피우자 친구는 천관
의 말을 건넸다.

『자네 요즘 천관의 집에 발 그림자도 안 한다며?』

『어머님이 저토록 걱정하시는데 내 그 어른 말씀을 거역할 수 있
겠나?』

『아무튼 자네 결심이 대단하구먼. 두 사람 정이 보통 깊지 않은
걸로 알고 있는데….』

유신은 가슴이 아픈 듯 마냥 술잔만 기울였다.

『자네는 심신을 수련하느라 정신을 한곳으로 쏟을 수 있지만 앉
으나 서나 자네만 기다리며 사모의 정을 달래지 못해 몸져누운 천관
의 모습은 차마 말로 다할 수 없네.』

친구의 말이 들리는지 안 들리는지 유신은 계속 술잔을 비우며 밤
이 이슥토록 마셨다.

『여보게, 이제 그만 마시고 돌아가세. 너무 취했네.』

친구는 유신을 부축하여 말 위에 태우고는 헤어졌다. 정신을 잃은
주인을 태운 말은 옛날 다니던 길로 곧장 접어들어 천관의 집에 다
다랐다.

『아니, 도련님이….』

꿈에 그리던 연인이 한밤중에 술에 대취하여 찾아오다니, 천관은

기쁨과 원망이 섞인 감회의 눈물을 흘리며 유신을 맞이했다.

이튿날 아침.

잠에서 깬 유신은 사태를 짐작할 수 있었다. 자리에서 일어나 칼을 뽑아 들고는 사랑하는 말이 있는 곳으로 갔다.

『아니되옵니다, 도련님. 말을 치시려거든 대신 소녀의 목을 치옵소서.』

천관이 놀라 따라나서며 간곡히 말렸으나 유신의 귀에는 아무 말도 들리지 않았다.

유신은 결연히 칼을 뽑아 자신의 몸처럼 아끼던 말의 목을 단칼에 베었다. 그리고는 뒤도 돌아보지 않고 집으로 오고 말았다. 천관은 유신의 단호한 결행에 대해 원망하는 시 한 수를 읊고는 그 길로 출가의 길에 올랐다. 그녀는 비록 머리는 깎았으나 김유신에 대한 그리움과 사모의 정은 끊을 수가 없었다. 그 후 천관은 공부가 깊어지자 김유신 장군의 그 결행을 이해하는 눈이 열려 옛 연인을 위해 기도하다가 어느 해 가을 입적했다.

「나라를 위해 일하는 큰 그릇이 되라.」는 어머니의 간곡한 당부로 인해 사랑하는 여인을 버린 김유신 장군은 평생 천관에 대한 죄책감에서 벗어날 수가 없었다.

유신은 자신을 사랑하다 먼저 명을 달리한 천관의 넋을 달래고 왕생극락을 비는 애틋한 마음에서 그녀가 살던 옛집에 절을 세웠다. 그리고는 그녀의 이름을 따서 절 이름을 「천관사天官寺」라 명했다.

태중 무열왕의 셋째 딸 즉 누이동생(문명왕후)의 딸 지소부인과 결혼한 김유신 장군은 오랜 세월 독신으로 있다가 50세 가량 돼서 결혼했을 것이라는 설이 있다. 이는 필시 천관에 대한 깊은 사랑에 연유했을 것으로 후세인들은 말하고 있다.

또 《삼국사기》 열전 김유신조에는 장군의 다섯 아들에 대한 이야기와 함께 어머니를 알 수 없는 군승이라는 서자가 있었다는데 그는 아마 천관의 아들로 보아도 무리가 없을 것으로 추측되고 있다.

경주 오릉 동편 낮은 구릉지대. 고속도로 진입로에서 수로를 따라 300m 지점에 이르면 장군과 기생 천관의 사랑 이야기를 입증하는 듯 폐탑의 기석과 덮개돌들이 밭이랑 사이에 어지러이 흩어져 있다.

경주 · 천관사지
경북 경주시 천원안길 4-5 (교동 269-1)

광덕과 엄장 스님

신라 문무왕 때 광덕과 엄장이란 두 스님이 있었다. 이 스님들은 네 것 내 것을 가리지 않을 만큼 몹시 절친한 사이여서 공부하면서도 서로 알려주고 도우면서 성불을 향해 정진했다.

『자네가 먼저 극락에 가게 되면 반드시 알리고 가야 하네.』

『물론이지 이 사람아. 자네도 마찬가질세.』

두 스님은 밤낮으로 만나기만 하면 이렇게 약속하면서 사이좋게 공부를 겨뤘다.

분황사 서리에 숨어 신 삼는 것을 업으로 살고 있던 광덕 스님은 부인을 거느렸는데 그의 처는 분황사 노비였다. 엄장 스님은 남악에 암자를 짓고 숲의 나무를 벤 후 밭을 일궈 농사를 지으며 살았다.

어느 날 저녁, 엄장 스님은 저녁공양과 예불을 마친 뒤 집 주위를 산책하고 있었다. 석양에 물든 하늘빛은 아름답기 그지없었고, 초여름 저녁 미풍에 날리는 송화가루는 싱그러움을 더했다.

그때였다. 어디선가 한 줄기 밝은 빛이 땅까지 비추더니 광덕 스님의 음성이 들렸다.

『나는 서쪽으로 가니 그대는 잘 있다가 속히 나를 따라오라.』

엄장 스님은 얼른 하늘을 쳐다봤다. 구름 속에선 신비스런 하늘의 음악소리가 들려왔다.

이튿날 엄장 스님이 광덕 스님이 살고 있는 서리로 가보니 과연 광덕 스님은 열반에 들어 있었다.

『언제 가셨습니까?』

『어제 저녁 석양 무렵에 가셨습니다.』

『역시 그랬군요….』

광덕 스님의 우정 어린 마지막 인사를 들은 엄장은 그 부인과 함께 유해를 거두어 다비식을 치뤘다.

장례식이 끝난 후 엄장은 돌아갈 생각을 하지 않았다.

『스님, 오늘 수고 많으셨습니다. 더 늦기 전에 돌아가셔야지요.』

『네. 그런데 부인 혼자 두고 가려니 왠지 마음이 안되어서 발길이 떨어지질 않습니다. 혼자 지내실 수 있겠습니까?』

『염려마옵시고 어서 돌아가십시오. 혼자인들 어떻고 반쪽이면 어떻습니까?』

엄장은 일어설 생각을 않고 뭔가 골똘히 생각하는 듯하더니 다시 입을 열었다.

『부인, 부인께서도 알다시피 광덕과 저는 서로 가릴 것 없는 절친한 사이가 아니었습니까. 이제 그가 먼저 서쪽으로 갔으니 그와 살았듯 나와 함께 사는 것이 어떻겠소?』

『그렇게 하시지요. 광덕 스님 섬기듯 성심껏 시봉하겠습니다.』

광덕의 처가 거리낌없이 선뜻 답하자 엄장 스님은 약간 의외이긴 했으나 쉽게 뜻을 이루어 기분이 좋았다.

그날 밤, 밤이 깊어 두 사람은 각각 잠자리에 들었다.

엄장이 그 부인 곁으로 다가가 잠자리를 함께 하려 하자 부인은 놀라는 기색으로 말했다.

『스님이 서방극락을 구함은 마치 나무에 올라 고기를 구하는 것과 같습니다.』

엄장은 의아했다. 초저녁, 선뜻 함께 살기를 응낙하던 부인의 모습이 마치 고승의 준엄한 자태로 비쳐왔기 때문이다. 엄장은 문득 부끄러운 생각이 일었으나 마음을 굳게 다잡고 다시 물었다.

『광덕도 이미 수년간 그렇게 살았는데 나라고 안될 이유가 어디 있단 말이오?』

『남편은 10여 년이나 저와 동거했으나 하루 저녁도 동침하지 않았습니다. 밤마다 단정히 앉아 한결같이 아미타불 명호를 부르거나 16관(아미타경에 설해진 대로 태양과 물 등 16가지 일을 명상하는 관법)을 하며 정진했습니다. 또 밝은 달빛이 창에 비쳐들 때면 그 빛을 타고 가부좌를 틀었으니 어찌 미혹을 깨고 서방극락에 가지 않을 수 있겠습니까.』

엄장은 아무 말도 할 수가 없었다. 쥐구멍이라도 있으면 숨고 싶은 심정일 뿐이었다.

잠시 침묵이 흐른 후 부인은 다시 말을 이었다.

『대개 천 리를 가는 사람은 그 첫걸음으로써 알 수 있는데, 지금 스님의 생각이 동쪽에 있으니 서방은 미처 알 수가 없는 상태에 있습니다.』

엄장은 부끄러워 더 이상 듣고만 있을 수가 없었다. 그는 벌떡 일어나 부인에게 큰절을 올렸다.

『아니, 스님 왜 이러십니까?』

『몰라뵈옵고 무례했던 점 널리 용서하옵소서.』

엄장은 부인에게 크게 사죄한 후 날이 새자마자 분황사로 달려
가 원효 스님에게 간밤의 이야기를 사실대로 고한 후 가르침을
청했다.

원효 스님은 쟁관법(징을 치면서 산란한 생각을 없애며 선정에 들게 하는 특수
관법으로 추측되고 있다)을 일러줬다.

엄장은 그 길로 남악 암자로 돌아왔다. 그동안 자신의 공부가 헛
되었음을 절감하면서 그는 다시 시작하는 자세로 공부에 임했다. 엄
장 스님은 오직 한마음으로 관觀을 닦았다.

몇 년이 지난 어느 초여름 해질 무렵, 엄장 역시 광덕 스님처럼 극
락왕생했다.

광덕 스님의 부인은 비록 분황사 노비였지만 사실은 관음의 19응
신 중의 하나였다.

분황사에는 광덕과 엄장 스님을 깨우친 관음응신 이야기 외에 희
명의 아이가 눈을 뜨게 한 천수관음의 영험담도 오래도록 전래되고
있다.

경덕왕 때 한기리에 사는 희명의 아이가 난 지 5년 만에 눈이 멀
었다. 희명과 그 아이는 분황사 좌전 북쪽에 있었다는 천수관음 앞
에서 향가를 부르며 지극정성으로 빌었다.

무릎을 곧추며
두 손바닥 모아
천수관음 앞에
비옴을 두나이다

즈믄 손 즈믄 눈을

하나를 놓아 하나를 더옵기

둘 없는 내라

하나로 그윽히 고쳐질 것이라

아아! 나에게 끼쳐 주시면

놓저 쓸 자비여 얼마나 큰고

희명의 아이가 눈을 뜨자 그 후 분황사 인근 백성들은 이곳을 찾아 행복을 빌었다.

경주 · 분황사
경북 경주시 분황로 94-11 (구황동 312)

다시 태어난 김대성

지금의 경주 땅 모량리에 경조라는 한 가난한 여인이 아들과 함께 살고 있었다. 그녀의 아들은 머리가 크고 이마가 평평하여 생긴 모습이 마치 성과 같다 하여 이름을 대성大城이라 불렀다.

그는 이웃마을 부자 복안의 집에 가서 품팔이를 하며 그 집에서 얻은 몇 이랑의 밭을 갈아 끼니를 이어가고 있었다.

어느 날 점개(보살의 경지에 이른 스님)라는 스님이 복안의 집을 찾았다.

『스님, 어서 오십시오. 이른 아침부터 어인 일이신지요?』

『소승 흥륜사에서 개최할 육륜법회에 필요한 불사금을 화주키 위해 이렇게 일찍 마을로 내려왔습니다. 정성껏 시주하셔서 부디 공덕을 지으시길… 나무 관세음보살.』

『스님, 저는 베 50필을 공양 올리겠사옵니다.』

『신도가 즐겨 보시를 하면 천신이 항상 보호하여 하나를 보시하면 만 배를 얻게 될 뿐 아니라 안락과 장수를 누릴 것입니다.
나무 관세음보살.』

점개 스님이 이렇게 축원하는 말을 옆에서 물끄러미 듣고 있던 대성은 급히 어머니에게 뛰어갔다.

『아니, 무슨 일이기에 숨이 턱에 차도록 이리 급하냐?』

『어머니, 지금 막 어느 스님이 주인 어른께 하는 말을 들었는데요, 하나를 보시하면 만 배를 얻는다고 했어요. 아마 우리는 과거에 좋은 일을 해놓은 것이 없어서 이 같이 가난한가 봐요. 그러니 지금

보시를 안 하면 내생에는 더욱 가난할 것 아니겠어요? 어머니, 제가 고용살이해서 얻은 밭을 법회에 시주하였으면 합니다.』

『그래, 참으로 기특한 생각이구나. 그렇게 하도록 하자.』

어머니의 승낙을 받은 대성은 다시 복안의 집으로 달려가 점개 스님에게 밭을 시주했다.

그 후 얼마 안돼서 대성은 이유없이 시름시름 앓다가 그만 죽고 말았다. 대성이 죽던 날 밤은 유난히 별이 총총했고 재상 김문량의 집에는 이상한 소리가 들려오면서 하늘에서 큰 별이 그 집을 향해 떨어졌다.

『모량리 대성이란 아이가 네 집에 환생하리라.』

김문량의 집 식구들은 모두 놀라 자신의 귀를 의심했으나 누구 하나 빠짐없이 그 소리를 들을 수 있었다. 김문량은 곧 사람을 시켜 모량리를 조사했는데 그날 밤 대성이 죽은 것이 사실이었다.

그로부터 김문량의 아내는 태기가 있어 10개월 후 아들을 낳았다. 아이는 건강했고 이목이 뚜렷했다. 그런데 이상하게도 왼손을 꼭 쥔 채 펴지 않더니 7일 만에 펴는 것이었다. 아기의 손바닥에는 「대성」이라 새긴 쇠붙이가 있었다. 김문량의 집에선 아기를 대성이라 이름하고 그 어머니(경조)를 모셔다 후히 대접하고 봉양했다.

재상의 아들로 환생한 대성은 부족함이 없는 넉넉한 환경에서 씩씩한 청년으로 성장했다. 그는 장성하면서 사냥을 좋아했다.

하루는 토함산에 올라가 곰을 잡았다.

그날 밤 산밑 마을에서 유숙한 대성의 꿈에 곰이 귀신으로 변신하여 나타났다.

『어째서 너는 나를 죽였느냐? 내 다시 환생하여 너를 꼭 잡아먹을 것이니라.』

귀신이 당장 잡아먹을 듯 호령을 하자 대성은 두려워 벌벌 떨면서 용서를 빌었다.

『제발, 한 번만 용서하여 주십시오. 별다른 뜻이 있어서가 아니라 그저 사냥을 좋아하다 보니 남의 생명 귀한 것을 미처 깨닫지 못했습니다. 세세생생 다시는 그런 잘못이 없을 것이오니 너그러이….』

대성이 눈물을 흘리며 진실로 뉘우치니 귀신이 화를 가라앉힌 듯 조용한 어조로 말했다.

『그럼, 네가 나를 위해 절을 세워 주겠느냐?』

『예, 그렇게 하겠습니다.』

대성은 선뜻 맹세를 했다. 「이제 살았구나!」 하는 홀가분한 기분으로 꿈에서 깨 보니 잠자리는 땀으로 흠뻑 젖어 있었다.

그 후 대성은 그 곰을 잡았던 자리에 장수사(일명 웅수사)를 창건하였다. 이를 계기로 대성은 깊은 대비원을 발하게 됐다. 경전 공부에 열을 다하고 사찰 참배 기도에 전력하던 대성은 부모은중경을 읽으면서 효사상은 부처님 가르침의 중심일 뿐 아니라 인간이 지켜야 할 근본임을 깊이 깨달았다.

대성은 부모를 위해 절을 세우기로 원력을 세웠다.

그는 현세 부모를 위해 불국사 건립의 대작불사를 시작했다.

『사바세계의 불국, 그리고 극락세계와 연화장세계의 불국도량을 이룩하여 부모의 명복을 기원하고 나라의 안녕과 모든 자연의 보호, 그리고 나 자신의 구원을 기원하리라.』

김대성의 발심은 드디어 대가람을 이룩했다. 그러나 대성은 불국사 건립으로 자신의 기도가 끝났다고 생각지 않았다.

그는 가난한 시절에 자기를 키우느라 애쓰셨고, 선뜻 밭을 보시하신 전생의 어머니와 일찍 세상을 떠난 아버지의 영령을 천도하고 은혜에 보답키 위해 토함산에 석불사를 세웠으니 그 절이 바로 세계적으로 유명한 오늘의 석굴암이다.

특히 신라 오악의 하나로서 영산으로 알려진 토함산과 그 기슭에 전생과 현세 부모를 위해 절을 창건한 김대성은 그 대작불사에 신라인의 호국염원을 발원하기도 했다. 그것은 토함산이 군사적 요새라는 점에서 후세인들이 그렇게 말하고 있는 것이다.

밭 한 뙈기를 공양 올린 공덕으로 김대성은 우리 민족의 존귀한 유산이며 귀의처인 가람을 세워 후세인에게 존앙을 받게 되었으니 신라의 문장가 최치원은 다음과 같이 예찬하고 있다.

(상략)

화엄에 눈을 대고 연장을 보며 일불국에 마음 돌려 안양을 찾네.

마산魔山에서는 독장毒嶂을 평평하게 하려 하니

마침내 고해에서 경랑驚浪을 없게 하도다.

귀중한 스님의 한 말씀 법시法施를

단월이 마음 바쳐 따르기를 기약하네.

(하략)

불국사 석굴암
경북 경주시 불국로 873-243(진현동 999)

땅 속에서 나온 돌종

옛날 신라 모량리 마을에 손순이라는 가난한 젊은 부부가 살고 있었다. 성품이 온순하고 너그러운 이들 내외는 위로 늙은 어머니와 슬하에 어린 아들 한 명을 두었다.

비록 품을 팔아 어머니를 봉양했지만 내외의 효심은 지극했고 아들에 대한 사랑 또한 깊었다.

끼니를 구하러 집을 비우는 이들 부부는 자기들은 허리를 졸라매면서도 어머니 점심은 정성스레 차려 놓았다.

『어머니, 솥 안에 점심 담아 놓았으니 돌이 녀석 놀러나가거든 드세요.』

『오냐, 알았다. 어서들 다녀오너라.』

그러나 노모는 대답뿐, 늘 어린 손주에게만 밥을 먹이고 자신은 굶었다. 그러던 어느날, 소나기가 쏟아져 반나절 일을 채우지도 못하고 집으로 돌아온 손순 내외는 그만 놀라고 말았다.

노모를 위해 아껴둔 찬밥덩이를 부엌에서 아들 돌이가 꺼내 먹고 있지 않은가.

『아니, 이 녀석아! 할머니 진지를 네가 먹으면 어떻게 해.』

『할머니가 먹으라고 하셨어요.』

『그래두 할머니 드시라고 권해야지 착한 손주지.』

『배가 고파 죽겠는데 어떻게 그래요.』

그날 밤 손순은 자는 아내를 깨워 밖으로 나왔다.

『방에서 말씀하시지 않고….』

『어머님께서 깨실까 봐 그랬소.』

『무슨 이야긴지 어서 해 보세요.』

말을 할 듯 할 듯하면서도 한동안 머뭇거리던 손순은 입을 열었다.

『부인, 어머님의 남은 여생을 위해 돌이를 버립시다. 자식은 다시 얻을 수 있지만 어머님은 한 번 가시면 그만 아니오. 그 녀석이 어머님 음식을 늘 옆에서 축내고 있으니 아무리 생각해 봐도 별도리가 없구려.』

『여보, 하지만 어린 자식이 너무 가엾잖아요. 부모 잘 만났으면 호강하고 귀여움을 독차지할텐데….』

『부인, 나 역시 가슴이 찢어지는 것 같소. 허나 다 전생의 업연이라 생각합시다. 어찌 생각하면 돌이가 살아서 굶주리며 고생하느니 일찍 죽으면 더 좋은 인연 받을지 누가 아오?』

내외는 세상 모르고 자고 있는 돌이를 업고 뒷산으로 올랐다. 잘 먹이지도 못한 어린 생명을 생매장하기 위해 구덩이를 파는 손순의 손은 무겁고 떨렸다. 얼마만큼 팠을까. 눈물을 흘리며 정신없이 괭이질을 하던 순순은 괭이 끝에서 「쨍!」 하는 쇳소리를 들었다. 산목숨을 매장하려던 터라 가슴 조이던 그는 아주 조심스럽게 흙을 파헤쳤다. 뭔지 분간키 어려운 둥근 돌 모양이 드러났다. 더 깊이 판 후 꺼내 보니 그것은 신비스런 모양의 석종이었다. 손순 부부는 생전 처음 보는 이 종을 나무에 매달아 놓고 괭이자루로 쳐 보았다.

『윙-윙』

맑고 청아한 울림이 울려나오자 내외는 깜짝 놀랐다.

『그것 참 이상하다. 돌종에서 쇠종소리가 나다니….』

돌이를 업고 지켜보던 아내가 말했다.

『여보, 이렇듯 이상한 물건을 얻게 됨은 필경 부처님께서 우리 돌이를 구해 주려는 뜻인 것 같아요. 그러니 돌이를 묻어선 안되겠어요. 돌종을 갖고 어서 집으로 갑시다.』

『당신 말대로 부처님 영험이 아니구선 이런 신비스런 돌종이 이런 곳에서 나올 리가 없지.』

내외는 기쁜 마음으로 돌종을 갖고 집으로 돌아왔다.

이튿날 아침, 마당 나뭇가지에 종을 매달고 다시 쳐 보았다. 웅장하고 신비스런 종소리가 울려퍼지자 마을 사람들은 모두 손순의 집으로 모여들었다.

구경꾼들은 매일 몰려 왔고, 그들은 하나같이 입을 모아 손순 부부의 효심을 칭송했다.

『암, 부처님이 무심치 않으신 게야.』

『그렇지, 그토록 지극한 효심에 어찌 부처님께 감응치 않으시겠나.』

마을 사람들도 부처님의 거룩하신 영험에 감사하고 감격했다. 매일 아침 저녁으로 울리는 아름다운 종소리는 대궐에까지 은은하게 들렸다.

『거, 참으로 청아한 종소리로구나. 마치 하늘에서 울려오는 듯한 저 신비로운 종소리가 아무래도 보통 종소리 같지 않으니 어디서 들려오는지 알아오도록 해라.』

흥덕왕은 서쪽 들에서 조석으로 울려오는 종소리의 정체를 알아오도록 좌우에 명을 내렸다. 대궐 신하가 손순의 집에 가서 종을 보고 그 사연을 다 듣고는 임금님께 아뢰었다.

효심 지극한 손순 부부의 간절한 사연을 다 듣고 난 임금은 몹시 흐뭇해 했다.

『옛날 중국 한나라에도 손순 같은 효자 곽거가 있어 어머니를 위해 아들을 땅에 묻으려고 구덩이를 파니 그곳에서 금솥이 나왔다더니 손순의 경우 석종이 솟은 것은 필시 전세의 효도와 후세의 효도를 천지가 함께 보시는 것이로구나. 특히 불보인 석종이 출현했으니 이 어찌 신라의 경사가 아니겠느냐. 불국토에 내린 부처님의 가피로구나.』

왕의 치사에 조정 대신들도 머리를 조아리며 입을 모았다.

『이 모두 대왕의 선정인가 하옵니다. 이 부부에게 후한 상을 내려서 백성들의 귀감이 되게 하심이 옳을 듯하옵니다.』

『부처님께서 이미 그들 부부의 효성을 가상히 여겨 석종을 주셨으니 내 마땅히 그들의 가난을 구할 것이니라.』

왕은 손순 부부에게 집 한 채를 내리고 해마다 벼 50석씩을 하사토록 해 그들의 순후한 효성을 표창했다.

손순 부부는 석종을 왕에게 바치려 했으나 흥덕왕은 사양했다.

『부처님께서 효성을 가상히 여겨 베푸신 은혜의 신종을 어찌 과인이 받을 수 있겠느냐?』

그 후 손순은 부처님 은혜에 보답키 위해 출가하여 열심히 수행정진했다. 그의 아내는 남편이 큰스님이 되길 기다리며 노모를 봉양하

면서 돌이를 잘 길렀다. 스님이 되어 집으로 돌아온 손순은 자기가
살던 옛집을 절로 만들고 재가승이 되었다. 그리고 석종을 본존으로
모시는 한편 절 이름을 「홍효사弘孝寺」라 불렀다.

그 종은 진성왕 때 후백제의 침입 당시 없어졌다. 종이 발견된 곳
을 사람들은 완호평이라 부르다 그 후 잘못 전해져 지량평이라 불리
었다.

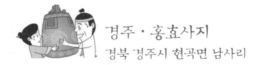

경주·홍효사지
경북 경주시 현곡면 남사리

돌부처의 선혈

조선 선조 25년. 임진왜란이 일어난 지 채 보름이 못되었을 때의 일이다.

오랜 세월 동안 당파싸움을 일삼으며 안일하게 살아온 썩은 선비들은 왜구가 침입했다는 소문을 듣고는 나라 걱정에 앞서 식솔을 거느리고 줄행랑치기에 바빴다.

「명나라로 가는 길을 빌려달라.」는 어처구니없는 명분을 들고 부산에 상륙한 왜구는 단걸음에 동래성을 함락하고 파죽지세로 북상했다. 그 중 일군의 왜병들이 안동 제비원을 막 지나칠 무렵이었다. 요란한 말발굽 소리에 먼지를 날리며 질풍같이 달리던 말들이 일제히 걸음을 멈추었다.

『이게 무슨 일이냐?』

왜장이 놀라 칼등으로 말의 엉덩이를 후려쳤으나 말은 몸만 꿈틀할 뿐 움직이질 않았다. 다른 말들도 말굽이 떨어지지 않는 듯 버둥대기만 했다.

수십 명의 장졸들이 채찍을 휘둘러보고 내려서 말고삐를 잡아당겨 보기도 했으나 속수무책이었다. 잘 달리던 말들이 갑자기 움직이질 않다니. 왜병들은 기가 막혔다.

『여봐라, 말들이 왜 움직이지 않는지 아는 자가 없느냐?』

왜장은 얼굴을 붉히며 고함을 질렀다. 그러나 왜졸들은 연신 땀을 흘리며 의아한 표정을 지을 뿐이었다.

『알았다. 이건 필시 조선놈들이 쓴 마술의 장난일 것이다. 너희들은 주변을 샅샅이 뒤져서 생쥐 한 마리라도 놓치지 말고 잡아 오너라.』

『핫!』

왜졸들은 칼을 빼어들고 숲속으로 흩어져 사방팔방으로 주위를 이 잡듯 뒤졌다. 오른쪽 언덕 위 푸른 숲 사이로 암자 하나가 보일 뿐 주위는 고요했다. 왜졸들은 우루루 암자가 있는 곳으로 향했다.

가까이 다가가니 바람에 흔들리는 법당 추녀끝 풍경소리와 스님의 염불소리가 숲속의 정적을 깨고 있었다.

왜장은 곧 부하들을 이끌고 암자로 올라갔다. 낡은 단청에 퇴색한 작은 절이었으나 경내는 조촐하고 깨끗했다. 왜졸들은 흙발로 법당에 뛰어들어 염불하던 스님을 오랏줄로 묶었다.

왜장은 스님을 마치 죄인 다루듯 법당 섬돌 아래 꿇어앉히고 자기는 법당 마루에 거만스럽게 앉았다.

『네 이놈, 바른 대로 말하거라.』

『허허, 장수의 말버릇이 너무 무례하구려.』

『뭣이라구? 감히 조선국을 평정하러 온 일본군 장수에게 무례하다니….너는 어찌하여 우리 군사를 못 가게 방해했느냐?』

스님은 온화한 미소를 지을 뿐이었다. 말없는 스님의 미소에 왜장은 그만 기가 질려 버렸다.

『웃지 말고 어서 마술을 풀어 말을 움직이게 해라. 만약 영을 거역하면 이 칼이 당장 네 목을 칠 것이다.』

스님은 이번에도 역시 미소를 지었다. 왜장은 얼굴이 벌겋게 달아 올라 고래고래 소리를 쳤다.

『네 이놈, 진정 칼 맛을 보고 싶으냐? 이 칼은 일본 제일의 명도名刀로서 무쇠도 물 베듯 하는 칼이다. 내 말 알겠느냐? 앙-.』

스님은 그제서야 정색을 하며 입을 열었다.

『어서 칼을 거두시오.』

『하하, 그래 마술을 풀겠단 말이냐?』

스님이 말을 시작하자 왜장은 기고만장했다.

『마술이라니? 그런 헛된 술수는 섬나라에나 있을까 우리 조선국에는 없소. 특히 불제자는 그런 사술은 모르오. 내 모르긴 모르되 지금 그대의 말들이 요지부동한 것은 필시 부처님의 뜻일 것이오. 살생을 금하는 부처님께서 그대들의 이유없는 살생을 막기 위해 그 뜻을 넌지시 시현하신 듯하니 어서 병마를 거두어 돌아가시오. 만약 돌아가지 않으면 불법을 외면한 까닭으로 병마가 성치 못할 것이오. 나무 관세음보살….』

왜장은 스님의 말을 듣는 순간 미친 듯 길길이 뛰며 입에 거품을 물었다.

『나무 관세음보살-. 그게 마술을 부린다는 거냐. 좋다, 부처님이 우릴 멸망시킨다구. 부처고 뭐고 우릴 거역하면 용서할 수 없다. 여봐라, 샅샅이 뒤져 부처를 찾아라.』

왜장은 칼을 뽑아 휘두르며 엄포를 놓았다. 이를 응시한 스님이 다시 말문을 열었다.

『칼로 생업하는 자, 그 칼이 자기 목을 칠 것이오. 내 부처님 뜻에 따라 살생을 원치 않으므로 그대 목숨 상할 것이 걱정되어 이르노니

어서 마음을 돌리시오.』

왜장은 마치 포효하는 맹수처럼 이빨을 내놓고 으르렁거렸다.

『네 이놈, 내 지금 당장 네 목을 베고 싶으나, 그 부처의 목을 베기 전에 칼을 더럽히고 싶지 않아 참는 것이니 목을 길게 늘이고 순서를 기다려라.』

이때 왜졸들이 달려왔다.

『대장님, 저기 산마루에 돌부처가 있습니다.』

『돌부처가? 가자. 너희들은 저놈을 끌고 따라와라. 내 단칼에 그 돌부처의 목을 칠 것이니라.』

살기등등한 왜장은 칼을 들고 뒷산으로 내달았다. 이윽고 왜장은 돌부처 앞에 섰다.

『네 이놈, 네가 마술을 부렸지?』

왜장은 돌부처에서 서너 걸을 물러서서 호흡을 가다듬더니 칼을 높이 치켜들었다.

『야아잇!』

기압소리와 함께 미륵불의 목이 동강 나 땅바닥에 뒹굴었다. 자신의 놀라운 검술에 통쾌하게 웃던 왜장은 갑자기 낯이 파랗게 질렸다. 그의 머리 위로 붉은 피가 뿌려지고 있지 않은가. 돌부처의 잘린 목에서 선혈이 솟구치고 있는 것이었다. 그뿐 아니라 갑자기 하늘에 먹구름이 일면서 천둥 번개가 치니 사람은 울부짖고 말은 날뛰었다. 왜졸들은 얼굴을 손으로 감싸고 땅바닥을 기었다.

당황한 왜장은 황급히 명을 내렸다.

『저 스님을 풀어줘라. 어서.』

그러나 왜장은 끝내 벼락을 맞고 쓰러졌으며 왜병들은 산산이 흩어졌다. 이때 기회를 엿보던 의병들이 들고 일어나 왜적을 물리쳤다고 한다. 그날 그 스님이 누구였으며, 왜장의 이름이 무엇인지 알 수 없으나 지금도 경북 안동 제비원에는 선혈 자욱이 있는 목 잘린 돌부처가 풍운의 역사를 지닌 채 서 있다.

 안동 · 제비원
경북 안동시 제비원로 672 (이천동 708-4)

9층 탑과 아비지

신라 제27대 선덕여왕 때다. 중국 오대산에서 문수보살을 친견한 자장율사는 태화지를 지나다 갑자기 나타난 신인을 만나 법을 전해 받았다.

『지금 그대의 나라는 여자를 왕으로 삼았으므로 덕은 있어도 위엄이 없소. 때문에 이웃나라에서 침략을 도모하는 것이니 그대는 빨리 본국으로 돌아가시오.』

『돌아가서 어떤 일을 해야 하는지요?』

『황룡사 호법룡은 나의 장자로서 범왕의 명을 받아 그 절을 보호하고 있으니 본국에 돌아가 그 절에 9층 탑을 세우면 이웃나라가 항복하고 9개국의 야만족이 와서 조공을 바치며 왕업이 길이 태평할 것이오. 또 탑을 세운 후 팔관회를 베풀고 죄인을 구하면 의적이 해치지 못할 것이오. 그리고 나를 위하여 경기 남쪽에 한 정사를 짓고 나에게 복을 빌면 나도 또한 그 덕을 갚을 것입니다.』

신인은 말을 마친 후 홀연히 사라졌다. 선덕여왕 12년(643), 당나라 황제로부터 불경, 불상, 가사 등을 받아가지고 귀국한 자장율사는 즉시 왕에게 아뢰었다.

『황룡사에 9층 탑을 세우시면 외국의 침략을 막을 뿐 아니라 이 나라 백성들이 안녕을 누릴 것이옵니다.』

선덕여왕은 이 의견을 신하들에게 물었다. 신하들은 한결같이 조각계의 명장名匠으로 소문난 백제의 아비지를 데려다 탑을 조성하자고 말했다. 신라 조정에서는 보물과 비단을 백제에 보내어 아비지를 청했다.

신라의 대탑 조성을 위해 특별히 초청을 받은 아비지는 내심 즐거웠다.

『신라에는 나만한 장인이 없는 모양이지. 이 기회에 내 예술성을 과시해야지. 아냐, 하필이면 원수국에다 백제인의 솜씨를 심을 필요가 있을까?』

즐거움도 잠시, 망설임에 마음의 결정을 못 내리는 아비지에게 백제의 벼슬아치들과 가까운 친구들은 「예술에는 국경이 없다.」며 서라벌 중심부에 백제인의 넋을 심고 돌아올 것을 권했다.

사비성을 떠나 서라벌에 도착한 아비지는 이간(신라 17관등의 제2위) 용춘이 거느린 소장小匠 2백여 명과 함께 탑 불사에 들어갔다.

두 달 남짓한 세월이 지나 황룡사 법당 앞에는 높다란 탑주가 세워졌다. 탑주가 세워지던 날 밤, 경내엔 휘영청 밝은 달빛만 가득할 뿐 사위는 죽은 듯 고요했다. 아비지는 절 마당에 내려와 탑주를 바라보며 흡족한 미소를 머금었다.

『영겁에 빛날 탑을 세워야지.』

순간 아비지의 뇌리엔 하나의 의문이 떠올랐다.

『신라는 왜 갑자기 9층 탑을 세우는 것일까? 절을 지을 때 함께 세울 일이지 이제 와서….』

그날 밤 아비지는 백제가 적국의 침공으로 멸망하는 꿈을 꾸었다. 뒤숭숭한 꿈자리가 아무래도 예사롭지 않다고 생각한 아비지는 백제로 도망칠 결심을 했다.

『예술이고 백제의 넋이고 뭐고 간에 얼른 처자가 있는 고향으로 돌아가야지.』

짐을 챙긴 후 밤이 되길 기다린 아비지는 용춘의 집을 빠져 나와 황룡사로 갔다. 그는 부처님 앞에서 자신의 꿈이 다만 꿈이기를 간절히 기원했다.

법당에서 나와 다시 한번 탑주를 바라보니 발길이 떨어지질 않았다.

『나라 없는 백성이 되기 전에….』

마음을 다져먹고 막 돌아서려는데 이게 웬일인가. 어디선가 일대 광풍이 몰아치면서 달빛이 먹구름에 가리우더니 천둥 번개가 천지를 진동하는 것이었다. 놀라 법당으로 뛰어들어가 문틈으로 밖을 내다보던 아비지는 또 다시 놀랬다.

광풍이 멈춘 법당 앞에는 어디선가 노스님 한 분과 키가 구척이나 되는 장수가 홀연히 나타나더니 자기가 세운 탑주와 똑같은 탑주를 순식간에 세웠다. 정신을 가다듬고 보니 그들은 온데간데 없었다.

『이는 필시 부처님께서 날 보고 탑불사를 계속하라는 계시일 게다.』

아비지는 생각을 고쳐먹고 다시 일에 몰두했다. 그러던 어느 날 아비지의 가슴에 또 하나의 파문이 일었다.

『이 탑이 완성되면 9개 나라에서 우리 신라에 조공을 바친다며….』

『그렇다는구먼. 1층은 일본, 2층은 중화中華, 3층 오월吳越, 4층 탁라托羅, 5층 응유鷹遊, 6층 말갈, 7층 단원丹圓, 8층 여적女狄, 9층은 백제와 고구려를 상징한다는구먼.』

일터에서 인부들이 주고받는 말을 무심히 듣게 된 아비지는 그동안의 수수께끼가 풀리면서 더 이상 탑을 조성할 수 없다고 생각했다. 그는 몸져누워 생병을 앓았다. 아비지에게 사모의 정을 품은 채

늘 가슴만 조이던 용춘의 딸 아미는 아비지의 방문턱이 닳도록 드나들며 정성껏 간병했다.

『낭자, 낭자는 9층 탑을 세우는 이유를 자세히 알고 있지요?』

『소녀, 아무것도 모르옵니다.』

『그대 역시 신라의 여인이구려.』

아미 낭자는 가슴이 아팠으나 차마 입을 열 수가 없었다.

며칠간 병석에서 번민한 아비지는 모든 것을 부처님의 뜻으로 돌리고 탑불사에 전력, 총 높이 225척의 거대한 탑을 완성했다.

찬란한 햇살 속에 새로 탄생된 신라의 보물을 바라보는 아비지의 눈에는 어느새 눈물이 주르르 흘렀다. 그는 무슨 생각에선지 갑자기 달리기 시작했다. 도도히 흐르는 강물 앞에서 잠시 발길을 멈춘 그는 은빛 햇살이 반짝이는 물속으로 뛰어들었다. 「풍덩」 소리에 뒤이어 또 하나의 「풍덩」 소리가 들렸다. 벙어리 냉가슴 앓듯 아비지를 따르던 아미 낭자가 말없이 그의 뒤를 따른 것이다.

신라는 이 탑을 세운 뒤 삼국을 통일했고 황룡사 9층 탑은 신라의 3대 보물 중의 하나가 됐다.

이 탑이 있던 경주 황룡사지 일대를 구룡동이라 부른다. 황룡사를 비롯 분황사, 황복사 등 「황」 자가 든 아홉 절에서 유래된 지명이다. 또 일설에는 진흥왕 때 황룡사터에 신궁을 지으려고 하는데 9마리의 황룡이 나타나 승천하므로 궁전 대신 절을 세우고 구룡동이라 했다고 한다.

경주 · 황룡사지
경북 경주시 구황동 320-1

전생의 약속

옛날 인도 범마라국 임정사에 50년간 수도하면서 천안 · 숙명 · 타심통을 얻은 도인 광유성인이 있었다. 어느 날 스님은 제자들을 모아 놓고 자신의 과거 이야기를 했다.

『내가 전생에 부처님의 제자로 공부하고 있을 때 바사익왕의 세 시녀는 늘 꿀물과 우유로 부처님과 그 제자들을 공양했다. 제자들 중에는 인물이 출중한 스님이 한 분 계셨는데 그녀들은 부처님 다음으로 그 스님을 봉양하다 그만 공경이 사랑으로 변해 서로 시기하고 질투하게 되었다. 스님은 여인들의 유혹을 제도하려 했으나 여의치 않아 산속으로 들어갔다. 그러나 스님은 아름답고 상냥한 세 여인을 잊지 못해 번민하다가 결국 도를 이루지 못한 채 입적했다. 나는 그때 그 스님의 도반으로 먼저 도를 이루는 사람이 서로 제도키로 약속을 했었다. 이제 금생의 인연이 얼마 남지 않았으므로 친구인 그 스님과 세 시녀를 제도하려 하니 누가 나의 숙세 인연 있는 자들을 이곳으로 안내하겠느냐?』

그때 승열 비구가 말했다.

『제가 다녀오겠습니다.』

『오, 장하구나. 너는 아라한과를 얻었으니 능히 할 수 있으리라. 그 스님은 금생에 수다라는 대국의 국왕이고 왕후와 후궁은 전생의 시녀이니라.』

『한 명의 시녀는 어디 있습니까?』

『곧 왕의 아들로 태어나 스스로 여기 올 것이니라. 수다라 왕국은 아직도 불법이 전해지지 않았으므로 세 명을 한 번에 모셔오기는 어려울 테니 먼저 후궁인 월애 부인을 인도토록 해라.』

승열 스님이 수다라국에 도착했을 때 왕은 마침 5백 궁녀를 데리고 강가를 거닐다가 숲 속에서 잠들어 있었다. 산책을 즐기던 궁녀들은 좌선에 든 스님을 발견하고는 이상한 모습에 의아한 눈길을 주고받다가 가까이 다가가 물었다.

『어디서 오신 누구신지요?』

『나는 범마라국 임정사에서 온 승려입니다.』

스님은 궁녀들에게 승려란 무엇을 하는 사람이며 불법이 무엇인지를 설명해 주었다.

이때 잠에서 깨어 이를 목격한 왕은 화가 머리끝까지 올라 소리쳤다.

『너는 누군데 궁녀들을 꼬드기느냐?』

왕은 승열 스님의 목에 칼을 대고는 인생의 참 진리가 뭔지 알려주겠다며 불개미 집을 헐어서 스님의 몸에 풀어 놓았다.

그런데도 이상하게도 불개미는 스님의 몸을 물지 않고 모두 흩어졌다. 이를 본 왕은 크게 놀라며 예사로운 분이 아닌 줄 알고는 스님을 궁중으로 정중히 모셨다.

승열 스님은 궁중에 살면서 1년간 왕과 왕비, 후궁들을 교화했으며 수다라 왕국에 최초의 절 범승사를 세웠다.

『이제 그만 임정사로 돌아가야겠습니다.』

왕의 만류에도 불구하고 스님은 떠날 채비를 하면서 월애 부인을 모시러 온 뜻을 밝혔다. 왕은 보내기 아쉬웠으나 월애 부인이 선뜻 나서니 어쩔 수 없었다.

월애 부인은 광유성인의 제자가 되어 물 긷고 차를 달이며 열심히 정진했다.

어느 날 광유 스님은 승열 비구에게 다시 수다라국에 가서 왕과 왕비를 모셔오도록 일렀다.

승열 스님이 수다라국에 다다랐을 때 왕과 왕비는 물론 지난번에 귀의한 10여 명의 제자와 신도 및 백성들까지 크게 영접했다.

『월애 부인은 대왕이 오셔서 함께 공부하길 원하고 있습니다. 그러나 대왕이 도착하기 전 도를 얻고 사바의 인연을 마칠 것입니다.』

이 말을 들은 왕은 기가 막힌 듯 슬피 탄식했다.

『참으로 세상은 허망하군요.』

『대왕이시여! 이 세상에서 참으로 소중한 것이 뭔지 아십니까?』

『선지식이여! 저를 일깨워 주소서.』

『일체를 소유할 수도 있고 버릴 수도 있는 자신을 아는 일이지요.』

승열 스님은 자상한 설법과 함께 왕의 전생 이야기를 들려줬다. 왕은 참회하면서 왕비인 원앙 부인과 함께 광유성인에게 가서 공부하기로 결심하고 왕위를 태자에게 물린 뒤 임정사를 향해 길을 떠났다. 만삭의 몸으로 길을 나선 원앙 부인은 중도에 지칠대로 지쳐 더이상 걸을 수가 없었다.

『부인, 힘을 내구려. 나와 함께 도를 이루자고 약속하지 않았소?』

『대왕이시여! 저는 전생의 숙업인 듯하오니 저를 여기서 종으로 팔아 그 대가를 임정사 부처님께 올려 다음 생에 다시 공부하도록 빌어 주십시오. 저의 마지막 소원입니다.』

왕은 눈물을 흘리며 죽림국의 부자에게 부인과 태아를 팔았다.

『대왕이시여! 아기를 낳으면 무어라 이름을 지을까요?』

『아들이거든 안락국이라 하고, 딸을 낳으면 안양이라 하여 주오.』

가슴이 터지는 듯 아프고 슬픈 마음으로 부인과 작별한 왕은 광유 성인의 제자가 되어 차 시봉을 하면서 세속 일을 잊고 정진에 몰두했다. 그런데 7년이 되던 어느 날, 임정사로 한 남자아이가 아버지를 찾아왔다. 그는 원앙 부인이 낳은 태자 안락국이었으니 바로 전생의 한 시녀이기도 하다.

반갑게 상봉한 부자는 함께 공부했다. 수다라왕이 도를 얻어 열반에 들자 광유 스님은 안락국에게 전생 이야기를 들려주며 일렀다.

『안락국아, 너는 인연지를 찾아가서 중생을 교화 제도하거라. 그 인연지는 여기서 2백 50만 리 떨어진 해동국으로 그곳에 문수보살이 부처님의 부촉을 받고 계신 곳이다. 가거든 거북이가 물 마시는 형상을 하고 있는 산을 찾아라. 동해 바다의 기운을 들여마시는 용이 사는 연못이 있고, 탑의 형상을 갖춘 남쪽 돌산에는 옥정玉井이란 우물이 있으니 그 물을 먹으면서 수도하여라. 북쪽에는 설산을 닮아 돌빛이 흰 산이 있으니 그 산 굴 속에 부처님을 조성하여 모셔라.』

해동 계림국에 도착한 안락국은 명당을 찾아 조그만 암자를 세워 임정사라 명했다. 절이 창건된 지 150년 후, 신라의 원효대사가 절을 확장하고 절 이름을 부처님 당시 최초의 절인 기원정사 이름을 따라 「기림사祇林寺」라 개명했다.

경주·기림사
경북 경주시 양북면 호암리 산 417

노인과 여덟 동자

　의상대사가 당나라에서 귀국하여 화엄법회를 열고 교화에 힘쓸 때였다.

　어느 날 노인 한 사람이 8명의 동자를 데리고 의상대사를 찾아왔다.

　『대사시여! 우리는 동해안을 수호하는 호법신장이옵니다. 이제 인연이 다하여 이곳을 떠나면서 스님께 부탁드릴 말씀이 있어 이렇게 찾아왔습니다.』

　『그동안 불법을 수호하느라 수고 많으셨습니다. 소승에게 부탁할 일이 무엇인지 말씀해 보시지요.』

　『그동안 저희들은 이곳에 부처님을 모시고자 원을 세웠으나 인연 닿는 스님이 없어 원력을 성취 못했습니다. 떠나기 직전에 스님께서 오시어 친견케 됨을 참으로 다행스럽게 생각합니다. 화엄법계로 장엄하려는 스님의 뜻을 저희들이 살아온 도량에서부터 시작하여 주시면 더없이 감사하겠습니다.』

　『소승에게 불사의 인연을 맺도록 해주셨으니 여한을 풀도록 최선을 다하겠습니다.』

　의상법사의 대답을 들은 호법신장들은 고맙다는 인사를 하고는 홀연히 사라졌다.

　며칠 후 의상대사는 동해안의 불사 인연지를 찾아나섰다. 포항에 도착하여 동해안을 거슬러 오르는데 어디선가 한 마리 용이 나타났다. 용은 의상 스님에게 인사를 드리더니 앞장서서 길을 인도했다.

스님이 울진포 앞바다에 다다르자 용은 바닷속으로 자취를 감추었다. 그때 울진포 앞바다에는 오색 안개가 자욱하게 끼어 있었는데 마치 기다렸다는 듯 스님을 사모하다 용이 된 선묘룡이 스님을 반갑게 맞았다.

『스님! 어서 오세요. 지금부터 제가 안내하겠습니다.』

지금의 천축산 입구에서 선묘룡은 문득 멈추고는 말했다.

『이제부터는 어려우시더라도 스님께서 손수 인연지를 찾으셔야겠습니다.』

인사를 마친 선묘룡은 훌쩍 사라졌다.

8일간 천축산을 돌아보며 절터를 찾던 의상 스님은 피로에 지쳐 어느 연못가에 앉아 쉬고 있었다. 문득 못 쪽을 바라보던 스님은 그만 벌떡 일어서고 말았다. 연못의 물 위에 부처님의 형상이 비치고 있지 않은가.

감격한 의상 스님은 그 자리에서 수없이 절을 했다. 그리고는 부처님 영상이 어떻게 나타났는가 주위를 살펴보니 마치 부처님 형상과 꼭 같은 바위가 하나 서 있었다.

그때 의상은 노인의 말이 떠올랐다.

『아! 이곳이 바로 호법신장들이 기거하며 불법을 수호하던 못이로구나. 이곳에서 화엄대법회를 열고 가람을 세워야지.』

의상 스님은 우선 노인과 8명의 동자 호법신장들을 위해 《화엄경》을 독송하고 그 뜻을 설하기 시작했다. 그때 노인과 8명의 동자가 못 속에서 올라와 열심히 설법을 들었다.

『이 산은 석가모니 부처님께서 천축산에 계실 당시의 형상과 똑같으며 연못에 비친 부처님 영상은 천축산서 설법하시던 부처님 모습입니다. 주위 환경은 영산회상이 응화된 것이지요.」

설법을 다 들은 노인은 의상 스님에게 그곳에 대한 설명을 하고는 동자들과 함께 용으로 변하여 승천했다.

의상대사가 주위를 살펴보니 산세가 노인의 말대로였다. 북으로는 연꽃처럼 생긴 봉우리가 있고 부처님의 형상과 비슷한 바위와 탑들이 마치 설산 당시의 부처님 회상 같았다.

스님은 용들이 살던 연못을 메워 금당을 짓고 부처님 영상이 나타난 곳이라 하여 「불영사佛影寺」라 이름했다. 부처님 영상이 나타난 곳에는 무영탑을 조성했다. 지금도 무영탑이라 불리는 3층석탑이 남아 있는데 상대중석上臺中石 네 쪽 중 두 쪽은 없는 상태다.

연못에 비친 부처님 형상을 한 바위는 불영암 또는 부처바위라 불리우고 탑 모양의 바위는 탑바위, 연꽃 형상의 봉우리는 연화봉이라 명했으며 산 이름은 천축산이라고 지었다. 또 불영사 계곡을 흐르는 광천계곡은 일명 구룡계곡이라고 불리운다.

이러한 유래를 지닌 불영사는 두 차례의 이적을 보여 지금도 전해지고 있다.

조선조 성종 5년. 백극제라는 사람이 울진에 신관 사또로 부임한 지 며칠 안되어 죽었다. 사또의 부인은 남편의 왕생극락을 빌기 위해 영구를 모시고 불영사에 와서 기도를 올렸다. 3일째 되던 날 밤이었다. 난데없이 도깨비가 나타나 『7년 원한이 풀렸다.』면서 도망을 쳤다.

부인은 괴이하게 생각하고 관 뚜껑을 열어 보았더니 죽었던 남편이 살아서 벌떡 일어나는 것이 아닌가.

되살아난 사또와 부인은 기도의 영험이 너무 고마워 불영사에 금

자연경金字蓮經 7축七軸을 보시했다.

두번째는 조선 숙종 때였다.

왕비 인현왕후는 후궁의 모함으로 쫓겨나게 되어 자살하려고 마음을 먹었다.

왕비는 그날 밤 꿈에 한 스님을 만났다.

『소승 불영사에서 왔습니다. 내일은 상서롭고 좋은 일이 있을 테니 마음을 돌려먹고 너무 심려치 마십시오.』

과연 이튿날 후궁의 못된 음모가 탄로나 왕비는 무사히 환궁하게 되었다.

인현왕후는 불은에 감사하는 뜻으로 절산 10리 사방을 하사하였다. 절산 10리 사방의 방대한 부동산은 지금까지도 불영사 소유로 유지되고 있다.

의상대사가 맨 처음 세웠다는 이 절은 신라 제28대 진덕여왕 5년 (651)에 창건되었다. 조선조 태조 5년에 소실되어 나한전만 남았다가 이듬해 소설법사가 재건했으나 임진왜란으로 다시 대부분이 소실되고 극락전과 응진전이 겨우 남았다가 광해 원년 성원법사가 다시 재건하여 오늘에 이르는데 현존하는 건물로는 극락전, 응진전이 가장 오래된 것이며 대웅보전 등 12동의 건물과 창건 당시 유적으로 무영탑과 대웅전 축대 밑의 돌거북 2기가 있다.

인근의 적송은 한국 최고의 수고樹高(50~1백m)와 최대 · 최고 · 최다의 지역으로 식물학계에 널리 알려졌다.

울진 · 불영사
경북 울진군 금강송면 불영사길 48 (하원리 122)

호랑이의 불심

　신라 선덕여왕 때, 덕망 높은 두운대사는 지금의 경북 소백산 기슭 천연동굴에서 혼자 기거하며 도를 닦고 있었다. 그곳 동굴에는 가끔 호랑이 한 마리가 찾아와 대사의 공부하는 모습을 물끄러미 바라보고 가거나 어느 때는 스님과 벗하여 놀다가곤 했다.

　그러던 어느 날 석양 무렵이었다.

　여느 날과 다름없이 찾아온 호랑이는 굴 입구에서 입을 딱 벌리고는 눈물을 줄줄 흘리고 있었다. 이상히 여긴 두운대사가 가까이 다가가 호랑이 입속을 들여다보니 금비녀가 목에 걸려 있는 것이 아닌가.

　두운대사는 비녀를 뽑아준 뒤 호통을 쳤다.

　『네 이놈! 산에도 네가 먹을 짐승이 많은데 사람을 잡아먹다니, 천벌을 받을 것이니 앞으로는 절대 사람을 해치지 말라.』

　목에 걸린 금비녀를 뽑아내니 후련해서 살 것 같았는데, 스님의 호령이 워낙 추상같으니 호랑이는 인사도 못한 채 잘못을 알았다는 듯 슬며시 사라졌다.

　그런 일이 있은 얼마 뒤 호랑이는 새끼 두 마리를 데리고 와서 놀다 가곤 했다. 한번은 큰 멧돼지를 잡아 새끼들과 함께 스님이 계신 동굴로 먹이를 물고 왔다. 아마 호랑이 생각엔 그 멧돼지 고기를 스님에게 공양 올리고 싶었던 모양이다. 그러나 두운대사는 또 호통을 쳤다.

『이 녀석아! 불도를 닦는 나보고 육식을 하란 말이냐? 어서 썩 물러가거라.』

호랑이는 또 새끼들을 데리고 고개를 숙인 채 슬그머니 꽁무니를 뺐다.

그 후 어느 봄날이었다. 혼자 찾아온 호랑이는 이번엔 두운대사의 옷자락을 물고 끌어당기는 것이었다. 예사롭지 않게 생각한 스님은 호랑이를 따라 나섰다. 바삐 달리는 호랑이를 앞세워 당도한 곳은 동굴에서 그리 멀지 않은 폭포 아래였는데, 그곳엔 아리따운 처녀가 정신을 잃고 누워 있는 것이 아닌가.

두운대사는 급히 처녀를 업고 동굴로 돌아왔다.

물을 끓여 몸을 따뜻하게 하고 약풀을 달여 먹이는 등 스님이 극진히 간병하니 처녀는 이튿날 간신히 눈을 떴다.

『이제 정신이 드는가 보군.』

『아니, 이곳은 어디이며 스님은 뉘신지요?』

『여기는 소백산 중턱이고 나는 이곳에서 불도를 닦고 있는 두운이란 승려요. 한데 낭자는 어이하여 이 깊은 산중에서 변을 당했소?』

『소녀는 서라벌 유호장의 무남독녀 외딸이옵니다. 전날 밤 안방에서 어머니와 이야기를 나누고는 제 침소로 돌아가려고 마루로 올라서는 순간 무엇이 등을 덮치는 것 같았는데 그만 정신을 잃었사옵니다.』

『음 저런! 아무튼 이렇게 소생한 것이 다행이오. 이 모두 부처님의 가피입니다. 나무 관세음보살.』

『목숨을 구해 주신 스님의 은혜 죽어도 잊지 못할 것이옵니다. 소녀, 집에 도착하는 즉시 아버님께 아뢰어 스님께 보답토록 할 것이옵니다.』

『원, 별소릴 다하는군. 지금 그 몸으로 서라벌까지 갈 수 없으니 불편하더라도 이곳에서 며칠 더 유하여 원기를 회복한 후 떠나도록 하오.』

스님은 동굴 속에 싸리나무 울타리를 만들어 안쪽에 처녀를 거처케 하면서 정성껏 보살폈다.

그렇게 5일째 되던 날. 처녀의 얼굴에 생기가 돌자 스님은 처녀 앞에 남자 옷 한 벌을 내 놓았다.

『스님, 웬 남자 옷입니까?』

『곧 길을 떠날 터이니 어서 갈아입으시오. 수도승이 처녀와 먼 길을 가려면 불편한 점이 많을 뿐 아니라 길손은 남장을 하는 편이 훨씬 편하고 부담이 없을 것이오.』

두운 스님은 처녀를 남장시켜 서라벌 유호장 집으로 데리고 갔다. 막 대문을 들어서려는데 늙은 하인이 보고는 깜짝 놀라 소리쳤다.

『아이구! 이게 누구세요. 우리 아씨 아니세요?』

『예, 저예요.』

『마님! 아씨가 돌아오셨어요.』

『뭐, 뭐라고….』

유호장과 유호장 부인은 버선발로 뛰어나오며 딸을 반겼다.

어느 날 밤 소리없이 증발한 딸이 스님과 함께 남장을 하고 무사히 돌아왔으니 의아하면서도 마치 죽은 자식이 다시 살아돌아온 듯 기쁘기 짝이 없었다.

『어서 안으로 들어가자.』

유호장 부인은 스님은 안중에도 없는 듯 딸을 앞세워 안으로 들어갔다. 딸로부터 자초지종 사연을 들은 유호장 내외는 그제서야 스님께 합장하고 큰절로 예를 올려 감사했다.

『스님! 스님의 크신 은혜 평생 동안 갚은들 어찌 다할 수 있겠습니까. 말로 헤아릴 수 없는 스님의 은혜에 만분의 일이라도 보답코자 소인 가진 것은 많지 않으나 스님 토굴 옆에 공부하시는데 불편이 없도록 암자를 하나 창건토록 하겠습니다.』

『불도를 닦는 소승 그런 과한 인사 받기 몹시 송구합니다. 이 모든 것이 부처님의 가피일 뿐입니다. 관세음보살.』

두운 스님은 그저 할 일을 했을 뿐이라는 듯 눈을 지그시 내려감고 굵은 염주를 굴릴 뿐 어디 하나 기쁜 표정을 보이지 않았다.

유호장은 그날 저녁 성대한 잔치를 베풀어 온 마을 사람들과 딸의 귀가를 축하하며 기쁨을 나눴다.

그 후 유호장은 사재를 들여 멀리 소백산 중턱에 암자를 세웠다.

정상의 3분의 2 지점이나 되는 높은 곳에서 어려운 대작 불사가 완성되자 유호장 내외는 딸과 함께 새로 건립된 절을 찾아 두운 스님을 뵈었다.

『스님, 이곳은 저의 가문에 기쁜 소식을 전해 준 방위이므로 절 이름을 「희방사」라 하면 어떠하올는지요?』

『그거 좋은 생각이군요. 그렇게 합시다.』

두운 스님은 절 이름을 「희방사喜方寺」라 명했으니 때는 선덕여왕 12년(643)이었다.

그 후 처녀가 정신을 잃고 쓰러졌던 폭포 이름도 희방폭포라 불리우게 됐다. 길이 28m로서 물줄기가 두어 번 중간에서 물보라를 일으키며 떨어져 장엄을 이루는 이 폭포는 내륙지방에선 가장 높은 곳에 위치하여 더욱 유명하다. 소백산 최고봉인 연화봉(1439m) 가는 길목 해발 830m 지점에 있다.

풍기 · 희방사
경북 영주시 풍기읍 죽령로 1720번길 278 (수철리 산 1-1)

상투를 튼 스님

　때는 조선 숙종조 중엽. 배불정책이 극심하여 전국의 절마다 스님들은 부역 아니면 궁중에서 쓰는 종이와 노끈, 미투리 등을 삼느라 혹사 당했다.

　『원, 이래서야 어디 수도승이라고 할 수 있겠나.』

　스님들의 푸념은 어느 절이나 마찬가지였다. 지금의 대구에서 서북쪽으로 약 50리 거리에 위치한 팔공산(해발1192m) 기슭의 천 년 고찰 파계사도 예외는 아니었다.

　『주지 스님, 오늘 삭발하실 날입니다.』

　『안 깎는다.』

　파계사 주지 현응 스님은 시자가 준비해 온 삭도를 쳐다보지도 않은 채 한마디로 물리고 말았다.

　시자는 자못 궁금했다.

　『스님, 어디 편찮으신지요?』

　『아니다.』

　『그럼 왜….』

　『그럴 일이 있느니라.』

　정갈하기로 소문난 현응 스님이 한 철이 지나도록 삭발을 하지 않자 절 안의 대중들은 여기저기서 수군대기 시작했다. 그러나 전혀 개의치 않던 스님은 어느 날 짧게 기른 머리로 솔잎상투를 틀었다. 또 승복을 속복으로 갈아입고는 길 떠날 채비를 했다. 놀란 시자가 달려와 물었다.

『스님! 웬일이십니까? 이 길로 환속하시려는 건 아니시겠죠?』

『예끼, 이 녀석.』

『스님, 그럼 머리는 왜 길렀으며, 옷은 왜 속복으로 갈아입으셨는지 속시원히 사연을 들려주십시오.』

『그래 말해 주마. 그동안 미투리 삼고 종이 만드는 일은 참고 견디었으나 젊은 유생들의 행패는 이제 더 이상 볼 수가 없구나. 그래서 내 이렇게 변장을 하고 상경하여 조정에 탄원을 할 것이니라.』

승려의 신분을 속이고 겨우 서울로 들어간 현응 스님은 어느 밥집의 잔심부름을 하며 탄원의 기회를 엿보았다. 그러나 3년의 세월이 지나도록 스님은 때를 얻지 못했다. 그만 파계사로 발길을 돌리기로 결심하던 날 밤. 스님은 숭례문(남대문) 근처의 봉놋방에서 서울에서의 마지막 밤을 지냈다.

그날 밤 숙종 임금은 숭례문 근처에서 청룡이 승천하는 꿈을 꾸었다. 참으로 기이하다고 생각한 숙종은 내관을 시켜 숭례문 근처를 살피게 했다.

어명을 받아 아침 일찍 숭례문 근처로 나아가 인근을 살피던 내관은 행장을 꾸려 막 길을 떠나려는 현응 스님과 마주쳤다. 비록 행색은 남루하나 눈빛이 예사롭지 않고 인품이 달라 보여 내관은 현응 스님을 은밀히 어전으로 안내했다.

『그대 이름은 무엇인고?』

『용파(당시 현응 스님의 법명은 용파였다. 현응은 뒷날 숙종이 내린 시호)라 하옵니다.』

『무슨 용자를 쓰느냐?』

『용 용 자입니다.』

숙종은 범상치 않은 인품에다 용龍 자 이름을 지닌 현응 스님의 신상을 상세히 물었다.

현응 스님 역시 절호의 기회다 싶어 자신의 신분과 사찰 실정을 밝히면서 불교 탄압을 탄원했다.

『마마, 아뢰옵기 황공하오나 이렇게 불교를 탄압하게 되면 나라에서는 큰 인물이 나지 않을 것입니다. 통촉하여 주옵소서.』

숙종은 현응 스님의 간곡하면서도 강력한 청에 마음이 움직였다.

『내 그대의 청을 들어줄 테니 그 대신 세자를 얻게 해줄 것을 부탁하오.』

현응 스님은 그 길로 평소 친분이 두터운 삼각산 금성암의 농상 스님과 함께 세자 잉태를 기원하는 백일기도에 들어갔다. 현응 스님은 수락산 내원암에서, 농상 스님은 삼각산에서 기도하였으나 세자 잉태의 기미는 보이질 않았다. 기도를 회향한 두 스님은 똑같이 숙종의 사주에 세자가 있지 않음을 말했다. 그때였다.

『여보게, 자네가 세자로 태어나게.』

현응 스님은 농상 스님에게 진지하게 권했다.

농상 스님은 어느 날 밤 숙빈 최씨에게 현몽한 뒤 세자로 환생했으니 그가 바로 1724년 52년간 재위하며 학문과 예술의 전성시대를 이룬 영조대왕이다.

세자를 얻은 숙종의 기쁨은 이루 헤아릴 수 없었다.

임금은 용파 스님에게 현응이란 시호를 내렸다. 그뿐이 아니었다.

『대사의 큰 은혜 내 무엇으로 갚을 수 있겠소. 이제부터 파계사를 중심으로 40리에 걸쳐 나라에서 거두던 세금을 모두 절에서 거둬들이도록 하오.』

숙종은 성은을 베풀었으나 현응 스님은 이를 거절했다.

『소승 나라를 위해 할 일을 했을 뿐입니다. 세금을 절에서 거두어 정재로 쓰기에는 적합지 않은 듯하오니, 대신 경내에 선대 임금님의 위패를 모시도록 윤허하여 주옵소서.』

임금은 쾌히 윤허했다. 현응 스님은 즉시 파계사로 내려가 기영각을 세우고 선대 왕의 위패를 모시니 지방 유생과 양반의 행패는 자연 끊어지게 되었다.

현재 사적비 부근에 있는 「대소인개하마비大小人皆下馬碑」는 그때 새겨진 비다.

현응 스님이 건립하고 그곳에서 수도했다는 성전암 가는 길목엔 현응 스님의 부도가 서 있다. 또 성전암에는 현응대사의 영정과 벽화가 보존되어 있다. 지금쯤 현응 스님은 몇 번째 환생하여 어느 모습으로 살아가고 계실는지.

전생에 농상 스님이었던 영조대왕이 11세에 썼다는 「현응전」이란 편액이 지금까지 성전암 법당에 걸려 있어 인과와 업 그리고 윤회의 질서를 보게 한다.

또 이를 입증이나 하는 듯 지난 1979년에는 법당 관음불상을 개금하던 중 복장되어 있던 영조대왕 어의가 나와 교계와 학계의 관심을 끌었다. 숙종의 하사품 중 병풍 2점과 구슬 2개가 남아 있다.

신라 애장왕 5년(804)에 심지왕사에 의해 창건된 파계사는 조선

선조 38년(1605) 계관 스님이 중창했고 이어 현응대사가 숙종 21년 (1695) 삼창했다. 「파계사把溪寺」란 이름은 절 좌우 계곡에 흐르는 9개 의 물줄기를 흩어지지 못하게 잡아 모은다는 뜻에서 지어진 이름이 라 한다.

대구 · 파계사
대구광역시 동구 파계로 741 (중대동 7)

눈 속에 핀 오동꽃

1.

신라 제41대 헌덕왕의 아들로 태어나 15세에 출가한 심지 스님이 지금의 대구 팔공산에서 수도하고 있을 때였다.

심지 스님은 살을 에는 듯한 추위도 아랑곳하지 않고 걸음을 속리산 길상사(지금의 법주사)로 향했다. 영심 스님이 그의 스승 진표율사로부터 불골간자를 전해 받는 점찰법회에 참석하기 위해서였다.

그러나 길상사에 당도했을 때는 이미 법회가 시작되어 심지 스님은 당에 올라가 참석할 수가 없었다. 스님은 안타까워 마당에 앉아 신도들과 함께 예배하며 참회했다.

법회가 7일째 계속되던 날 크게 눈이 내렸다. 그런데 이상하게도 심지 스님이 서 있는 사방 10척 가량은 눈이 내리지 않았다. 신기한 현상에 갑자기 법회장이 술렁이기 시작했다. 이 사실을 안 법당에서는 심지 스님을 안으로 들어오도록 청했다. 스님은 거짓 병을 빙자하여 사양하고는 마당에 물러앉아 법당을 향해 간곡히 예배했다.

스님은 기도 중 매일같이 지장보살의 위문을 받았다.

법회가 끝나고 다시 팔공산으로 돌아가던 심지 스님은 양쪽 옷소매에 2개의 간자가 끼어 있는 것을 발견했다.

『참으로 괴이한 일이로구나.』

심지 스님은 길상사로 되돌아가 영심 스님 앞에 간자를 내놓았다.

『간자는 함 속에 있는데 그럴 리가….』

영심 스님은 이상하다는 듯 봉해진 간자함을 열었다. 그러나 이게 웬일인가. 함은 비어 있었다. 이상히 여긴 영심 스님은 간자를 겹겹이 싸서 잘 간직했다.

심지 스님이 다시 팔공산으로 돌아가는데 간자가 먼저와 같이 또 소매깃에서 발견됐다.

길상사로 또 돌아온 심지 스님에게 영심 스님은 말했다.

『부처님 뜻이 그대에게 있으니 간자는 그대가 받들어 모시도록 하게.』

심지 스님이 영심 스님으로부터 받은 간자를 소중히 머리에 이고 팔공산에 돌아오니 산신이 선자仙子 두 명을 데리고 영접했다. 심지 스님은 말했다.

『이제 땅을 가려서 간자를 모시려 한다. 이는 나 혼자 정할 일이 아니니 그대들과 함께 높은 곳에 올라가 간자를 던져 자리를 점치도록 하자.』

심지 스님은 신들과 함께 산마루로 올라가서 서쪽을 향해 간자를 던졌다. 간자가 바람에 날아가니 신이 노래를 불렀다.

노래를 다 부른 뒤 간자를 숲 속 샘(지금의 동화사 참당 뒤 우물)에서 찾았다. 샘 주위에는 때 아닌 오동꽃이 눈 속에 아름답게 피어 있었다.

심지 스님은 그곳에 절을 세워 간자를 모시고는 절 이름을 「동화사桐華寺」라 명했다.

2.

의상법사가 중국 종남산에 머물 때였다. 하루는 종남산에서 도가 높기로 유명한 지엄 스님이 의상법사를 초대했다. 말로만 듣던 두 스님이 시간 가는 줄 모르고 서로 법담을 나누다 보니 저녁 공양 때가 됐다.

의상법사가 지엄 스님에게 말했다.

『스님께서는 공양을 짓지 않고 하늘에서 내려주시는 공양을 잡수신다는 소문을 들었습니다. 저도 오늘 하늘 공양을 한 번 먹어보고 싶습니다.』

『그렇게 하시지요. 귀하신 손님이 오셨으니 곧 공양을 드시도록 해 드리겠습니다.』

지엄 스님은 은근히 자랑하고 싶은 마음으로 주문을 외웠다.

『귀한 손님이 오셨으니 오늘은 공양을 한 사람 분만 더 내려 주십시오.』

그러나 어찌된 영문인지 하늘에서는 공양이 내려오지 않았다. 지엄선사는 당황했다. 결국 의상법사는 저녁 공양을 들지 못한 채 떠나왔다. 의상이 막 떠난 뒤 하늘에서 천사가 공양을 갖고 왔다.

『집 밖에 병사들이 있어 늦었습니다. 방금 병사들이 지금 나가신 스님을 모시고 물러가는 걸 보고 급히 왔으니 혜량하옵소서.』

지엄은 그제서야 의상법사가 자기보다 더 훌륭한 스님임을 깨달았다. 그는 은근히 뽐내려 했던 점을 뉘우치고는 그 길로 의상을 찾아가 사과했다.

『법사 스님을 몰라 뵙고 그만 실례를 범했습니다.』

『원, 별말씀을요. 이러시면 오히려 제가 송구스럽습니다. 스님께 부탁이 하나 있는데요….』

『말씀해 보시지요.』

『스님께선 옥황상제와 가까우시니 제석궁에 보관돼 있는 부처님 치아를 하나 빌려 오실 수 없으실는지요?』

『글쎄요, 한번 해 보겠습니다.』

지엄선사는 아주 겸손한 태도로 옥황상제에게 의상법사의 청을
전했다.

『의상 같은 훌륭한 법사의 청이니 부처님 치아 한 개를 아주 드리
겠소.』

천사가 지엄을 통해 보내 온 부처님 치아를 받은 의상은 머리 위
로 공손히 받들어 절을 하고는 지엄에게 말했다.

『이 치아는 스님이 구하셨으니 스님께서 모시도록 하십시오.』

『아닙니다. 옥황상제께서는 스님께 아주 주신 것입니다.』

지엄선사가 탑을 세우고 부처님 치아를 봉안하니 사람들이 구름
처럼 몰려와 예배를 올렸다.

그러나 송나라 휘종 때 불교를 믿으면 나라가 망한다는 헛소문이
나돌자 조정에서는 탑을 부수고 불경을 태우는 등 불교를 탄압했다.
종남산 절에서는 부처님 치아를 탑에서 꺼내 몰래 배에 실어 보냈다.

『부디 안전하고 평화로운 인연 있는 땅에 모셔 지읍소서.』

배는 둥실둥실 떠서 고려 앞바다에 다다랐다. 사람이 타지 않은 이
상한 배에서 금상자를 발견한 어부는 즉시 관가에 고했다. 이 소식을
들은 임금은 부처님 치아를 대구 팔공산 유가사에 모시도록 명을 내
렸다. 이때 절 주위에는 눈 쌓인 겨울철에 때아닌 오동꽃이 만개하였
으므로 왕은 이를 기념하여 절 이름을 「동화사桐華寺」로 바꾸었다.

대구 · 동화사
대구광역시 동구 동화사 1길 1 (도학동 35)

지명 스님과 팔면경

신라 지명법사는 중국에 가서 불교를 공부하기 위해 진평왕 7년 (585) 진나라로 가는 사신들과 함께 불법 수학의 길에 올랐다.

사신들과 동행했기에 융숭한 대접을 받을 수 있었던 지명 스님은 당시의 고승대덕과 선지식을 두루 친견하면서 경·율·논 삼장을 깊이 연구하고 익혔다. 그렇게 10년의 세월이 흐른 어느 날. 지명 스님은 자신의 공부를 인가 받기 위해 양자강 건너 북쪽 하남성 낙양에 자리한 중국 최초의 창건 사찰 백마사에 다다랐다.

『음, 과연 명찰이로구나!』

고색창연한 백마사 법당에 들어가 부처님께 예배드리는 순간 지명 스님 눈에서는 눈물이 주르르 흘렀다. 처음 가 본 그 절 부처님 앞에서 마치 감회에 젖은 듯 하염없이 눈물을 흘렸는지 그 이유를 지명 스님은 알 수가 없었다. 아무튼 감격스런 참배를 마친 지명 스님은 백발이 성성한 주지 스님을 친견하고 찾아온 동기를 밝혔다.

『음, 계림국에서 불법을 구하러 왔다고? 참으로 오랜 만에 기다리고 기다리던 백마총의 임자가 왔도다.』

눈을 지그시 감고 염주를 굴리며 인사를 받은 노승은 알 수 없는 말을 혼잣말처럼 하면서 자리에서 일어섰다.

『나를 따라오시오.』

지명 스님은 영문을 모르는 채 노승을 따라나섰다. 노승은 길을 걸으며 어디로 가고 있는지 설명하기 시작했다.

『불교가 처음 중국에 전해진 것은 인도의 마등과 법란 두 스님에 의해서였소. 그때 그 스님들은 석가모니 불상 한 분과 불경 그리고 12면경과 8면경을 백마에 싣고 왔는데 애석하게도 백마는 중국에 도착한 후 자기 임무를 다했다는 듯 명을 다했소. 두 스님은 백마의 공덕을 찬양하기 위해 중국 최초의 사찰을 건립하고 절 이름을 백마사라 불렀고 그 무덤을 백마총이라 명했지. 지금 우리는 그 백마총으로 가는 길이오.』

이야기를 들으며 한 5리쯤 걸으니 곱게 단장되어 있는 무덤 하나가 보였다.

『저 무덤이 바로 백마총이오.』

지명법사는 백마총에서 삼배를 올리고 백마총 비문을 읽어 내려갔다.

「여기 잠자는 백마는 속세의 인연으로 서천 중인도에서 말의 몸을 받았으나 그 지혜가 뛰어났다. 불상과 불경을 싣고 10만 리 길을 거쳐 진단국에 도착하여 목숨을 마쳤다. 그 공덕으로 축생의 몸을 받지 않고 세세생생 정토에 태어나 동진 출가하여 선지식이 되고 중생을 교화 제도하여 마침내 최정각을 이룰지니 이 얼마나 거룩하고 장엄한 원력인가! 그 빛은 진단국과 해동에 널리 비출 것이다.」

비문을 다 읽은 지명 스님은 노스님의 설명 없이도 자신이 전생에 백마였으며 이제 인연이 닿아 다시 오게 됐음을 깨닫고 감회에 젖어 눈물을 흘렸다.

그때였다. 노승이 주장자를 세번 치더니 벽력 같은 소리로 외쳤다.

『오늘 백마총 임자가 여기 왔으니 호법신령과 신장은 그 법보를 주인에게 돌려주도록 하라.』

노승의 외침이 끝나자마자 백마총 옆 땅이 갈라지면서 돌상자 하나가 솟아올랐다.

『지명수좌! 저 석함을 열어 보게.』

석함은 종잇장처럼 가볍게 열렸다. 뚜껑 뒷면에는 글씨가 뚜렷하게 새겨져 있었다.

『…〈동국 조선 해 뜨는 곳 종남산 아래 백 척 깊은 못이 있으니 그곳이 동국 명당이다. 그곳을 메워 이 8면경을 묻고 법당을 창건하면 만세천추에 불법은 멸하지 않을 것이니 너는 그곳에 태어나 인연을 지어라〉 이 수기를 마등·법란 두 도인에게서 받았다.… 다시 해동의 사문이 되어 이곳에 와서 8면경을 갖고 해동에 돌아가 대불사를 일으켜 세세생생 불법이 흥하여 정토를 이루게 함이다. 일조 근지.』

지명 스님은 450년 전 백마사 주지였던 일조 스님이 자신의 전생이었으며, 그 전생이 백마였음을 거울 보듯 재삼 확인케 되자 눈물이 앞을 가렸다. 석함 속에서는 8면경이 빛을 발하고 있었다.

『자! 지명수좌는 이 8면경을 잘 호지토록 하라.』

지명 스님이 8면경을 받아 지니자 석함은 저절로 땅속으로 사라졌다.

『이 8면경은 비록 돌도 다듬어졌지만 보배스런 거울이니 8면보경이라 부르라.』

노승은 8면보경을 8정기의 뜻에 비유하여 설명하면서 삼라만상을 비추는 거울처럼 8면보경은 인간의 마음을 비출 것이니 지극히 호지할 것을 당부했다.

이렇게 이른 후 노승은『이제 나는 할 일을 다했으니 이 몸을 버려야 할 때가 왔구나.』하면서 좌탈입망에 들었다. 노승의 49재를 마친 지명 스님은 백마사에서 주는 말을 타지 않고 걸어서 장안에 도착하여 고승대덕을 친견한 후 고국으로 돌아왔다. 실로 20년 만에 귀국하니 왕과 조정대신은 크게 환영했다.

지명법사는 낙양 백마사에서 호지하고 온 8면보경에 대해 왕에게 세세히 고하고 대불사를 일으킬 원력을 밝혔다.

『참으로 거룩하고 성스러운 일이오. 수만 리 만경창파를 헤치고 보경을 계림국에 모셔 온 호법인연이 과인에게도 주어진 것을 심히 영광으로 생각하며 곧 대작 불사를 일으킬 것을 삼보전에 맹세합니다.』

이리하여 왕은 지명법사와 함께 신하 10여 명을 대동하고 해맞이 앙일仰日고을로 출발, 동해안에 이르렀다. 일행이 명당자리를 찾고 있을 때 문득 하늘을 쳐다본 지명법사가 구름을 가리키며 말했다.

『저 보살 모양의 오색구름을 따라가면 틀림없이 명당을 찾을 것입니다.』

구름은 동해안을 거슬러 올라 내연산에 머물렀다.

1만2천 봉에 12폭포가 절경을 이루고 있는 계곡에는 평원처럼 고요하면서 넓은 연못이 있었다. 일행은 일제히 그곳에서 걸음을 멈추었다.

『이곳이 바로 8면 보경을 모시고 금당을 세울 성역인가 합니다.』

『과인도 그렇게 생각되오.』

왕과 일행은 모두 기뻐하고 환희에 들떴다. 곧 연못을 메우고 그 중앙에 8면보경을 봉안한 후 대가람이 완성되니 그 절이 바로 원진국사 · 원각국사 · 오암대사 등 호국승장과 고승대덕을 배출한 「보경사寶鏡寺」다.

포항 · 보경사
경북 포항시 북구 송라면 보경로 523 (중산리 622)

벌거벗은 스님

『내가 오길 잘했지. 만약 그 나이 어린 사미승이 왔더라면 이 눈속에 어떻게 했을까?』

한껏 허리를 굽히고 바삐 걷던 노스님은 잠시 걸음을 멈추고 하늘을 쳐다보며 혼잣말로 중얼거렸다. 거센 눈보라가 스님의 얼굴을 때렸다.

쩔렁거리던 주장자 소리도 멈추고 사위는 쥐 죽은 듯이 고요했다. 다만 어둠 속에 눈발이 희끗희끗 날릴 뿐. 더욱이 황룡사로 가는 길은 아직 초저녁인데도 인적이 끊어졌다. 군데군데 인가에서 불빛이 새어 나오고 있었지만 대문은 굳게 잠겨 있었다.

그것은 신라 애장왕이 열세 살 어린 나이에 즉위하자 숙부 언승이 섭정의 난을 일으킨 뒤 인심이 흉흉하고 밤이면 도적떼들이 횡행했기 때문이었다.

노스님은 「삼랑사 주지 스님이 자고 떠나라고 잡을 때 그곳에서 그냥 묵을 걸 잘못했다.」고 후회하며 다시 걸음을 재촉했다.

바로 그때였다. 스님의 발길에 뭔가 뭉클한 느낌으로 채이는 게 있었다. 자세히 들여다보니 검은 고양이가 웅크리고 있었다. 스님이 앉아서 머리를 쓰다듬어 주자 고양이는 「야옹 야옹」 음산한 소리로 울어댔다. 스님이 일어서자 고양이가 스님 뒤를 따라왔다. 스님은 주장자로 고양이를 쫓았으나 고양이는 달아나려 하지 않았다. 하는 수 없이 스님은 고양이가 따라오도록 내버려 두었다.

거센 눈보라가 얼굴을 때리며 길이 험해지자 스님은 입속으로 염불을 외우며 발목을 넘는 눈길을 걸었다. 고양이를 품속에 안은 채.

천엄사에 가까이 왔을 때였다. 바람결에 아기 울음소리가 들렸다. 품에 안은 고양이 소린가 싶어 귀를 기울였으나 아기 울음소리임에 틀림없었다.

『괴이한 일이로구나. 이 눈 속에 아기 울음소리라니?』

사방을 둘러보았으나 인가라곤 보이질 않았다. 노스님은 주장자에 몸을 의지하고 서서 다시 귀를 기울였으나 찬바람이 귓전을 때릴 뿐이었다.

눈발 속에 천엄사 모습이 보였다. 스님이 막 천엄사 담을 끼고 돌아 대문 앞으로 지나려는데 절 처마 밑에서 끊어질 듯 이어지는 탈진한 아기 울음소리가 들렸다.

노스님은 고양이를 던지듯 내려놓고 다가갔다.

금방 해산을 했는지 흰 눈을 붉게 물들인 채 실신한 여인이 아기의 탯줄을 쥐고 있었다. 노스님은 황급하게 아기의 탯줄을 끊고는 대문을 두들겼다. 그러나 거센 바람소리와 눈보라 때문인지 안에서는 아무 인기척이 없었다. 당황한 스님은 더욱 크게 소리를 지르며 꽝꽝 난폭스럽게 대문을 두들겼다. 그러던 스님은 갑자기 돌아서 아기를 안았다. 여인의 엷은 치마에 감긴 아이의 살은 얼고 새파랗게 질려 있었다. 아기를 품에 안은 스님은 아기의 언 몸을 문지르며 염불을 외우고 때때로 대문을 두들겼다. 스님은 다시 여인 쪽으로 눈길을 돌렸다.

『여보시오. 정신을 차려요.』

스님은 허리를 굽혀 여인을 흔들었으나 말은커녕 신음소리도 없었다. 발가벗은 여인에게선 피비린내가 물씬 났다.

스님은 얼어붙은 여인의 몸을 주무르기 시작했다. 자신이 출가 사문이란 것도 잊은 채 오직 꺼져가는 생명을 살려야 한다는 일념으로 염불을 하면서 여인의 전신을 주물렀다.

노승은 또 여인의 코와 이마, 그리고 뺨을 문지르며 자신의 입김을 계속 불어 넣었다.

아기는 품속에서 잠이 들어 있었다. 스님은 두루마기를 벗어 아기를 감싸 여인의 옆에 눕혔다.

어디선가 종소리가 은은히 들려왔다.

절에서 잘 시간을 알리는 종소리를 들은 스님은 피로를 느꼈다. 여인의 몸이 갑자기 무거워졌다.

스님은 더 빨리 염불을 외웠다. 염불이 빨라지자 손놀림도 빨라졌다. 팔목이 시큰하게 아려왔다. 스님은 손을 눈 속에 묻었다 꺼냈다. 한결 시원했다. 그러나 시간이 흐르면서 스님은 자기도 모르게 긴 하품을 했다. 나른하게 졸음이 왔다. 순간 노승은 자기 본 위치로 돌아왔다. 여인의 풍만한 가슴을 의식하면서 그녀의 얼굴을 자세히 살폈다. 거지 여인이었다. 악취가 노승의 코를 찔렀다. 노승은 여인을 슬그머니 눈 위에 눕혀 놓고 일어서려 했다.

순간 스님의 머리에 한 생각이 번개처럼 스쳤다. 스님은 거침없이 바지와 저고리를 벗어 여인에게 입혔다.

노스님은 벌거숭이가 되었다. 벌거벗은 스님은 주장자를 짚고 일어서려다 다시 한번 여인을 내려다 봤다. 체내에 온기가 도는지 여인은 가느다랗게 숨을 몰아쉬며 신음소리를 냈다. 스님은 다시 여인의 몸을 비비기 시작했다. 여인의 온몸에 따스한 기운이 퍼지기 시작했다.

여인은 눈을 가늘게 떴다. 스님은 여인의 뺨을 세게 때렸다. 비명과 함께 여인이 깨어났다. 그녀는 환히 웃고 있는 스님의 얼굴을 올려다 보았다.

『보살, 이제 정신이 드나?』

『스님께서 저를… 스님 아기는 어떻게….』

여인은 눈물을 흘리며 말끝을 맺지 못했다.

『아기는 잘 자고 있네. 헌데 어인 일로 이 산골까지….』

『아기 낳을 곳이 없어 천엄사를 찾아오다 그만 스님께 폐를 끼쳤습니다. 죄송하옵니다.』

『죄송할 것 없네. 살았으니 다행이야. 자 그럼 난 가 봐야겠네. 어이 추워.』

『스님, 옷을 입고 가셔야지요. 눈 속에 어찌하시려고 그냥 가세요?』

『아냐, 난 살 만큼 살았네. 아기나 잘 보살피게. 관세음보살….』

노스님은 벌거벗은 채 염불을 외우며 황룡사로 향했다. 살을 에는 눈보라 속을 걸어 황룡사에 이르렀을 때 스님은 혼수상태에 빠지기 시작했다. 스님은 절 문을 두들기려고 팔을 들었으나 팔이 말을 듣지 않았다. 노스님은 그 자리에 털썩 쓰러지고 말았다. 안간힘을 쓰며 다시 일어나려 했으나 몸이 천근이었다.

고양이가 쓰러진 스님 품속을 파고들었다. 스님은 고양이를 끌어안았다 놓더니 엉금엉금 기기 시작했다. 고양이가 그 뒤를 따라가고 있었다. 일주문을 돌아 헛간으로 찾아든 스님은 거적을 몸에 감고 고양이와 함께 누웠다. 고양이 체온이 노승의 몸을 녹였다.

어느덧 노승은 잠이 들었다.

날이 밝자 스님의 이야기는 서라벌 장안에 퍼졌다. 애장왕이 스님을 궁내로 맞아 국사로 봉하니 이 스님이 바로 정수국사. 훗날 사람들은 스님을 관음보살의 화현으로 믿었다.

경주·천엄사 天嚴寺
경북 경주시에 있었던 절로 추정된다.

윤회의 굴레

머리가 파뿌리처럼 흰 노파 하나가 염라대왕 앞에 끌려 나왔다.

『그래 너는 어디서 뭘 하다 왔느냐?』

『예, 신라 땅에서 농사를 지으며 살다 왔사옵니다.』

『신라 땅이라니, 그 넓은 땅 어디서 살았단 말이냐?』

『예, 경주라는 고을이옵니다.』

『평생 뭘하고 살았는지 재미있는 세상 이야길 좀 자세히 말해
봐라.』

『예, 분부대로 아뢰겠습니다.』

노파는 허리를 굽실거리며 이야기를 시작했다.

『저는 일찍이 남편을 여의고 어린 딸과 아들 하나를 키우느라 평
생 고생을 하며 살았습니다.』

『그래 혼자서 아들딸을 키웠단 말이냐?』

『예, 시집 장가 보내 놓고도 줄곧 집에만 있어 별다른 이야기가
없사옵니다.』

노파의 말에 염라대왕은 싱겁다는 듯 좌중을 한 바퀴 돌고는 한
마디 더 건넨다.

『그래 집 밖 세상은 제대로 구경도 못했단 말이냐?』

『그러하옵니다. 저는 집만 지켰기에 방귀신이나 다름없사옵니다.』

『뭐 방귀신? 이 늙은이 입이 매우 사납구나.』

염라대왕은 화가 머리끝까지 올라 벽력같이 고함쳤다.

『여봐라! 이 늙은이는 집만 지키는 방귀신이었다니 개새끼가 되어 아들 집이나 지키게 해라.』

염라대왕의 불호령이 떨어지자 나졸들은 노파를 끌고 나가 개로 만들었다. 이승에 있는 노파 아들 박씨 집에서는 개 한 마리를 기르고 있었는데 갑자기 배가 부르더니 한 마리의 새끼를 낳았다.

『어쩌면 꼭 한 마리만 낳았을까?』

아내가 예뻐 어쩔 줄 몰라하자 남편도 곁에서 맞장구를 치며 좋아했다.

『고거 참 예쁘기도 하구나. 아무래도 보통 강아지가 아닌 것 같구려.』

이렇듯 내외의 사랑을 받으며 강아지는 날이 갈수록 건강하게 무럭무럭 자랐다. 강아지가 커서 중개가 되자 박씨 내외는 집을 개에게 맡겨두고 온종일 들판에 나가 일을 했다. 대낮에 도둑이 들었다가도 개가 어찌나 사납게 덤벼들어 물고 늘어지는지 도둑은 혼비백산하여 짚신마저 팽개치고 달아났다. 그러나 신통하게도 동네 사람에게는 꼬리를 흔들며 더없이 얌전하고 친절하게 반겼다. 그래서 동네 사람들은 이 개를 영물이라 부르며 귀여워했다.

그러던 어느 날 삼복더위에 밭일을 마치고 돌아온 박씨는 갑자기 개를 잡아먹고픈 마음이 생겼다.

『저걸 그냥 푹 삶아 놓으면 먹음직하겠구나. 거기다 술 한 잔을 곁들이면 그 맛이란….』

박씨는 생각만 해도 군침이 돌았다. 그는 내일 아침 동이 트는 대로 개를 잡으리라 마음먹었다. 개를 잡으면 혼자만 먹을 것이 아니라 오랫동안 고기 구경을 못한 마누라도 포식 좀 하게 하고 건넛 마을 누이집과 고개 너머 딸네 집에도 다리 하나씩 보내리라 작정 했다.

그러나 자고 일어나 보니 개가 기척도 없이 자취를 감춰 버렸다. 마을 어디 있으려니 싶어 부인을 내보내 찾도록 한 박씨는 콧노래를 부르며 숫돌에 칼을 갈았다. 칼날을 세워놓은 지 한참이 지났으나 개를 찾으러 나간 아내는 점심때가 되도록 돌아오질 않았다. 기다리다 지친 박씨는 그만 화가 나서 아내를 탓하며 자기도 찾아나서는데 마침 아내가 마당으로 들어섰다.

『아니 여보, 개는 어떡하고….』

『아무리 찾아도 흔적조차 없습니다.』

『원 빌어먹을….』

아내를 나무라며 개를 찾아나선 박씨 역시 해질녘 빈손으로 돌아 왔다. 누구 하나 본 사람조차 없다니 참으로 이상한 일이었다.

한편 고개 너머 박씨 딸은 새벽밥을 짓다가 성큼 부엌으로 들어오 는 개를 보고 깜짝 놀랐다.

자세히 보니 친정집 개였다. 반가워서 다가가 쓰다듬어 주니 개는 눈물을 주룩주룩 흘리며 숨겨 달라는 듯했다. 아무래도 이상하다 싶 어 박씨 딸은 밥을 주고 마루 밑에 자리를 마련해 주었다. 개는 다시 눈물을 흘리며 마루 밑에 들어가 꼼짝도 안했다.

며칠 후 박씨 집에 스님 한 분이 들렀다.

스님은 문 앞에 선 채 말없이 박씨의 얼굴을 뚫어지게 쳐다 봤다.

『아니 스님, 왜 그리 쳐다보십니까?』

『허허, 큰 잘못을 저지르려 하는구려.』

『스님 무슨 말씀이신지요?』

『댁에 분명 개 한 마리가 있었지요?』

『아니 그걸 어떻게 아십니까?』

『그 개가 며칠 전 자취를 감췄지요?』

박씨는 의아하게 생각되어 스님을 안으로 모셨다. 천천히 걸음을 옮겨 마루에 걸터앉은 스님은 뭔가 골똘히 생각하더니 다시 입을 열었다.

『그 개는 바로 돌아가신 당신 어머니입니다. 당신 집을 지켜 주려고 개로 환생하여 오셨는데 잡아먹으려 하다니 쯧쯧쯧….』

『아니 뭐, 뭐라구요? 개가 어머니라구요? 마…말씀 좀 자세히 해 주세요.』

기겁을 한 박씨는 스님 장삼자락을 잡고 어쩔 줄 몰라했다. 스님은 눈썹 하나 까딱 않고 말을 이었다.

『그 개는 지금 재 너머 당신 딸네 집에 숨어 있으니 얼른 모셔다 효성을 다하도록 하시오. 그렇지 않으면 대대로 가운이 멸할 것입니다.』

뒷통수를 얻어맞은 듯 넋을 잃고 서 있던 박씨는 부랴부랴 누이네 집으로 달려갔다. 이 사연을 들은 누이도 펄쩍 뛰었다. 두 사람은 다시 개가 숨어 있는 박씨의 딸네 집으로 줄달음쳤다.

『어머니 어디 계시냐?』

숨을 턱에 차게 몰아쉬며 다급하게 묻는 이 말에 딸은 영문을 몰라 어안이 벙벙했다.

『아, 네 할머니 말이다. 할머니.』

『할머니라뇨?』

『응, 저기 계시는구나! 어머님, 어머님!』

박씨는 마루밑으로 기어 들어가며 울부짖듯 「어머니」를 외쳤다. 고모를 통해 자초지종의 사연을 들은 딸도 그제서야 눈물을 흘렸다.

『어머님, 전생에 못한 효성 지금이라도 해드리겠습니다.』

박씨는 개를 등에 업고 팔도 유람을 시작, 이름난 명승고적과 명찰을 두루 살폈다.

그러던 어느 날, 고향 근처에 다다른 박씨는 잠시 쉬다가 자기도 모르게 잠이 들었다. 잠깐 졸다가 깨 보니 등에 업은 개가 없었다. 사방을 찾아보니 개는 앞발로 흙을 긁어 작은 웅덩이를 마련해 놓고 자는 듯 죽어 있었다.

박씨는 슬피 울며 그곳에 묘를 쓰고 장사지냈다. 그 후 박씨 일가는 가세가 번창하여 부자가 되었다. 경북 월성군 내남면 이조리 마을엔 아직도 이 무덤이 남아 있어 오가는 이에게 효심을 일러주고 있다.

이조리 개무덤
경북 경주시 내남면 이조리

용궁샘 거북이

　구름 한 점 없이 맑은 어느 가을날. 전남 영암군 신북면에 있는 여석산 기슭을 한 스님이 걷고 있었다.

　고개를 오르느라 숨이 찬 스님은 고갯마루에 앉아 숨을 돌리며 이마에 흐르는 땀을 장삼자락으로 닦다가 건너편에 서 있는 커다란 감나무에 시선이 닿았다.

　스님은 바랑을 짊어진 채 그 감나무에 올라 감을 한 개 따서 입에 넣었다.

　『별미로군. 내 평생 이렇게 맛있는 감은 처음이다. 하늘에 천도가 있다더니 그 맛이 이럴까.』

　달콤한 감맛에 취한 스님은 한 가지에 열린 감을 모두 따 먹고는 자기도 모르게 다음 가지로 옮아갔다. 가지를 옮기는 순간 와지끈 소리와 함께 감나무 아래 샘물 속으로 빠져 버렸다. 깊은 샘물은 스님을 삼킨 채 옥빛으로 맑았고 스님은 다시 떠오르지 않았다.

　이듬해였다. 모내기를 마친 그 마을엔 비가 내리지 않았다.

　『허-이게 무슨 징조인고. 70평생에 이런 가뭄은 처음이야. 늙은이들은 이런 흉변을 보기 전에 세상을 떠나야 하는 건데!』

　마을 노인들은 긴 담뱃대에 잎담배를 담으며 한숨을 내쉬었다.

　젊은이들은 여석산에 있는 그 샘물을 떠다가 갈라진 논바닥에 물을 대느라 바빴다. 남자들은 물을 푸고 아낙들은 물동이로 물을 날랐다.

　『거북이다. 거북!』

해가 서산에 기울 무렵, 물을 푸던 청년이 외치는 소리에 잠시 샘가에 앉아 쉬고 있던 젊은이들은 일제히 샘을 들여다 보았다.

『와! 굉장히 큰 거북이로구나. 허리 앓는 사람에게 먹이면 약이 된다던데…』

마을 사람들은 산 개구리를 낚시에 꿰어 거북을 낚아 올리는 순간 또 한번 일제히 놀랐다. 그 거북의 넓적한 은회색 등 한복판에는 임금 「왕」 자가 아로새겨져 있는 것이 아닌가.

사람들은 「보통 영물이 아닐 것」이라며 마을 청년 명수에게 거북이를 넘겨주었다.

『자네가 낚아 올렸으니 자네 집에 가지고 가게. 집에 두어도 별일이 없거든 약에 쓰게나.』

명수는 왠지 입맛이 없었다. 마지못해 거북을 집으로 가지고 가서 물 담긴 항아리에 넣고 뚜껑을 덮었다.

바로 그날 밤, 휘영청 밝은 달빛이 창호지에 스밀 무렵 곯아떨어진 명수의 귓가에 목탁소리가 들렸다. 비몽사몽 간에 잠을 깬 명수의 눈앞에 웬 스님이 목탁을 치며 다가왔다.

『여보, 젊은이 들으시오. 나는 지난해 샘가의 감나무에서 감을 따먹다 샘에 빠져 죽은 불제자요.』

『예? 샘에 빠져 죽었다구요?』

『그렇소. 나는 거북이로 환생하여 그 샘에 살고 있던 중 오늘 당신 집까지 오게 되었으니 어서 나를 샘에다 갖다 놓아 주오.』

『아, 정말 모를 일이군요.』

『그 샘 속엔 용궁이 있어 그 용궁에서 유유자적 노닐고 있었는데 오늘 문득 바깥 세상이 그리워 물 위로 나왔다가 변을 당하고 말았소.』

『스님, 하지만 전 오늘 당신을 맡았을 뿐 제 마음대로는 하지 못합니다.』

명수는 두 손을 모아 쥐고 사정했다. 그러자 스님은 격한 호통을 쳤다.

『젊은이, 만일 나를 풀어주지 않으면 마을에 큰 변이 있을 것이니 그리 아시오.』

스님은 말을 마치자 「나무 관세음보살」을 외우며 목탁을 세번 친 후 항아리 속으로 들어가고 말았다.

『스님! 스님!』

『아니 여보, 웬 잠꼬대가 그리 심하세요.』

『아! 꿈인가 생시인가.』

명수의 이마엔 구슬땀이 맺혀 있었다.

『여보, 거북이를 놓아줍시다.』

『참 당신두 무슨 꿈타령이세요. 몇 해째 허리를 앓고 계신 친정아버님께 갖다 드리면 얼마나 좋아하시겠어요.』

아내는 남편의 꿈을 믿으려 하지 않았다. 날이 밝자마자 마을 사람들이 달려왔다.

『여러분, 이 거북이는 약으로 쓸 수가 없습니다. 스님의 화신입니다.』

『뭐 스님의 화신, 별소릴 다 듣겠네.』

『흥 혼자서 약에 쓸려고, 허튼수작 하지 말게.』

『그 거북이가 스님의 화신이라면 중생을 긍휼히 여길 게 아닌가. 그러니 어서 내놓게.』

『안됩니다. 이 거북이를 잡으면 변이 일어날 것입니다.』

『멀쩡한 사람이 갑자기 영물을 얻더니 얼이 빠져 실성을 했나 보군.』

마을 사람들은 명수의 말을 믿지 않았다. 순간 명수는 항아리 속의 거북을 가슴에 안고 뛰기 시작했다.

『저 놈을 잡아라.』

마을 사람들이 뒤를 쫓았다. 헐레벌떡 샘가에 이르렀을 때 바싹 따라온 마을 청년이 명수의 발을 걸었다.

나가 떨어지면서 명수는 거북을 샘물에 던졌다.

순간 거북이 물에 뛰어들기가 무섭게 그토록 맑던 하늘에 먹장구름이 일고 뇌성벽력과 함께 비가 쏟아졌다.

『앗! 비다. 비가 온다.』

명수는 빗발이 튀기는 황토흙 위에 엎드려 외쳤다.

『스님, 감사하옵니다. 스님, 감사하옵니다.』

그 후 이 마을은 늘 우순풍조하고 풍년가 소리가 높았다.

『이게 모두 자네 덕일세. 하마터면 큰 죄를 지을 뻔했네.』

마을 사람들은 명수를 치하했고 그 샘을 용궁샘이라 불렀다. 명주실 세 꾸리가 들어간다는 용궁샘. 지금도 푸르고 차게 넘실대고 있다.

여석산 용궁샘
전남 영암군 신북면 월평리

이태조와 몽불산

『시랑, 삼칠일이 다 되었는데도 아무런 영험이 없으니 필시 과인의 덕이 부족한가 보오.』

『마마, 황공하옵니다.』

성군이 되기 위해 명산대찰을 찾아 간절히 기도하는 이태조의 모습에 시랑은 참으로 감격했다. 창업 이전의 그 용맹 속에 저토록 부드러운 자애가 어디에 숨어 있었을까.

『마마, 예부터 이곳 무등산에는 백팔 나한이 있고 대·소암자가 있어 수많은 산신들이 나한에게 공양을 올렸다 하옵니다. 들리는 바로는 오랜 옛날 석가여래 부처님께서 이곳에서 설법을 하셨고, 그 후 제불보살이 설법을 한다 하옵니다. 다시 삼일기도를 올리심이 어떠하올지요?』

『무학 스님 말에 의하면 무등이 보살이라더니, 이 무등산에 부처님의 사자좌가 있단 말인가. 시랑, 그대는 과연 생각이 깊소 그려. 과인은 산신제를 그만둘까 했는데, 곧 삼일기도를 준비토록 하시오.』

삼칠일기도에 이어 다시 삼일기도를 준비하는 태조는 새벽까지 한잠 자려고 자리에 들었다.

잠이 오질 않았다. 온갖 망상이 떠올랐다 사라지고, 창업 도중 희생된 고려 충신들이 눈앞에 어른거렸다. 그들은 태조를 향해 살인자, 반역자라고 저주했다. 태조는 이를 악물었다.

머리가 뒤숭숭하고 숨결이 가빠지자 가슴에서 노기가 치밀었다. 칼을 더듬어 짚고 일어서며 「악」 하고 외치는 순간 태조는 악몽에서 깨었다.

『마마, 어찌된 연고입니까? 용안이 몹시 피로해 보입니다.』

『오! 시랑, 거기 있었구려. 꿈을 꾸었소.』

태조의 이마에는 땀이 비오듯 흘렀다.

『시랑, 아무래도 과인의 덕이 부족한 모양이오.』

『마마, 황공하오나 옥체가 허약하시기 때문인가 하옵니다. 마음을 편히 가지시고 좀 쉬시옵소서.』

『시랑, 그러리다. 시랑이 나의 침상을 지켜 주오.』

태조는 다시 자리에 누웠다.

몽롱한 미열 속에 구름을 탄 기분으로 그는 무등산 산정을 향해 가고 있었다. 밝은 빛이 사방에서 산정을 비추는데 태조는 그 빛에 이끌리듯 다가갔다.

이윽고 산정에 이르자 한 신령이 그를 기다리고 있었다.

『태조대왕, 먼 길 오시느라 수고가 많았소.』

『과인이 이곳에 온 것을 어찌 알았습니까?』

『오늘이 무등산에서 열리는 우란분재법회 마지막 날입니다. 대왕께서 삼칠일기도를 올리는 동안 인근 보살과 나한, 신령들이 모두 여기 참석하느라 대왕의 기도처엔 가질 못했습니다. 그러던 차에 대왕이 비명을 질러 석가 부처님께서 지신을 보내 연유를 알아오도록 했지요. 지신이 대왕 처소로 가던 중 정몽주 등 고려 충신을 만나 사연을 듣고 왔습니다.』

『정몽주가?』

『그렇습니다. 부처님께서는 대왕의 부덕함을 뉘우치는 겸손을 매우 기뻐하시며 맞아오도록 했습니다. 해서 제가 기다리고 있었지요.』

『오, 석가 부처님께서요!』

태조는 감격 어린 목소리로 외쳤다.

두 사람이 법회 장소에 이르자 석가 세존은 가부좌를 하고 설법 중이었다.

『대왕이시여, 어서 오십시오.』

부처님은 태조대왕을 손짓해 부르며 맞았다.

『세존이시여, 먼 해동국까지 납시어 법회를 설하시는 자비에 감읍하옵니다.』

『대왕이시여, 예부터 왕도는 치도이며 인도라고 했습니다. 중생을 어여삐 여기는 자비로써 왕도를 가야 할 줄 압니다.』

『세존이시여, 부디 그 길을 자세히 일러주십시오. 저의 조선조 창업이 그릇되지 않았다면 백성과 사직을 어떻게 다스려야 하겠나이까?』

이때 세존께서는 주장자를 높이 들었다.

『대왕이시여, 나의 주장자가 가리키는 곳을 보시오.』

주장자는 검푸른 밤하늘을 가리켰다. 순간 주장자 끝에서 물이 넘쳐 흘러 강을 이루고 강가에서 산봉우리가 치솟아 올랐다. 산은 세 갈래로 갈라져 흡사 솥발처럼 솟았다. 복판에는 주장자가 붓 모양으로 변해 하늘에 치솟고 세 개의 산봉우리가 허리에 강을 끼고 둘러섰다. 흐르는 강물 소리는 아득한 말소리가 되어 『대왕이시여, 그대의 치세가 만세에 이르고 그 치적을 나는 하늘에 적으리라.』고 했다.

얼마나 시간이 흘렀을까. 주위를 살핀 태조는 놀랐다. 침상가에서 시랑이 조심스럽게 태조를 지켜보고 있었다. 한동안 꿈 속의 일을 생각하던 태조는 시랑을 불러 꿈 이야기를 했다.

『마마, 필시 기도의 영험인가 하옵니다.』

『옳소. 어서 과인이 꿈에 본 산을 찾도록 하시오.』

마침내 사람을 놓아 담양군 수북면 삼인산이 꿈속의 산과 흡사함을 발견했다. 삼일기도가 끝난 일행은 곧 그 산으로 갔다.

『오! 과인이 꿈에 본 산과 흡사하구나. 앞으로는 이 산을 「몽불산夢佛山」이라 부르도록 해라. 그리고 해마다 국태민안을 기원하는 기도처로 삼으라.』

그 후 오랫동안 나라에서 올리는 산신제가 이곳에서 열렸다. 세월이 흐른 지금까지도 아들 낳기를 바라는 여인들의 기도처가 되고 있다. 산 이름은 「몽선산夢仙山」으로 바뀌었다.

담양 · 몽불산
1. 전남 담양군 대전면 행성리
2. 전남 담양군 수북면 오정리

불보를 수지한 스님

때는 신라 말엽. 여름 안거를 마치고 10여 명의 제자들과 함께 만행길에 오른 혜린선사는 험한 산중에서 하룻밤 노숙하게 됐다.

『스님, 아무래도 심상치 않습니다.』

『무슨 일이냐?』

『나라 안에 번지고 있는 괴질이 이 산중까지 옮겨졌는지 일행 중 두 스님의 몸이 불덩이 같사옵니다.』

『날이 밝는 대로 약초를 찾아볼 것이니 너무 상심치 말고 기도하며 잘 간병토록 해라.』

이튿날, 혜린선사는 약초를 뜯어 응급처치를 취했으나 효험은커녕 환자가 하나 둘 더 늘어나 털썩털썩 풀섶에 주저앉았다.

『모두들 내 말을 명심해서 듣거라.』

아무래도 예사롭지 않은 질병임을 느낀 혜린 스님은 엄숙한 어조로 말문을 열었다.

『우리는 상구보리 하화중생을 서원한 출가 사문임을 잠시도 잊어서는 안된다. 무릇 출가 사문은 어려움을 이겨낼 수 있는 극기력이 있어야 하거늘 이만한 병고쯤 감당치 못하고서야 어찌 훗날 중생을 제도하겠느냐. 오늘부터 병마를 물리치기 위해 정진에 들 것이니 전원이 한마음으로 기도토록 해라. 필시 부처님의 가피가 있을 것이니라.』

기도로써 병마를 이겨야 한다고 생각한 혜린선사는 정결한 기도처를 찾기 위해 주변을 살폈다.

『아니, 이럴 수가….』

스님은 자신의 눈을 의심했다.

바로 가까운 곳에 연잎이 무성한 연못이 있는가 하면 못 가운데 문수보살 석상이 우뚝 서 계시는 것이 아닌가. 참으로 뜻밖의 발견에 스님은 기뻤다.

『문수보살님께서 우리를 구하러 오셨구나.』

문수보살을 향해 정좌한 일행은 기도에 들어갔다. 7일 기도를 마치던 날 밤.

『이제 모든 시련이 다 끝났으니 안심해라. 그리고 이 길로 새 절터를 찾아 절을 세우고 중생구제의 서원을 실천토록 해라.』

비몽사몽간에 부처님을 친견한 혜린선사는 감격 또 감격하여 절을 하다 눈을 떠보니 부처님은 간 곳이 없었다.

고개를 들어 주위를 살핀 혜린 스님은 또 놀랐다.

『스님! 저희 모두 질병이 완쾌됐습니다. 스님의 기도가 극진하여 부처님의 영험이 있으셨나 봅니다.』

다 죽어가던 제자들이 건강한 모습으로 환호하는 광경을 본 혜린 대사는 다시 눈을 감고 앞에 의연히 서 계신 문수보살님께 감사했다.

『저희들을 사경에서 구해주신 문수보살님, 참으로 감사하옵니다. 보살님의 거룩하신 자비심으로 저희들의 앞길을 인도하여 주옵소서.』

기도를 마치고 눈을 뜬 혜린 스님은 마치 꿈을 꾸는 듯 어안이 벙벙했다. 언제 오셨는지 노스님 한 분이 미소를 지으며 스님을 바라보고 있는 것이 아닌가.

『내가 헛것을 보고 있나? 아니면 문수보살 석상이 생불生佛로 화현하셨나?』

혜린 스님은 못 가운데로 눈을 돌렸다. 분명 그곳엔 문수보살님이 서 계셨다. 잠시 마음을 가다듬은 스님은 정중하게 합장 배례한 뒤 노스님에게 물었다.

『어디서 오신 스님이신지요?』

『소승은 석가 세존께서 스님에게 전하라는 귀중한 선물을 가지고 왔으니 너무 놀라지 마시오.』

노스님은 붉은 가사 한 벌과 향 내음 그윽한 발우, 그리고 세존 진골의 일부분인 불사리를 건네주었다. 혜린대사는 감격하였다.

『이런 불보를 감히 소승이 받을 수 있겠습니까?』

『사양 말고 수지하십시오. 그리고 대사! 소승이 전하는 말을 꼭 명심하여 실천토록 하시오.』

『예, 명심하겠습니다.』

『제자들을 데리고 전라도 남쪽 땅으로 가시오. 그곳에 가면 송광산이 있는데 거기가 바로 이 불보를 모시고 불법을 전할 성지입니다. 이는 아무도 모르는 사실이니 대사께서 어서 가서 절을 세우고 중생교화의 원력을 실천하시오. 그것만이 부처님의 가피에 보답하는 길입니다.』

노승을 통해 부처님의 부촉을 받은 혜린대사는 너무 기뻐 눈물을 흘리며 삼배를 올렸다. 절을 마치고 보니 노스님은 간 곳이 없었다. 혜린대사 일행은 전라도로 발길을 옮겼다.

여러 날이 지나 지금의 승주군 송광면 마을 어귀에 다다랐을 때 일행은 백발이 성성한 촌로를 만났다. 노인은 반색을 하며 정중하게 합장 배례를 한 후 궁금한 듯 물었다.

『무슨 일로 이 마을에 오셨는지요?』

『예, 송광산이 영산이라기에 절을 세우려고 찾아왔습니다.』

『참으로 잘 오셨습니다. 예부터 전해오는 전설에 의하면 장차 이 산에서 18공이 출현, 불법을 널리 홍포할 것이라 하여 18공을 의미하는 「송」 자에 불법을 널리 편다는 「광」 자를 더하여 「송광산松廣山」이라 불렀다 합니다. 그래서인지 마을 사람들은 언제부터인지 몰라도 이 산에서 성인이 나오기를 기다리고 있답니다.』

이때였다. 송광산 기슭에 오색 무지개 같은 영롱한 서기가 피어올랐다.

『오! 저기로구나.』

맑은 계곡을 따라 서기가 피어오른 곳으로 향하던 혜린선사는 문득 걸음을 멈추고 석장을 꽂았다.

그날부터 절 짓는 일이 시작되었다. 나무를 베어내고 잡초를 거두고 터를 닦으니 고을에서 뿐 아니라 먼 곳에서까지 사람들이 구름처럼 몰려와 속히 성인이 출현하길 기원하면서 불사에 동참했다.

절이 완성되어 진골 불사리를 모시던 날 밤. 절 안에는 교룡이 나는 듯 상서로운 기운이 가득했다. 선사는 절 이름을 「길상사吉祥寺」라 칭하니 이 절이 바로 16국사를 배출하고 선풍을 진작시킨 조계총림 「송광사松廣寺」다.

순천 · 송광사
전남 순천시 송광면 송광사안길 100 (신평리 12)

종이장수의 깨달음

조선조 중엽. 지금의 해남 대흥사 산내 암자인 진불암에는 70여 명의 스님들이 참선 정진하고 있었다.

어느 날 조실 스님께서 동안거 결제법어를 하고 있는데 마침 종이 장수가 종이를 팔려고 절에 왔다.

대중 스님들이 모두 법당에서 법문을 듣고 있었으므로 종이장수 최씨는 누구한테도 말을 건넬 수 없었다. 그냥 돌아갈 수도 없고 해서 최씨는 법당 안을 기웃거리다 법문하시는 조실 스님의 풍채에 반해 자기도 모르게 법당 안으로 들어갔다. 맨 뒤쪽에 앉아 법문을 다 들은 최씨는 그 뜻을 다 이해할 수는 없었지만 거룩한 말씀이라고 생각했다. 그리고 태중 스님들의 경건한 모습이며 법당 안의 장엄한 분위기가 최씨의 마음을 사로잡았다.

『나도 출가하여 스님이 될 수 있으면 오죽 좋을까.』

내심 생각에 잠겼던 최씨는 결심을 한 듯 법회가 끝나자 용기를 내어 조실 스님을 찾아갔다.

『스님, 저는 떠돌아다니며 종이를 파는 최창호라 하옵니다. 오늘 이곳에 들렀다가 스님의 법문을 듣고 불현듯 저도 입산수도하고픈 생각이 들어 스님을 찾아뵙게 되었습니다.』

조실 스님은 최씨를 바라만 볼 뿐 말이 없었다.

「그러면 그렇지. 종이장수 주제에 종이나 팔면서 살 것이지 스님은 무슨 스님. 불쑥 찾아든 내가 잘못이지.」

가슴을 조이며 조실 스님의 답을 기다리던 최씨는 마음을 고쳐먹고 일어서려 했다. 이때였다.

　　『게 앉거라. 간밤 꿈에 부처님께서 큰 발우 하나를 내게 주셨는데 자네가 오려고 그랬구나. 지금은 비록 종이장수지만 자네는 전생부터 불연이 지중하니 열심히 공부해서 큰 도를 이루도록 해라.』

　　최씨를 법기라고 생각한 조실 스님은 그 자리에서 머리를 깎아 주었다.

　　최행자는 그날부터 물을 긷고 나무를 하는 등 후원 일을 거들면서 염불 공부를 시작했다. 그런데 어찌된 영문인지 그는 후원 일과는 달리 염불은 통 외우지를 못했다. 외우고 뒤돌아서면 잊어버리고 또 외워도 그때뿐이었다. 대중들은 그를 「바보」라고 수군대며 놀려댔다. 최행자는 꾹 참고 노력에 노력을 해 봤으나 허사였다. 입산한 지 반년이 지났으나 그는 천수경도 못 외웠고, 수계도 못 받았다.

　　그는 자신의 우둔함을 탓하면서 그만 하산하기로 결심하고 조실 스님께 인사드리려고 찾아갔다.

　　『스님, 저는 아무래도 절집과 인연이 없나 봅니다. 반년이 지나도록 염불 한 줄 외우지를 못하니 다시 마을로 내려가 종이 장사나 하겠습니다.』

　　최행자의 심각한 이야기를 다 들은 조실 스님은 빙그레 웃으시며 말씀하셨다.

　　『너무 심려치 말고 공부를 계속하거라. 옛날 부처님 당시에도 너 같은 수행자가 있었는데 열심히 공부하여 깨달음을 얻었느니라.』

　　조실 스님은 옛날 인도에서 부처님을 찾아가 수행하던 「판타카」 형제의 이야기를 들려주시며 최행자를 위로했다.

형과 함께 출가한 판타카는 아무리 부처님께서 법을 설하셔도 기억하질 못했다. 마침내 그는 대중 스님들로부터 바보라고 놀림을 받게 됐다. 판타카는 울면서 부처님 곁을 떠나기로 결심했다.

그때 부처님은 말씀하셨다.

『판타카야, 내 말을 기억하거나 외우는 일은 그렇게 소중한 일이 못된다. 오늘부터 너는 절 뜰을 말끔히 쓸고 대중 스님들이 탁발에서 돌아오면 발을 깨끗이 닦아 주거라. 이처럼 매일 쓸고 닦으면 얻는 바가 있을 것이니라.』

부처님은 판타카에게 「쓸고 닦으라」고 일러주셨다. 판타카는 그날부터 정사의 뜰을 쓸고 스님들의 발을 씻어 주었다. 판타카가 잊고 있으면 대중 스님들은 대야에 물을 떠 가지고 와서 거만스럽고 비양거리는 말투로 「쓸고 닦으라」면서 더러운 발을 내밀었다. 그렇게 여러 해가 지난 어느 날 아침. 판타카는 마당을 쓸던 빗자루를 땅바닥에 홱 내던지면서 크게 소리쳤다.

『알았다, 알았어.』

그는 뛸 듯이 기뻐하며 단숨에 부처님 앞에 나아갔다.

『부처님 알았습니다. 알았어요.』

『뭘 알았단 말이냐?』

『부처님께서 제게 쓸고 닦으라신 말씀은 매일같이 저의 업장을 쓸고 마음을 닦으라는 뜻이었지요.』

『오! 판타카야, 참으로 장하구나.』

부처님은 그 길로 큰 북을 울리셨다. 대중이 한자리에 모이자 부처님은 기쁨에 찬 목소리로 말씀하였다.

『판타카는 깨달았다. 판타카는 깨달았다.』

조실 스님의 이야기를 다 들은 최행자는 「판타카」와 같은 수행인이 되기로 마음을 다졌다. 그는 후원 일을 도맡아 하면서 외우지는 못할 망정 《천수경》을 읽고 또 읽었다.

그러던 어느 날 밤. 조실 스님이 막 잠자리에 들려는데 밖에서 환한 불빛이 비쳤다. 이상스럽게 생각하고 문을 열어 보니 최행자 방에서 방광이 일고 있었다.

조실 스님은 감격스러웠다.

최행자는 곤하게 잠들어 있는데 그가 읽던 《천수경》에서 경이로운 빛이 발하고 있는 것이 아닌가.

그 다음날 또 이변이 일어났다. 글 한 줄 못 외우던 최행자가 천수경뿐 아니라 무슨 경이든 한 번만 보면 줄줄 외워 나갔다.

이 스님이 후일 대흥사 13대 국사의 한 분인 범해 각안 스님이다. 유명한 저서로 《동사열전》이 있다.

조실 스님은 선대 스님들로부터 들어온 「진불암」 창건 유래를 생각하며 또 한 분의 진불이 출현했다고 생각했다.

진불암을 처음 창건하게 된 동기는 옛날 남인도에서 불상과 16나한상 그리고 《금강경》과 《법화경》 등을 모시고 온 배가 전라도 강진 땅 백도방에 도착한 데서 비롯됐다.

영조 스님 일행이 명당지를 찾아 인도 부처님을 봉안하던 날 밤, 스님은 꿈에 한 노인으로부터 「이곳은 후세에 진불이 출현할 가람이니라.」는 계시를 받고 절 이름을 「진불암眞佛庵」이라 명명했다.

대흥사 · 진불암
전남 해남군 삼산면 대흥사길 400 (구림리 799)

누워 계신 미륵부처님

　전남 영암군 학선면 학계리 광암 서북쪽에 미륵당이라는 곳이 있는데, 이곳에는 높이 3.6m, 너비 1.5m의 미륵을 모시는 당집이 있다.

　옛날 조선 선조 때 이 당집이 세워지기 전 광암 마을에 아기를 낳지 못하는 정씨라는 한 농부가 살고 있었다.

　장가들어 2~3년간은 이제나 저제나 하고 아기를 기다렸으나 태기가 없자 정씨 부인은 명산대찰을 찾아 부처님께 기도 드리기를 게을리하지 않았다.

　『여보, 아무래도 기도가 부족한 모양이에요.』

　『그보다 얼마나 더 열심히 기도할 수가 있겠소. 아마 우리 부부는 전생부터 자식연이 없는가 보구려. 너무 낙심치 말고 좀더 기다려 보다가 끝내 자식이 없게 되면 양자라도 하나 들이도록 합시다.』

　정씨는 미안해 하는 아내 보기가 민망했는지 위로의 말을 주긴 했으나 내심으로는 섭섭한 마음이 없지 않았다.

　그러던 어느 날 밤. 정씨는 깊은 꿈속에서 미륵부처님을 만났다.

　『내가 지금 쓰러져 있어 몹시 불편하니 나를 일으켜 세워주면 앞으로 좋은 일이 있을 것이니라.』

　미륵부처님은 이렇게 말하고는 홀연히 자취를 감추었다.

　이튿날 아침 정씨는 아내에게 꿈 이야기를 하고는 집에서 멀지 않은 곳에 위치한 미륵부처님이 가르쳐 준 자리를 파기 시작했다. 얼마쯤 파들어 가니 과연 땅속에는 미륵불이 옆으로 누운 채 묻혀 있었다.

정씨 내외는 미륵불을 파내 집에다 모셔 놓고는 조석으로 지성껏 불공을 드렸다.

그렇게 조석불공을 드리기 백일째 되던 날 밤. 정씨 부인은 큰 잉어를 가슴에 품는 꿈을 꾸었다.

『여보, 아무래도 꿈이 이상해요.』

정씨 부인은 기쁜 듯 꿈 이야기를 하면서 태몽인 것 같다고 말하자, 정씨 내외는 너무 좋아 손을 맞잡고 눈물을 글썽거렸다.

『여보, 오늘부터는 물도 내가 길어 줄 것이니 힘든 일은 하지 말고 몸조심해야 하오.』

그로부터 열 달 후 정씨 부인은 귀여운 옥동자를 분만했다.

금슬 좋은 정씨 내외는 이제 부러울 것이 없었다. 다만 살림이 좀 궁색한 것이 흠이었으나 무럭무럭 자라는 아기를 바라보면 가난도 다 잊고 그저 기쁘기만 했다. 정씨 내외는 미륵부처님의 가피가 늘 고마워 하루도 빠짐없이 감사 기도와 공양 올리기를 게을리하지 않았다.

아기 낳은 지 1년쯤 되었을 때다. 이웃 천석꾼 최씨 집에선 착하고 일 잘하는 정씨에게 많은 소작거리를 주었다. 부지런히 쉬지 않고 일한 정씨네는 서서히 살림이 불어나기 시작했다. 아무리 가뭄이 크게 들어도 정씨집 농사는 풍작을 거두었고 수해가 지나가도 탈없이 수확을 거두어 그는 마침내 큰 부자가 됐다.

살림 형편이 좋아지자 정씨는 집 뒤에 당집(전각)을 짓고는 미륵부

처님을 모셨다. 그렇게 세월은 흘러 정씨 내외도 환갑을 바라보게
되었다.

『여보, 이제 우리가 살 날도 그리 많지 않으니 좋은 일을 하고 가
도록 합시다.』

정씨가 아내에게 말하자 부인도 선뜻 찬성했다.

『내 의견으로는 우리집 재산 중 아들 몫을 남기고는 모두 인근의
어려운 이웃에게 나눠 주고픈데 부인은 어떻게 생각하오.』

『저도 그렇게 생각했는데 어쩜 뜻이 똑같군요.』

내외는 흐뭇한 웃음을 지으며 마을에서 제일 어려운 집을 꼽았다.
그리고는 이튿날 모두 집으로 초대하여 크게 잔치를 베풀었다.

『차린 것은 없지만 많이 드십시오.』

『오늘이 무슨 날인가 보군요. 이렇듯 많은 음식을 장만하고 보잘
것없는 우리까지 모두 부르다니….』

『아무 날도 아닙니다. 여러분들과 함께 음식을 나누면서 상의하
고픈 일이 있어서 자리를 마련했습니다.』

마을 사람들은 영문을 몰라 궁금해 했다. 정씨는 싱글벙글 웃는
얼굴로 음식을 권했다.

『천천히 드시면서 제 이야기를 들어 주세요. 제가 여러분들을 모
신 것은 제 재산을 나눠드리기 위해서입니다.』

『아니 재산을 주다니요?』

마을 사람들은 먹던 수저를 놓고는 어안이 벙벙해졌다.

『그렇습니다. 제가 아들을 얻고 또 넉넉하게 살게 된 것은 모두가
미륵부처님의 가피를 입었기 때문입니다. 본래 재물이란 주인이 없

는 것이니 부처님 은혜를 갚는 뜻에서 이 자리를 마련한 것입니다.』

마을 사람들은 정씨 뜻이 너무 고마워 말을 잇지 못했다.

이웃 사람들에게 고루 재산을 나눠준 정씨는 제일 좋은 전답을 미륵불 모실 제수답으로 하고는 자기가 죽은 뒤 공동으로 농사를 지어 미륵부처님께 매년 제사를 지내달라고 당부했다.

그 뒤 이 마을에선 매년 미륵부처님께 제사를 올리고 있다. 제주는 1주일 전부터 목욕재계하고 온 마을 사람들이 모여 제사를 지내는데 자식 없는 부인들이 지성으로 기도 드리면 아들을 낳는다고 한다.

영암·미륵당
전남 영암군 학선면 학계리 광암

보조국사와 숯 굽는 영감

송광사 16국사 중 제1세인 불일 보조국사佛日普照國師가 운수납자로 행각을 하던 때의 일이다.

어느 날 깊은 산중에서 날이 저물자 하룻밤 쉬어 갈 곳을 찾던 스님은 산기슭에서 숯 굽는 움막을 발견했다.

『주인 계십니까?』

『뉘신지요?』

움막에서는 지긋한 노인의 목소리가 들려왔다.

『지나가는 객승인데 하룻밤 신세 좀 질까 합니다.』

움막 안의 노인은 스님을 맞게 됨이 영광스러운 듯 내다보지도 않던 좀전과는 달리 허리를 구부려 합장하며 정중히 모셨다.

『이런 누추한 곳에 스님을 모시게 되다니 그저 송구스러울 뿐입니다.』

노인은 감자를 구워 저녁을 대접하고 갈자리 방에 스님을 쉬게 했다.

『영감님은 무얼 하며 사시나요?』

『그저 감자나 심어 연명하면서 숯을 굽고 산답니다.』

한참 신세타령을 늘어 놓는 노인에게 스님은 물었다.

『영감님 소원은 무엇입니까?』

『금생에야 무슨 희망이 있겠어요. 다만 내생에 다시 태어난다면 중국의 만승천자萬乘天子가 되고 싶습니다. 어떻게 하면 제 소원이 이뤄질 수 있을까요?』

『선업을 쌓고 열심히 참선을 하시면 됩니다.』

스님은 공부하는 방법을 자상하게 일러줬다.

그 뒤 30여 년간 수도에 전념하던 스님은 길상사(현 송광사)에 주석하게 되었다.

그 당시 길상사는 이미 퇴락될 대로 퇴락되어 외도들이 절을 점거하고 있었다. 하루는 스님께서 외도들에게 길상사 중창의 뜻을 밝혔으나 외도들은 물러나려 하지 않았다.

『여보게, 우리 오늘은 저 스님이나 놀려주세.』

『그거 재미있겠는데.』

외도들은 절 앞 냇가에 나가 물고기를 잡아 한 냄비 끓여 놓고 먹다가는 그 앞을 지나는 스님을 불러 세웠다.

『스님께서 이 고기를 먹고 다시 산 고기를 내놓을 수 있다면 우리가 절을 비워 주겠소.』

스님은 어처구니가 없었으나 말없이 물고기를 다 먹었다. 그리고는 물가로 가서 토해 내니 물고기들은 다시 살아 꼬리를 흔들며 떼지어 퍼드득거렸다. 스님의 도력에 놀란 외도들은 즉시 절을 떠났다.

지금도 송광사 계곡에는 그 물고기가 서식하고 있는데 토해 낸 고기라 하여 「토어吐魚」 또는 「중택이」·「중피리」 라고 부른다. 그 후 스님은 길상사를 크게 중창하고 절 이름을 수선사라 개칭하는 한편 정혜결사문定慧結社文을 선포하여 납자를 제접하고 선풍을 드날렸다.

그러던 어느 날.

중국 천태산에서 16나한님이 금나라 천자의 공양청장을 가지고 스님을 모시러 왔다. 그러나 스님은 너무 거리가 멀 뿐 아니라 승려 신분으로 왕가에 가는 것은 불가하다며 사양하였다.

『큰스님께서는 과거의 인연을 생각하시어 눈만 감고 계십시오. 우리가 모시고 갈 것입니다.』

꼭 모셔가야겠다고 작정한 나한님들은 간곡하면서도 강경하게 권했다.

스님이 조용히 눈을 감고 선정에 드니 순식간에 중국 천태산 나한전에 도착했다. 절에서는 막 백일기도를 회향하고 있었다. 법회가 끝난 뒤 대신들은 스님께 아뢰었다.

『천자께서 등창이 났는데 백약이 무효입니다. 해서 이곳 나한님께 백일기도를 올렸더니 나한님들의 신통력으로 스님을 모셔왔습니다.』

순간 스님의 뇌리엔 산중에서 숯 굽던 노인이 떠올랐다. 스님은 천자의 환부를 만지면서 『내가 하룻밤 잘 쉬어만 갔지 그대 등 아픈 것은 몰랐구먼. 이렇게 고생해서야 되겠는가. 어서 쾌차하여 일어나게.』 하니 천자의 등창은 언제 아팠느냐는 듯 씻은 듯이 완쾌되었다.

천자는 전생의 인연법을 신기하게 생각하고 스님을 스승으로 모셨다.

『스님, 그냥 가시면 제가 섭섭하여 아니되옵니다.』

천자는 사양하는 스님에게 보은의 기회를 청하면서 금란가사와 많은 보물을 공양 올리고는 아들인 세자로 하여금 스님을 시봉케 했다. 보조 스님은 중국의 세자를 시봉으로 삼아 수선사로 돌아왔다.

보조 스님과 함께 온 금나라 세자는 현 송광사가 자리한 조계산 깊숙한 곳에 암자를 짓고 수도에 전념하니 그가 바로 담당국사다. 담당국사가 청건한 이 암자는 천자와 보조 스님의 인연으로 「천자암 天子庵」이라 불렀다.

담당국사는 그 후 효봉, 구산선사가 주석하던 지금의 삼일암에 내려와 영천수를 마시면서 공부하다 3일만에 견성했다. 때문에 그 방을 「삼일암」이라 명명했고 약수는 「삼일천수」라 부르고 있다.

지금도 조계산 내 암자 중에서 가장 먼 거리에 자리한 천자암 뒤뜰에는 보조국사와 세자가 짚고 와서 꽂아둔 지팡이가 뿌리를 내려 자랐다는 두 그루의 향나무 쌍향수(천연기념물 제88호)가 전설을 지닌 채 거목으로 서 있다. 천자암은 불일국제선원의 모체라는 설도 있다.

보조국사는 경신년(1210) 3월 우연히 병을 얻었다. 스님은 7일 후 열반에 드실 것을 미리 알아 목욕하신 후 27일 아침 법복으로 갈아 입으시더니 설법전에 나아가 대중을 운집시켰다.

법상에 오른 스님이, 『대중은 일착자一着子를 남김없이 물어라. 내가 마지막으로 설파하리라.』하시니 한 제자가 물었다.

『옛날 유마거사가 비야리성에서 병을 보였고 오늘 스님께선 조계에서 병이 나셨으니 같습니까, 틀립니까?』

『너는 같은가 틀린가만 배웠느냐?』

스님은 주장자로 법상을 두번 치시고는, 『천 가지 만 가지가 여기에 있느니라.』고 이르시고는 앉은 채 조용히 열반에 들었다.

문도들은 향화香花를 공양 올리고 7일 후 다비하려고 하니 얼굴이 생시와 같았으며 수염이 자라 있었다.

송광사에서는 매년 음력 3월이면 지눌 또는 스스로 목우자라 불렸던 보조국사 종제를 봉행하며 그 유덕과 가르침을 기리고 있다.

송광사 · 천자암
전남 순천시 송광면 천자암길 105 (이읍리 1)

공주의 울음과 불사

『주지와 대중은 들으라.』

『예.』

『내일 아침 밀가루 항아리에 손을 넣어 밀가루가 묻지 않는 사람을 화주승으로 삼아라.』

때는 조선 숙종조. 임란 때 소실된 장륙전 중창 원력을 세운 대중들이 백일기도를 마치기 전날 밤. 대중은 일제히 백발의 노승으로부터 이 같은 부촉을 받았다.

회향일인 이튿날 아침 큰방에 모인 대중은 긴장된 표정으로 차례를 기다려 밀가루 항아리에 손을 넣었으나 한결같이 흰손이 되곤 했다. 이제 남은 사람은 주지 계파 스님뿐. 스님은 스스로 공양주 소임을 맡아 백일간 부엌일에만 충실했기에 아예 항아리에 손을 넣지 않았다. 그러나 하는 수 없이 마지막으로 항아리에 손을 넣었다. 이게 웬일인가. 계파 스님의 손에는 밀가루 한 점 묻지 않았다.

스님은 걱정이 태산 같아 밤새 부처님께 기도를 올렸다.

『너무 걱정 말고 내일 아침 길을 떠나 제일 먼저 만나는 사람에게 시주를 청하라.』

간밤 꿈에 만났던 그 백발의 노승이 다시 나타나 일깨워 주었다.

『나무 관세음보살.』

새벽 예불 종소리가 끝나자 주지 스님은 가사장삼을 수하고 산기슭 아랫마을로 향했다. 마을 어귀에 들어서도록 아무도 만나지 못한 계파 스님은 초조와 실망을 금치 못했다.

『아! 내가 한낱 꿈속의 일을 가지고….』

쓴쓰레 웃으며 마지막 마을 모퉁이를 돌아설 때, 눈앞에 사람의 모습이 보였다. 순간 기쁨에 넘친 스님은 그쪽으로 걸음을 옮겼다. 남루한 거지 노파였다. 스님은 그 모습에 이내 실망했다. 그러나 백발 노승의 말을 믿기로 한 스님은 노파에게 공손히 인사를 했다.

눈이 휘둥그래진 거지 노파는 몸둘 바를 몰랐다.

『아니 스님, 쇤네는….』

그러나 스님은 그 자리에 꿇어앉아 더욱 머리를 조아리며 간청했다.

『소승의 소망은 불타 없어진 절을 다시 복구하는 일이옵니다. 하오니 절을 지어 주시옵소서.』

『아이구, 나 같이 천한 계집이 스님에게 절을 받다니 말이나 되나. 안되지 안돼.』

총총히 사라지는 주지 스님의 뒷모습을 바라보던 노파는 결심했다.

『다 늙은 것이 주지 스님께 욕을 뵌 셈이니 이젠 죽는 수밖에 없지. 난 죽어야 해. 아무데도 쓸데없는 이 하찮은 몸, 죽어 다음에 태어나 큰 불사를 이루도록 부디 문수 대성은 가피를 내리소서.』

할멈은 그 길로 강가로 갔다. 짚신을 바위 위에 가지런히 벗어 놓고는 강물에 투신자살을 했다.

소문이 삽시간에 퍼지자 스님은 살인범 누명을 쓰게 됐다.

『아, 내가 허무맹랑한 꿈을 믿다니.』

스님은 바랑을 짊어진 채 피신길에 올라 방랑생활을 시작했다.

그로부터 5~6년 후.

창경궁 안에서는 태어날 때부터 울음을 그치지 않는 공주를 큰길에 다락을 지어 가두라는 왕명이 내렸다.

『폐하, 노여움을 푸시고 명을 거두어 주옵소서.』

『듣기 싫소, 어서 공주를 다락에 가두고 명의를 불러 울음병을 고치도록 하라.』

이 소문을 전해 들은 계파 스님은 호기심에 대궐 앞 공주가 울고 있는 다락 아래로 가 보았다.

이때 묘한 일이 일어났다. 그렇게 울기만 하던 공주가 울음을 뚝 그쳤다.

『공주!』

황후는 방실방실 웃어대는 공주를 번쩍 안으며 기뻐 어쩔 줄 몰라 했다.

『아니, 공주가 손가락으로 누구를 가리키며 웃사옵니다. 폐하!』

『허허! 정말 그렇구나.』

임금과 왕후는 주위를 훑어보았다.

『폐하! 저기 저 스님을 가리키고 있사옵니다.』

『응, 스님을?』

모든 사람의 시선이 계파 스님에게 쏠렸다.

주위를 의식한 스님이 그만 자리를 떠나려 하자 공주는 또 울기 시작했다.

『여봐라, 저 스님을 모시도록 하라.』

임금 앞에 부복한 스님은 얼떨떨했다.

『폐하, 죽어야 할 몸이오니 응분의 벌을 주시옵소서.』

스님은 지난날의 일을 낱낱이 고하며 눈물을 흘렸다.

울음을 멈춘 공주는 달려와 스님에게 매달렸다. 그리고는 태어날 때부터 펴지 않던 한 손을 스님이 만지니 스스로 펴는 것이 아닌가. 손바닥엔 「장륙전」이란 석 자가 씌어 있었다.

이 모습을 본 황제는 지그시 눈을 감았다.

『내 일찍이 부처님의 영험을 알지 못하고 크고 작은 죄를 범하였으니, 스님 과히 허물하지 마십시오.』

『무슨 말씀이옵니까. 소승 몸둘 바를 모르겠습니다. 폐하!』

『공주가 스님을 알아보고 울지 않는 것은 필시 스님과 전생에 깊은 인연이 있음을 뜻함이오. 짐은 이제사 크게 깨달은 바가 있어 스님을 도와 절을 복구할 터인즉 어서 불사 준비를 서두르시오.』

숙종대왕은 장륙전 건립의 대원을 발하고 전각이 완성되자 「각황전覺皇殿」이라 이름했다. 왕이 깨달아 건립했다는 뜻이다.

이 건물이 바로 숙종 25년에 시작하여 28년에 완성된 2층 팔각지붕의 국보 제 67호이다.

화엄사 · 각황전
전남 구례군 마산면 화엄사로 539-1 (황전리 산 20-1)

왕자의 태묘

조선 제16대 임금 인조가 이 괄의 난을 피해 공주로 피난갔을 때였다.

왕과 함께 공주로 내려온 왕후가 피난지에서 옥동자를 분만하니 그가 바로 아지대군이다. 난중이긴 했지만 왕손을 얻게 되자 상감과 조정대신들은 모두 왕자의 탄생을 축하하며 기뻐했다.

왕후가 해산하고 얼마 안되어 아직 산고도 채 가시지 않았는데 상궁이 중전에게 아뢰었다.

『중전마마!』

『왜 그러느냐?』

『태를 태합에 담았사옵니다.』

『그럼 어서 묻도록 하여라.』

당시 왕손의 태는 함에 담아 무덤 형식의 분을 만들어 묻었다 한다. 중전의 허락을 받아 아지대군의 태는 공주에서 가까운 계룡산에 정성스럽게 묻혔다.

궁을 떠나 피난지에서 태어난 아지대군은 주변이 어수선해서인지 태어나면서부터 잘 먹지를 않고 어쩐 일인지 자주 앓았다. 갓난아기인지라 약도 맘대로 쓸 수가 없어 왕실의 걱정은 태산 같았다. 생각다 못한 왕비는 어느 날 나들이 채비를 하고 상궁을 불렀다.

『상궁, 불공을 드리러 갈 터이니 즉시 절에 갈 준비를 하도록 하라.』

『마마! 갑자기 불공은 어인 일이십니까? 아직 몸도 성치 않으시온데, 후일로 미루시는 것이 어떠하올린지요?』

그때 아기의 보채는 울음소리가 들렸다. 중전은 한숨지으며 말을 이었다.

『아지대군이 저렇게 보채기만 하고 날이 갈수록 기력을 잃어가니 부처님께 영험을 빌어보려고 그런다.』

왕후가 이틀 동안 계속 불공을 올리고 사흘째 되는 날이었다. 전날과 같이 몸을 정하게 단장하고 법당에 나가려는데 갑자기 소리없이 방문이 열리면서 붉은 도복을 입은 노스님 한 분이 거침없이 중전의 방 안으로 들어서는 것이 아닌가.

순간, 중전은 놀라움을 금치 못했으나 스님의 위엄스런 모습을 보자 합장 배례했다. 신비감을 지닌 노스님은 우렁차면서도 자비로운 음성으로 중전에게 말했다.

『소승은 계룡산에 있사온데 마마께서 왕자로 인하여 심려가 많으시다기에 이렇게 내려왔습니다.』

『하지만 어찌 기별도 없이….』

『무례를 범한 듯하오나 일이 급하고 또 마마께 은밀히 전해야 할 말씀이 있어 이렇게 뵈러 왔사옵니다.』

『은밀히 하실 말씀이라뇨?』

『예, 소승이 생각하기엔 이대로 가다간 대군께서 돌을 넘기기가 어려울 듯하옵니다.』

『아니, 돌을 넘기기가 어렵다뇨? 스님, 무슨 대책이 없을까요?』

왕비의 충격은 말할 수 없었다.

『너무 심려치 마십시오. 마마, 한 가지 방법이 있사옵니다.』

『스님, 그게 무엇인지 어서 일러주십시오.』

『왕자의 태묘를 빠른 시일 내에 옮기십시오. 소승이 알기로는 이전 장소로 전라도 무등산 아래가 가장 적합할 듯하옵니다.』

『전라도 무등산요?』

『예, 그곳은 옛날 도선국사께서 절터로 잡아두었던 곳으로 국사께서 표시로 심어 놓은 은행나무가 서 있을 것입니다. 그 은행나무는 해마다 붉은 은행이 열리는데 그 나무를 베어내고 그곳에 태를 묻도록 하십시오. 그러면 왕자님은 건강하게 자라 백세를 누리실 뿐 아니라 그 누구보다도 영특하여 지혜로우실 것입니다. 그럼 소승 이만 물러갑니다. 나무 관세음보살.』

『저, 스님의 법명은 누구시온지요.』

그러나 스님은 어느새 방문 밖으로 자취를 감추고 말았다.

『애들아, 방금 나가신 스님께서 어디로 가시더냐?』

『마마, 스님이라뇨?』

『아니 문밖에 있었으면서 사람이 들고 나는 것도 모른단 말이냐?』

중전이 언성을 높이며 상궁들을 나무랐다.

『아무도 나가지도 들어오지도 않았사옵니다. 마마!』

괴이한 일이었다. 중전은 마치 꿈만 같은 이 사실을 왕에게 알리고 스님의 말씀대로 따르자고 아뢰었다. 중전의 이야기를 다 듣고난 임금도 예삿일이 아니라고 생각했다.

『음… 알겠소, 중전.』

임금은 곧 전라도 무등산으로 사람 세 명을 보냈다. 달포만에 수

백 년 묵은 은행나무를 발견한 그들은 지나가는 노파에게 이 은행나무에 빨간 은행이 열리느냐고 물었다.

『열리고 말구요. 아주 새빨간 은행이 열린답니다. 전해오는 말에 의하면 도선국사가 절을 지으려고 그 표적으로 심은 나무라더군요.』

이 말을 들은 신하 세 사람은 급히 돌아와 임금께 사실대로 아뢰었다. 왕은 다시 명을 내렸다.

『무등산 아래 은행나무 자리로 왕자의 태를 옮길 것이니 곧 나무를 베어내고 작은 산을 만들 것이며, 계룡산의 태합을 캐 내도록 하라.』

분부 받은 신하들이 태합을 캐내니 석분에는 수많은 개미떼들이 새까맣게 붙어 있었다. 태합을 광주 무등산으로 옮기려 하던 날. 전일의 노스님이 다시 중전의 내실에 기척없이 나타났다. 중전은 반갑게 스님을 맞이했다.

『중전마마, 한 가지 더 말씀드릴 것이 있어 이렇게 다시 찾아뵈었습니다.』

『어서 일러주십시오. 무슨 일이든지 말씀대로 따르겠사옵니다.』

『다름 아니오라 태합을 무등산 기슭에 묻으실 때는 반드시 손바닥만한 금을 함께 묻으시기 바랍니다.』

『스님, 금을 말입니까?』

중전이 의아스러워 되묻자 스님은 그 까닭을 설명했다.

『예, 그것은 땅속의 잡귀를 물리치기 위한 것이옵니다. 나무 관세음보살!』

『아니, 어느새 자취도 없이 가버리셨네. 이는 필시 부처님께서 내

기도와 정성을 돌보심일 것이다. 나무 아미타불 관세음보살!』

중전은 서둘러 태묘를 이장했다.

그 후 아지태자는 병고없이 잘 자랐으며 왕후의 불심은 더욱 돈독해졌다.

이 태무덤은 상서로운 곳에 태를 묻어 산봉우리처럼 이뤄졌다 해서 「서방태봉瑞方胎封」 또는 「태봉산」이라 불렸다.

이 전설의 무덤이 있던 곳은 현 광주광역시 신안동 전남대학교 입구. 1967년까지 작은 인조산人造山으로 있다가 헐리었다. 헐릴 당시 그 태묘 안에서는 6구의 시체가 나왔다. 이는 그 자리가 명당이라 하여 몰래 시체를 묻었기 때문이라 한다.

신안동 태봉산(왕자의 태를 묻은산)
광주광역시 북구 신안동에 있던 작은 야산

검은소의 울음

『저것이 무엇일까?』

『배지 뭐야. 여보게 아무리 봐도 배처럼 생기지 않았나?』

『그렇기는 하지만 배 같으면 사람이 보일 터인데 사람이 안 보이지 않은가?』

『사람이야 보이거나 말거나 뱄세, 배야. 바다에 떠서 움직이는 게 배가 아니고 뭐겠나?』

때는 신라 성덕왕 가절. 지금의 전라도 해남지역 사자포(속칭 사재끝, 땅끝) 앞바다에 돌배 하나가 나타났다.

이상히 여긴 어부들이 이런 말을 주고받으며 배 가까이 다가가니 배에서는 아름다운 천악天樂 범패소리가 울려퍼졌다. 배는 사람을 피하여 둥실둥실 바다 가운데로 떠나가더니 사람이 돌아서면 다시 육지로 떠오곤 했다.

이러한 소문은 마침내 관가에까지 들어가게 됐다. 관원들이 실지로 나와서 본 후 고을 촌주(지금의 군수나 면장격)에게 보고했다. 관원들의 보고를 들은 촌주는 말했다.

『그렇다면 그 배는 외국에서 우리나라 사정을 탐지하러 온 배가 아니겠느냐? 배 위에 사람이 없다는 말은 그들의 위장술에 속은 것일 것이니라. 사람이 숨어서 나타나지 않을 뿐이다. 그렇지 않고서야 그렇게 달아날 이치가 있겠느냐? 그 배는 아무리 생각해 봐도 황당한 배라고 아니할 수 없으니 수군을 풀어서 나포토록 하여라.』

촌주의 명을 받은 관원들은 즉시 수군에게 첩보하여 정체 모르는 배를 잡아들이도록 했다. 무장한 수군 수십 명이 목선을 나눠 타고 돌배를 추격했다. 그러나 그 돌배는 바람 한 점 일지 않는 바다 위를 날쌔게 달아났다. 아무리 추격해도 쫓을 수 없을 만큼 빠른 속도로 달아나 그림자도 보이질 않았다.

추격하던 수군들은 헛수고만 하고 돌아왔다.

『그것 참 알 수 없는 일일세. 어찌 그렇게도 빨리 달아날 수가 있을까? 아무리 생각해도 사람이 부리는 배는 아닐 성싶은데… 바닷가에 가끔 신선이 내려와서 배를 부린다더니 아마 신선이 내려와 노니는 걸까?』

『오라, 그래서 배 안에서 풍악소리가 울려 나오나 보군.』

『그것 참 이상한 일일세. 그 배가 정녕 나무로 만든 배가 아니지. 바위를 파서 만든 돌배가 틀림없지?』

『돌배가 어떻게 물에 떠 다닐까?』

『그러기에 신선이 타고 노는 배거나 귀신의 조화라는 것이 아닌가.』

이토록 괴이한 소문은 이웃 마을에까지 널리 퍼졌다.

의조 스님도 이 소문을 들었다. 스님은 곧 촌주, 우감과 장운 두 사미승, 그리고 불자 1백 명을 거느리고 바닷가에 가서 목욕재계하고 재를 올렸다. 드디어 배가 서서히 육지를 향해 오기 시작했다. 배가 바다 언덕에 닿자 스님을 필두로 일행은 배에 올랐다.

일행은 놀라움을 금치 못했다.

배 안에는 사람이라곤 그림자 하나 볼 수 없는데 금물을 입힌 쇠사람이 노를 잡고 있는 것이 아닌가. 그 옆에 놓인 금함을 열어 보니 그 안에는 《화엄경》·《법화경》, 비로자나불, 문수·보현보살 등 40성중, 53선지식, 16나한 탱화 등이 가득 들어 있었다. 이들은 모두 금으로 되어 있어 눈이 부시도록 휘황찬란했다. 그 중에는 금환金環과 흑석黑石 각 1매가 있었다.

스님은 이 법보들을 조심스럽게 하선시켰다.

불자들이 불상과 경을 언덕에 내려놓고 봉안할 땅을 의논할 때 흑석이 갑자기 벌어지더니 그 속에서 검은소 한 마리가 나타나 삽시간에 커져 큰 소가 됐다. 이날 밤, 의조화상 꿈에 금인이 나타났다.

『나는 우전국이란 나라의 왕이오. 금강산에 만불을 모시려고 불경과 불상을 배에 싣고 왔더니 곳곳에 크고 작은 사찰이 들어서 있어 봉안할 곳이 마땅치 않소. 해서 그냥 돌아가는 길에 이곳 달마산 산세를 보니 그 형세가 금강산과 대동소이해 가히 경상經像을 모실 만하여 배를 멈추고 때를 기다린 것이오. 그래서 이곳이 부처님의 인연토가 되었으니 경전과 불상을 이 소에 싣고 가다가 소가 크게 울면서 누웠다 일어나는 곳에 절을 짓고 경상을 안치하면 국운과 불교가 흥왕할 것이오.』

금인은 이렇게 이르고 온데간데없이 사라졌다.

이튿날, 의조화상은 금인의 지시대로 소에 불경과 불상을 싣고 길을 떠났다. 검은소는 경치 좋은 곳에 이르러 한 번 누웠다 일어나더니 다시 걷기 시작했다. 산협山峽에 이르러 검은소는 크게 울며 눕더니 다시는 일어나지 않고 그 자리에서 죽어 버렸다. 이 자리에 절을 창건하고 불상과 불경을 모신 후 절 이름을 미황사라 명했다. 이는 그 소의 울음소리가 극히 아름다워 「미」자를 취하고 금인의 황홀한

빛을 상징하여 「황」자를 택해 「미황사美黃寺」라 칭했다 한다.

또 처음 소가 누웠던 곳에도 절을 세우니 이 절 이름은 통교사라 한다. 통교사, 미황사를 비롯 달마산 내에는 도솔암, 문수암 등 12암자가 산중 각처에 있었으나 지금은 미황사만 남아 옛 전설을 묵언으로 전하고 있다.

전남 해남군 송지 · 현산 · 북평 등 3개 면에 위치하면서 영암에 속한 달마산은 3면이 바다로 둘러싸인 절경의 명산이다. 문헌에 의하면 1백여 자가 넘는 수목들이 병풍처럼 둘러쳐 있으며 최상봉은 순백색의 흰 바위가 우뚝 솟아 사자가 웅크리며 포효하는 모습이고 용호가 어금니를 펴는 것 같다고 한다. 또 멀리서 바라보면 흰눈이 쌓여 허공에 떠 있는 듯하고 구름 속의 신기루처럼 순간적으로 변모하는 이 산은 금강산 절경에 비유되어 왔다. 전설의 돌배가 이 산을 보고 돌아가던 길을 멈춘 것도 이 산이 불교적인 인연 국토임을 알게 한다.

옛날 불교 포교의 원력을 세운 인도의 왕은 경책과 불상을 조성하여 배에 실어 바다에 띄워 보내면 인연있는 땅에 도착하여 저절로 포교가 될 것으로 믿었다. 그러나 신하들은 불상만 보고 불교를 믿는다는 것은 꿈같은 일일 뿐 아니라 국고의 재산이 고갈된다면서 극구 반대했다. 하지만 왕은 불교를 선포하면 나라가 흥하고 백성이 이롭게 된다는 굳은 신심으로 금불상과 경전 및 철불을 조성하여 배에 띄어 보냈던 것이다.

해남 · 미황사
전남 해남군 송지면 미황사길 164 (서정리 1)

하룻밤의 사랑과 원한

몹시 무더운 여름철인데도 더위를 느끼지 못할 만큼 한려수도의
절경은 시원스러웠다. 난생 처음 이토록 아름다운 풍경에 취한 홍
총각은 낙방의 시름도, 다시 맞을 과거에 대한 조급함도 다 잊고
있었다.

작고 큰 포구를 따라 풍남리라는 포구에 이르렀을 무렵 갑자기 소
낙비가 쏟아지기 시작했다.

『이거 야단났군!』

다급한 홍총각은 대나무 숲이 우거진 언덕의 작은 초가집으로 무
조건 뛰어들었다.

『죄송하오나 잠시 비를 좀 피해 가겠습니다.』

비록 차림새는 초라하나 기골이 장대하여 수려한 미모의 총각이
들이닥치자 방 안에서 바느질하던 여인은 질겁을 하며 놀랐다. 여인
은 숨을 돌리며 진정한 뒤 입을 열었다.

『나그네길인가 보온데 걱정 마시고 비가 멈출 때까지 쉬어 가십
시오.』

여인의 음성은 외모만큼 고왔으나, 어딘가 쓸쓸함이 깃들어 있었
다. 홍총각은 야릇한 충동을 느꼈다.

『식구들은 모두 어디 가셨나요?』

『이 집엔 저 혼자 있사옵니다.』

저토록 아름다운 여인이 어찌 홀로 살고 있을까. 홍총각의 궁금

증을 풀어 주기라도 하려는 듯 여인은 자신의 자초지종을 이야기 했다.

고을에서 미녀로 알려져 총각들에게 선망의 대상이 됐던 그녀의 이름은 임녀. 수없이 남의 입에 오르다 결혼을 했으나 1년만에 남편이 세상을 떠났다. 그때 심적 충격이 컸던 그녀는 세상이 싫어져 대밭 가운데다 초당을 짓고 홀로 살고 있다는 것이었다. 이야기가 끝나도록 비는 멈추지 않았다. 오히려 빗줄기는 더욱 세차게 퍼부었다.

『갈 길은 먼데 이거 큰일인 걸….』

내심 쾌재를 부르면서도 홍총각은 혼잣말처럼 중얼거렸다.

『누추하지만 여기서 하룻밤 주무시고 가시지요.』

비는 오고 날은 어두우니 임녀는 나그네를 딱하게 여겨 어려운 결심을 한 것이다.

『옛부터 남녀가 유별한데 어찌….』

『걱정하지 마십시오. 저는 부엌에서 하룻밤 지샐까 하오니 어서 방으로 드십시오.』

홍총각은 펄쩍 뛰었다. 한참 후 옥신각신 양보하다 결국은 한방에서 지내기로 결정을 내렸다. 홍총각은 아랫목에서 임녀는 윗목에서 자기로 한 것이다.

막상 잠자리에 들었으나 두 사람 다 잠이 오질 않았다. 밖에선 세찬 빗소리가 여전했다. 이리 뒤척 저리 뒤척, 홍총각은 임녀 생각으로 가득했다. 홍총각은 참다 못해 떨리는 손을 뻗어 여인의 손을 잡았다.

『아이 망칙해라! 왜 이러세요?』

그녀는 놀라 손을 뿌리치며 말했다.

『부인, 나와 혼인해 주오. 우연히 이렇게 만나 하룻밤 지내는 것도 큰 인연이 아니겠소.』

홍총각의 목소리는 떨렸다.

『혼인을요? 그런 농담 거두십시오. 한 여자가 어찌 두 남편을 섬기겠습니까?』

여인은 침착하면서도 단호하게 말했다.

그러나 총각은 대장부가 한 번 뺀 칼을 다시 넣을 수 없다고 생각했다.

『하늘을 두고 나의 사랑을 맹세하겠소. 장부일언은 중천금이라 했으니 이 마음 결코 변치 않으리라.』

이렇듯 간절한 속삭임에 임녀는 눈물을 흘리면서 홍총각의 가슴에 얼굴을 묻었다.

『만일 당신이 나를 버리시면 이 몸은 구렁이가 되어 당신을 말려 죽일 거예요.』

『어허, 공연한 걱정을 다하는구려. 날이 새면 당장 고향에 가서 혼인 채비를 해 가지고 올 것이오.』

다음날 아침, 홍총각은 꽃가마로 모시러 오겠다고 큰소리를 치며 길을 떠났다.

홍총각이 떠난 지 열흘. 이제나 저제나 기다리는 임녀의 마음은 초조해지기 시작했다. 그렇게 달이 가고 해가 바뀌었다. 홍총각의 소식은 점점 아득하기만 했다. 뒷동산에 올라가 하염없이 먼 산과 바다를 바라보며 기다렸지만 허사였다.

마침내 임녀의 마음엔 증오의 불길이 일기 시작했다. 그러던 어느 날 그녀는 자리에 눕고 말았다. 의원은 「상사병」엔 백약이 무효라며 돌아갔고, 홍총각과 만난 지 꼭 1년이 되는 날 그녀는 숨을 거두었다.

한편 고향으로 돌아온 홍총각은 임녀와의 약속을 까맣게 잊은 채 책만 열심히 읽더니 과거에 급제하여 함평 현감으로 부임했다. 그리고는 양가댁 규수를 아내로 맞아 잘살고 있었다.

어느 날 밤. 현감은 거나하게 술이 취해 잠자리에 들었다. 이날따라 이상한 소리가 현감의 잠을 흔들어 깨웠다.

「스르륵 스르륵.」

그것은 커다란 구렁이가 기어드는 소리였다.

『아니 구렁이가? 게 누구 없느냐! 저 구렁이를 빨리 때려잡아라.』

현감의 아닌 밤중 호령에 하인들이 몰려들어 현감이 자는 방문을 열려고 했으나 문은 꼼짝도 하지 않았다. 현감의 황급한 호령에 하인들은 몽둥이로 문을 부수려 했으나 이번엔 손에 쥐가 내려 움직일 수가 없었다.

『이놈들 뭣하고 있느냐! 어서 구렁이를 때려잡지… 아악!』

현감은 말을 채 맺지 못한 채 비명을 질렀다.

구렁이는 부들부들 떨고 있는 현감의 몸을 칭칭 감기 시작했다. 현감은 숨이 콱콱 막히면서 정신이 몽롱한 가운데 관세음보살을 염했다. 이때 스산한 바람과 함께 징그러운 구렁이가 머리를 추켜들고 혀를 날름거리는 것이 아닌가.

『여보! 나를 모르겠소?』

참으로 괴이한 일이었다. 구렁이 입에서 여인의 목소리가 나오다니.

『나는 당신의 언약을 믿고 기다리다가 상사병으로 죽은 임녀입니다. 맹세를 저버리면 구렁이가 되어 당신을 죽이겠다던 그날 밤을 잊으셨군요. 기다림에 지친 나는 죽어 상사뱀이 되었다오.』

『아 ─. 내가 지은 죄의 업보를 받는구나.』

현감은 총각 시절의 잘못을 뉘치면서 탄식했다.

그날부터 밤이 깊어지면 이 상사뱀은 현감의 잠자리를 찾아왔다가 새벽녘이 되면 온데간데 없이 자취를 감추었다. 현감은 병든 사람처럼 누렇게 얼굴이 뜨면서 마르기 시작했다. 유명한 무당을 불러 굿을 하고 처방을 했으나 구렁이는 밤마다 찾아왔다. 생각다 못해 산속 깊이 살고 있는 어느 도승을 찾아가 간곡히 당부했다.

『스님, 제발 살길을 일러주십시오.』

스님은 임녀가 살던 초당을 헐고 암자를 지은 후 크게 위령제를 올리라고 일러줬다. 현감은 그대로 따랐다. 그 후 구렁이는 나타나지 않았으니, 그 암자가 바로 고흥 수도암이라 한다.

고흥 · 수도암
전남 고흥군 두원면 운곡길 204 (운대리 41)

자치샘의 참외

　아무리 더운 여름날에도 땀을 식힐 정도로 시원한 샘물이 전라도 화순 고을에 있었다. 이름하여 「자치샘」. 이 고을 사람들은 역경에 처하거나 불행을 만나면 으레 샘물을 정화수로 떠놓고 신령님께 소원을 빌었다.

　고려 말엽 이 고을에 조씨 성을 가진 한 상민이 살고 있었다. 그는 어느 날 양반의 말에 대꾸했다는 죄목으로 감옥에 갇히게 되었다.

　그에게는 품행이 조신하면서도 미모가 특출한 분이라는 외동딸이 있었다. 아직 출가 전인 그녀의 효심은 지극했다. 분이는 아버지가 옥에 갇히자 날마다 첫새벽이면 이 자치샘의 정화수를 길어다 신령님께 아버지의 석방을 축수했다.

　그러던 어느 날. 새벽의 어둠 속을 더듬으며 샘터에 다다라 보니 웬 중년 부인이 자기보다 먼저 와 있는 것이 아닌가. 분이는 내심 아버지를 향한 자신의 정성이 부족한 듯싶은 자책감에 내일은 더 일찍 오리라 다짐했다.

　다음날 새벽. 분이는 어제보다 더 일찍 집을 나섰다. 캄캄한 산길을 무서운 줄도 모르고 걸음을 재촉해 자치샘에 당도하니 뜻밖의 일이 그녀를 기다리고 있었다. 보기에도 먹음직스런 큰 참외 한 개가 둥둥 샘물 위에 떠 있는 게 아닌가.

　『으응? 웬 참외일까? 간밤에 누가 따다 넣은 건가, 아니면 나보다 먼저 누가 다녀갔나?』

분이는 이 참외를 어떻게 할까 망설이고 있는데 어디선가 새벽 공기를 울리며 이상한 목소리가 울려왔다.

『소녀여, 참외를 먹어라. 그 참외는 너 먹으라고 놓아둔 것이니 주저치 말고 어서 건져 먹어라.』

분이는 깜짝 놀라 말소리가 들리는 곳을 돌아보았으나 아무도 보이질 않았다.

『필경 산신령의 계시인가 보구나. 왜 먹으라고 했을까. 아무튼 먹으라고 하시니 먹어야지.』

분이는 조심스럽게 참외를 건져 먹고는 여느 날처럼 물을 길어 가지고 돌아왔다.

그런데 이게 어찌 된 영문인가. 분이는 그날부터 태기가 있더니 배가 불러오는 것이 아닌가. 처녀가 아기를 잉태하다니. 실로 기막힐 노릇이었다. 분이는 아닌 밤중에 홍두깨 격으로 생죄인이 되고 말았다. 달이 차자 분이는 옥동자를 순산했다. 그녀는 견딜 수 없는 수치감 때문에 아이를 기를 수 없다고 생각하여 솜보자기에 아이를 싸서 지금의 학다리 마을 근처 논두렁에 버렸다.

다음날 저녁, 이곳을 지나가던 한 길손이 이상한 광경을 목격하고 걸음을 멈췄다. 커다란 학 한 마리가 이상한 물건을 품고 있는 것이 아닌가. 기이하게 생각한 길손은 학이 있는 곳으로 가 보았다.

사람 기척이 나자 학은 날아가고 그 자리엔 갓난아기가 솜에 싸여 있었다.

『아니 이건 어린아이가 아닌가? 못된 것들, 천벌을 받을 줄 모르고.』

길손은 아기를 안고 관가로 갔다. 그는 원님 앞에 나아가 자초지종을 아뢰었다.

『소인이 먼 길을 다녀오다 논두렁가에서 이 갓난아기를 발견했습니다. 그런데 신기한 것은 이 옥동자를 학이 품고 있었던 것입니다. 소인이 가까이 다가가자 학은 날아가고 제가 이 아기를 데려오게 된 것입니다.』

『허어! 학이 품고 있었다고. 필시 이 아이가 자라면 장차 비범한 인물이 될 징조로구나. 이방은 이 아기의 어미를 찾아 데려오도록 해라.』

마침 슬하에 손이 없던 길손은 이 아기가 장차 크게 될 인물이라는 원님의 말에 자기가 기르고 싶은 생각이 들었다. 그래서 원님께 간청했다.

『소인이 자식이 없어 적적하오니 이 아기를 기르도록 허락해 주시옵소서.』

『음, 그렇다면 분부 있을 때까지 우선 데려다 기르도록 해라.』

길손은 어린아이를 안고 돌아갔고, 이방은 아기 어머니를 찾아나섰다. 이방은 아기 어머니 분이를 쉽게 찾아 관가로 데려왔다. 분이는 원님 앞에 대령하여 국문을 받기 시작했다.

『처녀의 몸으로 아기를 낳은 죄, 벌하여 주옵소서.』

분이는 원님의 분부를 기다리며 머리를 조아렸다.

『아기를 낳게 된 연유를 소상히 아뢰어라.』

원님은 아기가 비범치 않다고 생각해서인지 관대한 어투로 물었다.

『아뢰옵기 황송하오나 소녀의 아버님은 양반에게 말대답을 했다는 죄로 한산리 감옥에서 옥고를 치르고 계십니다. 그래서 아버님의 방면을 축수하느라 새벽마다 자치샘으로 정화수를 길러 다녔는데 어느 날 샘물 위에 떠 있는 참외를 신령님 분부로 먹었습니다. 그날 이후 배가 부르기 시작하여 아기를 낳게 됐습니다.』

『음, 예사로운 일이 아니로구나.』

『원님, 간청하옵나니 죄 없으신 저의 아버님을 너그러운 마음으로 방면하여 주십시오.』

『음, 네 효심이 정녕 갸륵하구나. 알겠으니 염려하지 말아라.』

딸의 효성으로 조씨는 옥살이를 벗어났다. 이 소문이 고을에 퍼지자 마을 사람들도 분이의 효심을 산신령이 가상히 여긴 것이라며, 학이 아기를 품고 있던 곳을 학다리 마을이라 불렀다.

한편 그 옥동자는 길손의 집에 가서 잘 성장했다. 어려서부터 성품이 온순하고 총명하여 남의 이목을 끌더니 성장해서는 출가하여 스님이 됐다. 그 스님이 바로 송광사 16국사 중의 초대국사인 불일 보조국사라 한다.

그러나 영암 구림리에서는 시내에 떠 있는 오이를 먹고 도선국사를 낳았다는 등 비슷한 전설이 간혹 전한다. 이는 여자의 성숙기 16세를 뜻하는 「파과지년破瓜之年」이란 말의 「과」 자에서 비롯된 듯하다는 설도 있다. 과 자를 중심으로 해자解字하면 두 개의 팔 자가 된 데서 16세를 뜻한다.

전설과는 달리 지눌 보조국사는 1158년 황해도 서흥(당시의 동주)에서 국학학정을 지낸 정광우와 부인 조씨 사이에서 태어났다 한다. 어려서 몸이 허약했던 이 아이는 부모의 지극한 정성으로 8세 때 건강을 회복했다.

아버지 정씨는 아들 건강회복을 위해 부처님께 출가를 시키기로 발원하며 기도했다 한다. 그래서 이 아이는 건강이 회복된 8세 때 종휘선사를 찾아가 출가한 뒤 26세 때 승과에 합격했다. 그 후 스님은 조계산 송광사에 정혜사를 개창하고 정혜결사 정신을 꽃피워 우리 역사의 종교적 거성이 되었다.

화순 · 자치샘
전남 화순군 화순읍 향청리

며느리의 지혜

　월출산 산마루에 붉은 노을이 물들 무렵, 드넓은 절터 한복판에 한 노인이 흰 수염을 날리며 못 박힌 듯 망연히 서 있었다. 간혹 깊은 한숨을 몰아쉬면서.

　발 아래 널려 있는 서까래를 번쩍 세워 물끄러미 바라보더니 아주 정중하게 다시 눕힌 후 자로 재기 시작했다.

　석양빛마저 감춘 어둠 속에서도 노인은 되풀이하여 서까래를 쟀다.

　『이상한 일이다. 아무래도 짧으니 알 수 없는 일이로구나.』

　노인은 중얼거리며 집으로 발길을 옮겼다.

　때는 신라 말엽.

　왕은 날로 기우는 국운을 걱정하여 지금의 전라남도 영암군 월출산 기슭에 99칸의 대찰을 세우도록 명했다.

　당시 왕궁 이외의 건물은 백칸을 넘지 못하도록 국법에 정해져 있어 왕은 아쉬움을 금치 못한 채 99칸 대웅보전을 신라에서 가장 아름답고 웅장하게 건립할 것을 명한 것이다.

　이때 서까래를 맡은 목공은 대목大木 사보라 노인이었다.

　건물이 아름답고 웅장하려면 하늘을 차고 나를 듯 치솟은 지붕의 멋을 한껏 살려야 하며 그러기 위해선 서까래를 잘 다듬어야 했다. 이런 연유에서 당대의 뛰어난 대목 사보라 노인에게 이 일이 맡겨졌다.

팔순이 넘은 노인은 이 불사를 필생의 작업으로 삼아 온 정성을
다해 나무를 깎고 다듬었다. 젊은 목수의 도움도 마다하고 5백 개
의 서까래가 상량을 며칠 앞두고 다 깎여졌다. 그런데 어인 일인지
낱낱이 자로 재면서 깎은 서가래가 도면보다 짧게 끊겨져 있었다.

노인은 재고 또 재 보았으나 한번 짧게 끊긴 서까래가 길어질리
없었다.

『새로 나무를 구입할 수도 없고, 제 날짜에 법당을 지을 수 없으
니 왕명을 어긴 죄 어이할까.』

노인은 절망을 되씹었다.

『80평생 나무와 함께 늙어온 내가 이제 평생을 건 마지막 공사에
실수를 하다니….』

국수國手의 말을 듣는 자신의 명예가 땅에 떨어져 비참해지는 것
을 눈앞에 보는 것 같았다. 그는 서 있는 나무만 보아도 나무의 나
이를 알았고, 껍질 속이 얼마나 굳으리라는 것도 알았다. 사보라 노
인에게 있어 집짓는 일은 창조의 희열을 동반하는 예술이며 삶의
보람이었다.

노인은 절망의 밑바닥에서 안간힘을 썼다. 생명의 불꽃이 하루아
침에 꺼지는 듯했다. 집에 돌아온 노인은 그만 자리에 눕고 말았다.
침식을 끊고 사람을 멀리했다. 온 생애가 마치 땅속으로 잦아드는
것만 같았다. 노인은 평생 지은 집들을 하나하나 기억에 떠올렸다.
맨 처음 스승에게 허락을 받고 끌을 쥐었을 때의 감회가 새삼 느껴
지자 온몸에 전류가 감돌며 주먹에 힘이 솟았다.

『다시 시작해야지!』

자리에서 벌떡 일어나 며느리가 갖다 놓은 약그릇을 드는 순간 손이 힘없이 늘어졌다.

『어떻게 무엇으로 다시 시작한단 말인가.』

노인은 다시 자리에 눕고 말았다.

밥상을 들고 들어온 며느리가 조심스럽게 상을 내려놓고 시아버지 곁에 단정히 앉았다.

『아버님, 저녁 진지 드셔요. 약도 안 잡수셨군요.』

『아니다. 생각이 없다. 상을 물리려므나.』

『무슨 걱정이라도 있으신지요. 며칠째 자리를 걷지 않으시니 염려가 크옵니다.』

『아무 일 아니다. 너희가 알 일도 아니고, 내가 무슨 병에 걸린 것도 아니니 걱정 말아라.』

『하오나 저는 이제 겨우 시집온 지 열흘이온데 집안에 우환이 있으면 모두 제 탓인 듯하와 송구스러울 뿐입니다.』

『아가야, 네 탓도 누구의 잘못도 아닌 내 잘못이니 심려치 말아라.』

『아버님, 하늘이 무너져도 솟아날 구멍이 있다 하옵니다. 혹 저의 미욱한 지혜라도 도움이 될지 모르오니 어서 사연을 말씀해 주십시오.』

노인은 며느리의 간곡한 청에 못 이겨 이야기를 들려주었다. 며느리는 눈앞이 캄캄했으나 아무 기색없이 물러나와 마당에 섰다. 온 집안이 무거운 근심 속에 잠겨 있을 뿐 대책이 없었다.

상량을 사흘 앞두고 공사를 맡은 벼슬아치들은 영문도 모르고 사보라 노인의 병 위문을 왔다.

『사보라 노인, 이제 상량을 하고 서까래만 올리면 일은 거의 끝난 셈이니 빨리 부처님 은혜로 쾌차하길 바라겠소.』

노인은 말을 잃었다. 벼슬아치를 전송하고 돌아서는 며느리의 눈앞에 이상한 것이 비쳤다. 한 줄로 가지런한 서까래가 두 줄로 보였다. 처마 밑으로 바짝 다가가서 보니 다시 한 줄. 며느리는 비로소 깨달았다. 집안과 바깥 불빛이 어우러져 그림자가 그렇게 보인 것이었다. 순간 며느리는 시아버님께 뛰어갔다.

『아버님, 서까래가 짧게 다듬어졌다 하셨지요?』

『그래, 그렇다만 아기 네가 갑자기 웬일이냐.』

『다름 아니오라 짧은 서까래에 다른 서까래를 겹쳐 대면 더 웅장하고 튼튼하지 않겠습니까, 아버님.』

얼른 이해가 안가 한동안 망연했던 노인의 눈앞에 아직까지 없었던 날아갈 듯한 한 채의 건물이 보였다. 엷은 흥분이 노인의 전신에 생기를 돋구었다.

『그렇구나, 아가야. 부연附延하면 된다. 그 육중하면서도 날렵한 몸매가 선하구나. 부연한 그 지붕의 멋을 감히 누가 흉내낼 수 있겠느냐. 어서 채비를 차려라.』

『아버님 야심하온데 어떻게? 성치도 않으신 몸으로.』

『아니다. 가서 부연목을 재어볼 것이다.』

노인은 언제 누워 있었느냐는 듯 원기왕성했다. 드넓은 절터에서 온몸에 달빛을 받으며 기둥과 기둥, 대들보에서 처마끝을 재는 노인의 날렵한 모습은 마치 춤을 추는 듯했다. 교교한 달빛 속에 흰

수염을 날리며 신들린 듯 부연을 켜기 시작한 노인의 표정은 엄숙
또 엄숙했다.

이리하여 세워진 도갑사는 우리나라 최초의 부연식附延式 지붕건
물이 되었다.

며느리가 도와서 선 서까래라 해서 부연婦延이라고도 한다. 지방
문화재 제42호였으나 75년 화재로 전소되어 79년 옛모습 그대로
다시 중창되었다.

월출산 · 도갑사
전남 영암군 군서면 도갑사로 306 (도갑리 8)

진표율사의 구도

　때는 신라 성덕왕대. 전주 벽골군 산촌대정 마을(지금의 김제시 만경면 대정리) 어부 정씨 집에 오색구름과 서기가 서리면서 아기 울음소리가 울렸다. 이 상서로운 광경을 목격한 마을 사람들은 장차 크게 될 인물이 태어났다고 기뻐하며 축하했으니 이 아기가 바로 유명한 진표율사다. 아버지 진내말과 어머니 길보랑 사이에서 태어난 진표는 자라면서 주위 사람들의 칭찬을 한 몸에 받았다.

　율사가 11세 되던 어느 봄날. 친구들과 산에 놀러간 소년은 개구리 10마리를 잡아 끈에 꿰어 물속에 담가 두고는 그만 잊은 채 집으로 돌아왔다.

　이듬해 봄 다시 산에 가게 된 소년은 작년에 두고 온 개구리 생각이 나서 가 보니 개구리 10마리가 죽지 않고 그대로 살아 울고 있는 것이 아닌가. 이를 본 순간 소년의 가슴에 파문이 일기 시작했다. 개구리를 풀어 준 소년은 친구들과 떨어져 조용한 곳에서 생각에 잠겼다.

　「생명이란 무엇인가? 왜 태어나서 죽는 것일까?」 하는 생각에 골똘하다 문득 먼 산을 바라본 그는 그곳에 가 보고픈 충동을 느꼈다. 어떻게 산을 넘고 내를 건넜는지 자신도 모르게 달려 어두워서 당도한 곳이 모악산 기슭에 자리한 금산사였다.

　『날이 저물었는데 어디서 온 누구냐?』

　『예, 대정리에 살고 있는데 저도 모르게 오게 됐습니다.』

『오, 전생의 인연지인 모양이구나. 그래 잘 왔다. 언젠가는 이곳의 주인이 되겠구나.』

노스님은 소년이 기특한 듯 쓰다듬어 주며 반겼다.

이튿날 집에 돌아오니 집에선 소년이 금산사에 다녀온 것을 믿으려 들지 않았다. 장정도 이틀이 걸리는 먼 거리였기 때문이었다. 소년은 그날부터 말이 적어지고 늘 무언가 생각에 잠겨 있었다.

그러던 어느 날.

『아버지 저는 인생이 무엇인가를 공부하기 위해 출가하여 스님이 되겠어요.』

『오, 그래. 장한 생각이구나. 그러나 너는 아직 어리니 3년만 더 집에서 시중들다가 가도록 해라.』

비록 어부였지만 불심이 돈독한 아버지는 아들의 결심을 막지 않았다. 아버지의 이해와 격려 속에 소년은 평생 해야할 효도를 3년간에 다하기 위해 열심히 부모님을 도우며 봉양했다. 어느 날 소년의 아버지는 두 자나 되는 큰 붕어를 낚아 왔다. 그 금붕어는 소년을 보자 눈물을 흘리며 살려달라고 애원하는 것만 같았다. 소년은 아버지께 금붕어를 자신이 키우겠다며 팔지 못하게 부탁했다. 금붕어에게 먹이를 주며 정성껏 돌봐주는 가운데 어느덧 3년이 흘러 소년은 집을 떠나게 됐다. 집 떠나기 전날 밤이었다.

『도련님, 이제 저도 인연이 다하여 멀리 떠나게 되었습니다. 부디 출가하시거든 성불하시어 많은 중생을 제도하여 주십시오. 그리고 그간의 은혜에 보답키 위해 제가 살던 곳에 값진 것 하나 놓고 가니 그것을 팔면 부모님께서는 평생 편히 지내실 수 있을 것입니다.』

꿈에 웬 처녀가 나타나 이렇게 말하고는 홀연히 사라졌다. 이튿날 아침 마지막으로 금붕어에게 밥을 주고 작별 인사를 하려고 보니 붕어는 죽어 있었고 항아리 속에는 큰 진주가 하나 있었다. 소년은 부모님께 진주를 드리면서 간밤 꿈 이야기를 하고는 곧장 3년 전에 가보았던 금산사로 떠났다.

덕 높으신 순제법사 문하에 들어간 소년은 3년간의 행자 수행을 거쳐 진표란 법명을 받았다.

『여기 공양차제비법供養次第秘法과 점찰선악업보경占察善惡業報經이 있으니 수지독송하고 정진하여 미륵부처님과 지장보살을 친견, 중생구제의 법을 널리 펴도록 해라. 법을 구함은 쉬운 일이 아니니 큰 인욕과 원을 갖고 공부해야 할 것이니라.』

『예, 명심하여 수행하겠습니다.』

미륵부처님과 지장보살 친견을 서원한 진표 스님은 그 길로 스승께 3배를 올린 후 운수행각에 나섰다.

선지식을 두루 만난 진표 스님은 공부에 자신이 생기자 찐 쌀 2말을 가지고 변산 부사의방에 들어갔다. 하루에 쌀 5홉을 양식으로 하고 그중 1홉은 절을 찾는 쥐에게 먹였다. 그렇게 3년간 뼈를 깎는 고행을 하면서 스승이 내리신 두 권의 경을 공부했으나 아무런 감응이 없자 스님은 스스로 절망했다.

진표 스님은 업장이 두터워 평생 공부해도 도를 얻지 못할 바에야 차라리 이 몸 버려 도를 얻겠다는 비장한 결심을 하고는 높은 절벽 위에서 업장 소멸을 기원하며 몸을 던졌다. 이때였다. 몸이 막 공중에서 땅으로 떨어지는데 어디선가 홀연히 청의동자가 나타나 두 손으로 스님을 받아 절벽 위에 올려 놓았다. 기적이 일어난 것이었다. 진표 스님은 다시 생각을 고쳤다.

『이는 필시 부처님의 가피일 게다. 죽은 몸 다시 태어난 셈이니 더욱 참회 정진하리라.』

스님은 바위 위에서 오체투지로 절을 하며 3·7일 기도에 들어 갔다.

3일이 지나자 진표 스님의 손과 무릎에선 피가 흘렀다. 7일이 되던 날 밤 지장보살이 금장을 흔들며 나타났다.

『오, 착하고 착하구나. 네 정성이 지극하니 내 친히 가사와 발우를 주노라.』

지장보살의 가호를 받은 진표 스님의 몸은 상처 하나없이 원상태가 되었다.

스님은 이같은 신령스런 감응에 감동하여 남은 기도 기간 동안 더욱 용맹정진했다. 단식을 하여 허기진 상태였으나 날이 갈수록 정신은 또렷해지기만 했다.

3·7일 기도회향일. 진표 스님은 드디어 천안을 얻어 도솔천중이 오는 형상을 보았다. 이때였다. 지장보살과 미륵보살이 도솔천 대중의 호위를 받으며 내려와 스님의 머리를 만지면서 말했다.

『계를 구하기 위해 이같이 신명을 다해 참회하다니 과연 장하구나! 이 간자를 줄 터이니 중생을 구제토록 해라.』

지장은 계본을 주고 미륵은 나무간자를 주었다. 간자에는 제8간자와 제9간자라 쓰여 있었다. 미륵보살이 말했다.

『이 간자는 내 새끼손가락 뼈로 만든 것으로 시각始覺과 본각本覺

을 비유한 것이니라. 8자 본각은 성불종자를, 9자 시각은 청정비법을 뜻하니 이들을 점찰 방편에 사용하여 중생을 제도하면 되느니라.』

수기를 준 미륵과 지장보살은 꽃비와 풍악이 울리는 가운데 오색구름을 타고 홀연히 사라졌다.

지장과 미륵 두 보살로부터 수계를 받은 진표 스님은 산에서 내려와 금산사로 갔다. 때는 경덕왕 21년(762) 4월이었다. 스님은 금산사를 대가람으로 중창할 원력을 세웠다.

『옳지, 저 연못을 메꾸고 거기다 미륵전을 세우자.』

경내를 둘러보던 스님은 사방 둘레가 1km나 되는 큰 호수에 눈이 머물렀다. 불사는 바로 시작됐다. 돌과 흙을 운반하여 못을 메꾸었다. 그러나 아무리 큰 바위를 굴려 넣어도 어찌 된 영문인지 연못은 메꿔질 기미가 보이질 않았다. 더 이상 인력과 비용을 댈 수가 없게 되자 진표 스님은 지장보살과 미륵불의 가호 없이는 불사가 어려울 것이란 생각이 들었다. 스님은 곧 백일기도에 들어갔다.

『미륵부처님, 그리고 지장보살님 제게 힘을 주옵소서.』

백일기도를 회향하는 날이었다.

『이 호수는 9마리의 용이 살고 있는 곳이므로 바위나 흙으로 호수를 메꾸는 일은 불가능할 것이다. 그러니 숯으로 메꾸도록 해라. 또 이 호수물을 마시거나 목욕을 하는 사람에게는 만병통치의 영험을 내릴 것이니 중생의 아픔을 치유하고 불사를 원만 성취토록 해라.』

미륵불과 지장보살은 진표 스님 앞에 강림하시어 이렇게 계시했다. 진표 스님은 신도들에게 말했다.

『누구든지 병이 있는 사람은 금산사 호수물을 마시고 목욕을 하면 무슨 병이든 완치될 것입니다. 그 대신 반드시 숯을 양껏 가져다 호수에 넣고 자신의 업장을 참회하여야 합니다.』

이 말을 들은 신도들은 수군대기 시작했다.

『스님이 백일기도를 마치고 나서 좀 이상해지셨나 봐요.』

『아냐, 절을 세울 수가 없으니까 이젠 별소릴 다하는군.』

그러던 어느 날. 경상도에서 한 문둥병자가 숯을 한 짐 지고 금산사에 도착했다.

『먼 길 오시느라 수고하셨소.』

『스님, 저는 기쁜 마음으로 미륵부처님의 명호를 부르며 왔습니다. 설사 스님께서 절을 세우기 위해 거짓말을 하셨다 하더라도 불사를 위해 하신 말씀이니 기꺼이 동참할 것입니다.』

문둥병 환자는 지고 온 숯을 호수에 넣고 발원했다.

『부처님이시여! 이 호수의 물을 마시고 목욕을 한 후 제 몸의 병이 낫지 않더라도 저는 스님이나 부처님을 원망치 않을 것입니다. 다만 저의 이 작은 보시공덕으로 불사가 원만히 이뤄지고 다음 생에는 좋은 인연 받게 하여 주옵소서.』

기도를 마친 문둥병자는 호수 물을 마시고 막 목욕을 끝내는 순간 자신의 눈을 씻고 또 씻었다. 분명 못가에 서기가 피어 오르면서 미륵부처님이 나타나시더니 자기 앞으로 다가오고 있는 것이 아닌가.

『오, 착하고 착하구나. 과연 장한 불심이로구나.』

미륵부처님은 문둥병자의 머리를 쓰다듬으며 이렇게 말하고는 사라졌다.

『스님! 제 몸이 씻은 듯이 깨끗해졌습니다.』

문둥병자는 기뻐 어쩔 줄 몰라하며 큰 소리로 외쳤다. 정말 신기한 일이었다. 좀 전까지만 해도 흉측하던 몸이 말끔해지다니. 너무나 신통한 부처님의 가피였다.

『오! 미륵부처님 정말 감사합니다.』

이 광경을 목격한 신도들은 잠시나마 진표 스님을 의심한 것을 참회하며 너도나도 숯을 지게에 가득히 지고 금산사 호수로 모여들었다.

소문은 전국 방방곡곡으로 퍼졌다. 금산사 호수에는 하루에도 수천 명의 환자들이 줄을 이었다. 호수 물은 며칠 안 가서 반으로 줄었다. 그렇게 수 주일이 지나자 호수는 아주 메워져 반듯한 터를 이루었다.

호수가 다 메꾸어지던 날 해질녘, 한 청년이 새로 다져진 절터에서 통곡을 하고 있었다.

『청년은 어인 일로 이곳에서 울고 있는가?』

『예, 저는 남해에서 어머님의 병환을 고치기 위해서 왔습니다. 그런데 호수가…….』

『참으로 장한 효심이로구나. 자네의 효성을 미륵부처님께서 알고 계실 테니 너무 상심치 말고 여기 연화좌대에 손을 얹고 기도해 보게나.』

진표 스님은 청년을 위로하면서 미륵부처님의 가피력을 함께 빌었다. 청년은 스님이 시키는 대로 쇠로 된 연화좌대에 손을 얹고서 모친의 병이 완쾌되길 간곡히 염원했다. 1주일 정진을 마친 청년은 스님께 인사를 드리고 고향으로 떠났다. 그로부터 몇 개월 후, 그 청년은 어머니를 모시고 금산사에 찾았다.

『스님, 부처님 가피로 건강을 회복하신 저의 어머님께서는 남은 여생 스님들 시중을 들며 불사를 돕고자 하십니다. 저의 어머님 청을 들어 공양주 보살로 허락하여 주십시오.』

진표 스님은 청년의 노모를 금산사 공양주로 있게 했다.

이 소문이 다시 곳곳에 퍼져 갖가지 소원을 지닌 사람들이 또 금산사로 모이기 시작했다. 많은 사람들이 연화좌대에 손을 얹고 소원을 기원하여 가피를 입었으나 불효자나 또는 옳지 않은 일을 기도한 사람들은 손이 좌대에 붙어 떨어지지 않았다고 한다.

전국에서 모여드는 신도 수는 날로 증가하여 금산사 불사는 쉽게 이뤄졌다. 혜공왕 2년 미륵전이 낙성됐고, 다시 2년 후에는 거대한 청동 미륵불상과 양대 보살을 조성하여 봉안했다. 미륵불이 봉안되자 전국에서 신도들이 구름처럼 몰려와 친견 예경했다. 그리고는 금당 건립을 발원, 진표 스님은 776년 대적광전을 완성하고 자신이 미륵부처님께 수기 받던 형상을 법당 남쪽 벽에 그려 봉안했다.

신도들이 기도하던 연화좌대는 30년 전까지 둥그런 기도처였는데 요즘은 붕괴될 우려가 있다 하여 미륵부처님 불단 밑으로 통로를 만들고 기도하도록 되어 있다.

모악산 금산사
전북 김제시 금산면 모악15길 1 (금산리 39)

대복과 오리정 구렁이

지금부터 약 1백 50년 전. 춘향이와 이도령 이야기로 유명한 전라도 남원 고을에 대복이라는 사람이 살고 있었다. 힘이 세고 매우 용감하게 생긴 이 사람은 매일 말을 타고 전주 관가에 공문서를 전달하는 일을 했다.

어느 날, 전주에 서류를 전하고 오는 길이었다. 하지 무렵이라 해가 한창 긴 때인데 그날따라 흐린 탓인지 여느 때보다 일찍 저물었다.

「주막에서 하룻밤 묵어갈까? 아냐, 부인이 기다릴 텐데 어서 가야지.」

대복은 사위가 어두워지자 말 위에서 잠시 망설였으나 집에서 기다릴 아내를 생각하고는 다시 갈 길을 재촉했다.

춘향과 이도령이 이별했다는 오리정 고개에 막 다다랐을 때였다. 주위는 조용하여 말발굽 소리만 요란할 뿐인데 어디선가 대복을 부르는 소리가 들리는 듯했다. 대복은 말의 속도를 줄이고 사방을 두리번거리며 귀를 기울였다.

『대복아! 대복아!』

분명 자신을 부르는 소리가 틀림없었다. 발을 멈추고 소리나는 쪽을 향해 고개를 돌리던 대복은 그만 『앗!』 하고 질겁을 했다. 바로 어깨 너머에 보기만 해도 소름이 끼칠 큰 구렁이가 두 눈에 시퍼런 불을 켜고 혀를 날름대고 있는 것이 아닌가.

그처럼 담이 크고 용감한 대복이도 이번엔 놀라지 않을 수 없었다. 그러나 그는 헛기침을 한번 하고는 떨리는 마음을 가라앉힌 뒤 점잖게 말했다.

『그래, 무슨 연유로 남의 바쁜 걸음을 지체케 했느냐?』

『나는 백년간이나 이 오리정 연못을 지켜온 「지킴」인데, 흉한 탈을 벗고 사람으로 다시 태어나는 것이 소원이다. 그래서 오늘 밤 내 너를 잡아먹고 나는 사람으로 태어날 테니 너는 이 연못의 지킴이가 되어 줘야겠다.』

순간 대복은 허리에 찬 칼을 뽑아들었다. 그때였다. 허공에서 한 줄기 빛이 일더니 관세음보살이 나타났다.

『오리정 연못의 지킴이는 듣거라. 대복이는 본인의 심성도 착하지만 그 부인 불심이 남편을 위해 부처님께 간절히 기도하고 지성껏 시주하니 그 정성과 공덕을 보아 해치지 않도록 해라.』

평소 아내가 절에 가는 것을 좋아하지 않던 대복이었으나 그날은 자기도 모르게 합장배례하고는 관음보살님께 감사했다. 그리고는 고개를 들어 하늘을 보니 관음보살은 간 곳이 없었다.

『그대는 부인의 공덕으로 오늘 목숨을 건지었소. 그러나 나는 구렁이 탈을 벗지 못해 한이 되니 집으로 돌아가거든 내가 인간으로 다시 태어나도록 부처님께 기도해 주길 부탁하오.』

구렁이는 이처럼 신신당부를 하고는 힘없이 연못으로 들어가 버렸다.

대복은 「어휴, 이제 살았다.」며 긴 한숨을 내쉬었다.

『알았다. 내 집에 가거든 네 부탁을 잊지 않고 열심히 기도할 것을 약속하마.』

대복은 뒤도 돌아보지 않고 달렸다. 집에 도착하자마자 그는 아내에게 물었다.

『여보, 당신 혹시 절에다 많은 시주를 한 일이 있소?』

『들어오시자마자 웬 시주 이야기세요?』

절에 가는 것을 마땅찮아 하던 남편이 시주 말을 꺼내자 부인은 내색을 꺼렸다.

『부인, 그렇게 곤란해 하지 않아도 되오.』

눈치를 챈 대복은 담뱃대에 불을 붙인 뒤 오리정에서 일어났던 아슬아슬한 사연을 아내에게 들려줬다. 이야기를 듣고 있던 아내는 여러 차례 관세음보살을 뇌이면서 부처님께 감사했다.

『실은 당신께 꾸중들을까 염려해서 밝히지 않았으나 얼마 전 대곡사에 쌀 30석을 시주하고 삼칠일 기도를 올렸습니다. 바로 어제 회향했어요.』

『당신의 그런 지극한 정성이 아니었다면 나는 지금쯤 오리정 연못의 지킴이가 되었을 것이오. 여보, 정말 고맙소.』

그날부터 대복은 착실한 불제자가 되었다.

『부인, 부처님 가피가 아니었다면 내 어찌 당신 곁에 이렇게 살아 있을 수 있겠소. 내 그 은혜에 감사하기 위해서 불사를 하고 싶은데 당신 뜻은 어떻소?』

『그야 물으시나 마나지요. 적극 찬성이에요.』

『그럼 우리절 대곡사 법당이 굉장히 낡았던데, 우리집 재산을 다 바쳐서라도 법당을 중창하도록 합시다.』

대복이 내외는 그날로 대곡사 법당 중창불사를 시작, 법당을 새로 지었다.

　낙성식 날이었다. 대복이는 많은 신도들과 축하객들이 참석한 자리에서 자신이 법당을 새로 짓게 된 사연을 이야기했다. 사람들은 부처님의 가피에 감탄을 연발하며 고개를 끄덕였다. 그때였다. 맨 앞줄에 앉아 있던 남원부사가 말했다.

　『들고 보니 부처님의 가피가 진실로 하해와 같이 놀라울 뿐이오. 더욱이 그대 부인의 정성은 더욱 감동스러우며, 부처님이 계신 훌륭한 법당을 새로 지은 그 불심 또한 가상타 아니할 수 없소. 이러한 대복의 불심과 사연을 후세까지 기리기 위해 이 절 이름을 대곡사에서 대복사로 바꿔 부르는 것이 좋을 것 같은데 주지 스님의 의향은 어떠하신지요?』

　『소승도 부사님 생각과 꼭 같습니다. 대복이란 크게 복이 깃든다는 뜻이니 아주 훌륭한 이름입니다. 이왕이면 부사님께서 「대복사」 현판을 오늘 써 주시지요.』

　부사는 쾌히 그 자리에서 「대복사大福寺」란 현판 글씨를 썼다.

　그 후 대복이는 오리정 지킴이가 사람으로 환생하길 기원하는 백일기도를 올렸다. 기도를 마치는 날 밤이었다.

　『고맙소, 그대 때문에 나는 남자로 태어났소. 당신이 더욱 선업을 쌓고 정진하여 꼭 극락왕생하길 나는 기원하겠소.』

　꿈에서 깬 대복은 부처님께 감사의 절을 거듭거듭했다.

남원 · 대복사
전북 남원시 대복사길 61 (왕정동 283)

신비로운 법당

『스님, 이제 그만 들어가시지요. 이렇게 나와서 1년을 기다려도 목수는 오지 않으니, 언제 대웅전을 짓겠습니까? 내일은 소승이 좀 미숙해도 구해 오겠습니다.』

『허, 군말이 많구나.』

『그리고 기다리실 바엔 절에서 기다리시지 하필이면 예까지 나오셔서….』

『멍청한 녀석. 내가 기다리는 것은 목수지만 매일 여기 나오는 것은 백호혈白虎穴을 지키기 위해서니라.』

노승의 말이 끝나기가 무섭게 늙은 호랑이가 포효하며 노승 앞에 나타났다.

호랑이의 안광은 석양의 노을 속에 이글거렸다. 아무 일 없었던 듯 노승이 주장자를 휘저으며 호랑이 앞을 지나려 하자 대호는 앞발을 높이 들고 노승을 향해 으르렁댔다.

『안된다고 해도 그러는구나. 대웅보전을 짓기까지는 안돼.』

노승은 주장자를 들어 소나무 허리를 때렸다.

「팽」 하는 소리가 나자 호랑이는 「어흥」 하는 외마디 울부짖음을 남기곤 어디론가 사라졌다.

그날 저녁 타 버린 대웅전 주춧돌에 앉아 산을 내려다보던 노승은 사미승을 불렀다.

『너 일주문 밖에 좀 나가 보아라. 누가 올 터이니 짐을 받아 오도록 해라.」

『이 밤중에 어떻게 일주문 밖을 나가라고 하십니까?』

『일주문 밖과 여기가 어떻게 다르기라도 하단 말이냐?』

마지못해 대답을 하고 간신히 일주문에 다다른 선우의 가슴은 철렁했다. 무슨 기다란 동물이 기둥에 기대어 누워 있지 않은가. 입속으로 염불을 외우며 다가서니 누웠던 사람이 일어났다. 나그네였다.

『어서 오십시오. 스님이 마중을 보내서 왔습니다.』

나그네는 아무 말 없이 걸망을 둘러메고 걸었다.

『손님, 짐을 저에게 주십시오. 스님께서 짐을 받으라고 하셨습니다.』

나그네는 묵묵히 걸망을 건네주었다.

『손님은 어디서 오시는 길입니까? 이 짐 속엔 뭣이 들었길래 이리 무겁습니까? 노스님과는 잘 아시나요?』

나그네는 대꾸가 없었다.

그는 다음날부터 대웅전 지을 나무를 찾아 기둥감과 중방감을 켜고 작은 기둥과 서까래를 끊었다. 다음에는 목침만한 크기로 나무를 자르기 시작했다.

하루, 이틀, 한 달, 두 달 목수는 말없이 목침만을 잘랐다.

사람들은 그가 미쳤다며 비웃었다. 그러나 노승은 말없이 웃기만 했다.

어언 다섯 달. 목수는 비로소 톱을 놓고 대패를 들었다. 목침을 대패로 다듬기 시작한 지 3년. 흡사 삼매에 든 듯 목침만을 다듬었다. 그러던 어느 날.

『여보 목수 양반, 목침 깎다가 세월 다 가겠소.』

선우의 비웃는 말에도 목수는 잠자코 목침만 다듬었다. 선우는 슬그머니 화가 나 목수를 골려 주려고 목침 하나를 감췄다.

사흘이 지나 목침 깎기 3년이 되던 날. 목수는 대패를 버리고 일어나더니 노적만큼 쌓아올린 목침을 세기 시작했다. 무수한 목침을 다 세고 난 목수의 눈에선 눈물이 주르르 흘렀다. 일할 때와는 달리 그의 얼굴에는 절망이 깃들었다.

연장을 챙긴 목수는 노승을 찾아갔다.

『스님, 소인이 아직 법당 지을 인연이 먼 듯하옵니다.』

절에 와서 처음으로 입을 여는 목수를 보고 선우의 눈은 왕방울만큼 커졌다.

『왜 무슨 까닭이 있었느냐?』

노승은 조용히 물었다.

『목침 하나가 부족합니다. 아직 저의 경계가 미흡한가 봅니다.』

『가지 말고 법당을 짓게. 목침이 그대의 경계를 말하는 것은 아닐세..』

선우는 놀랐다. 목침으로 법당을 짓는 것도 신기하지만 그 산더미 같은 목침 속에서 하나가 없어진 것을 알다니.

목수는 기둥을 세우고 중방을 걸고 순식간에 법당을 완성했다.

법당에 단청을 하려고 화공을 불러왔다.

노승은 대중에게 엄격히 타일렀다.

『화공의 일이 끝날 때까지 아무도 법당 안을 들여다봐서는 안되느니라.』

화공은 한 달, 두 달이 지나도 밖에 나오질 않았다. 사람들은 법당 안에 그려지는 그림이 보고 싶고 궁금했다. 그러나 법당 앞에는 늘 목수가 아니면 노승이 지키고 있었다.

어느 날, 선우는 법당 가까이 가서 목수에게 말했다.

『스님께서 잠깐 오시랍니다.』

목수가 법당 앞을 떠나자 선우는 재빠르게 문틈으로 법당 안을 들여다봤다.

이상한 일이었다. 그림 그리는 사람은 없는데 오색 영롱한 작은 새가 입에 붓을 물고 날개에 물감을 묻혀 벽에 그림을 그리고 있지 않는가. 선우는 문을 살그머니 열고 법당 안으로 발을 디밀었다. 순간 어디선가 산울림 같은 무서운 호랑이의 울음소리가 들리면서 새는 날아가 버렸다.

노호 소리에 놀란 선우가 어슴프레 정신을 차렸을 때 노승은 법당 앞에 죽어 있는 대호를 향해 법문을 설했다.

『대호선사여! 생사가 둘이 아닌데 선사는 지금 어느 곳에 가 있는가. 선사가 세운 대웅보전은 길이 법연을 이으리라.』

때는 1633년. 내소사 조실 청민선사는 대웅보전 증축 후 어디론가 자취를 감췄다.

변산반도 한 기슭에 자리한 내소사 대웅전(보물 제291호)은 지금도 한 개의 포가 모자란 채 옛 위용을 자랑하고 있으며 그리다 만 벽화는 날로 퇴색해 가고 있다.

변산 · 내소사
전북 부안군 진서면 내소사로 243 (석포리 266-1)

소금을 만드는 노인

옛날 백제시대.

선녀들이 구름을 타고 내려왔다는 선운산(현 도솔산, 전북 고창군 아산면) 기슭 선운리 마을에는 가끔 산적과 해적들이 나타나 주민들을 괴롭혔다. 맛있는 음식을 장만하면 나눠먹고, 어려운 일이 있으면 서로 도우면서 오순도순 살고 있는 이 마을 사람들의 가장 큰 골칫거리는 도적떼였다.

『도적떼를 막을 수 있는 길이 없을까요?』

『우리에게 무슨 힘이 있어야지.』

마을 사람들은 걱정만 할 뿐 별 대책없이 늘 불안과 초조 속에 지냈다. 그러던 어느 날, 마을에 웬 낯선 영감님이 나타나 촌장을 찾았다.

『어떻게 오셨습니까?』

『저는 떠돌아 다니면서 소금과 종이를 만들어 연명해 가는 보잘 것없는 사람입니다. 이 마을이 소금을 굽고 종이를 만들기에 좋을 것 같아 발길을 멈췄으니 오늘부터 마을 입구에 움막을 짓고 살도록 허락하여 주십시오.』

비록 허름한 차림새였으나 인자하게 생긴 노인인지라 마을에선 쾌히 승낙했다.

노인이 인근 해변에 나가 바닷물을 퍼서 소금을 만들 때면 마을 사람들은 따라가서 일을 거들며 소금 만드는 법을 배우기도 했다. 그러다 보니 주민들은 아는 것이 많은 할아버지를 자연 따르게 됐고, 노인은 친자식이나 손자를 대하듯 늘 친절하게 마을 사람들의 어려움을 해결해 주었다.

『할아버지, 큰일났어요.』

『무슨 일이냐?』

『산적들이 나타났어요.』

산적들은 벌써 움막으로 들이닥쳤다.

『음, 처음 보는 영감이로군. 목숨이 아깝거든 가진 것을 모두 내놓으시오.』

『보시다시피 나는 가진 것이라곤 소금밖에 없소. 가져가고 싶은 만큼 갖고 가시오.』

산적들은 전혀 무서워하지 않는 노인의 태연한 모습이 오히려 이상하다는 듯 저희들끼리 쑤군대면서 소금을 한 짐씩 지고 갔다. 마을은 얼마간 평화로웠다.

『할아버지, 바다 한가운데 이상한 배가 나타났어요.』

『이번엔 해적이 왔느냐?』

『아니어요. 사람 기척이 없는 빈 배여요. 사람이 보이면 물 속에 잠기고 사람이 숨으면 물 밖으로 솟아나오는 이상한 배가 나타났어요.』

노인이 바닷가에 다다르자 배는 노인을 향해 다가왔다. 동리 사람들은 눈이 둥그레졌다.

『사람을 보면 숨던 배가 이쪽으로 오고 있잖아요?』

노인은 그 배의 뜻을 아는 듯 배에 올랐다. 그때 하늘에서 음악소리가 울리면서 백의동자가 나타났다.

『할아버지! 저는 인도에서 공주님의 심부름으로 두 분의 금불상을 모시고 이곳에 왔습니다. 공주님께서는 동쪽 해 뜨는 나라의 소금 만드는 할아버지에게 이 불상을 전하고 성스런 땅에 모시게 하라고 일러주셨습니다.』

마을로 돌아온 노인은 선운리 마을에 조그만 암자를 세우고 동자가 전해 준 관세음보살님과 지장보살님을 모셨다.

노인은 그날부터 염불에 열중했다.

그러던 어느 날, 도둑들은 다시 노인을 찾아와 소금을 내놓으라고 으박질렀다.

『거참 안됐구려. 나는 요즘 불공을 올리느라 소금을 만들지 못했다오.』

『그래, 그렇게 부처님만 쳐다보고 앉아 있으면 밥이 나옵니까? 옷이 나옵니까?』

도둑들은 아무것도 가져갈 것이 없자 불만스럽게 투덜거렸다.

그때였다. 어디선가 「어홍」 하며 큰 호랑이 한 마리가 나타났다. 놀란 도둑들은 손에 든 창과 칼로 호랑이를 위협하려 했다. 이때 염불을 하던 노인이 한 손으로 호랑이를 어루만지면서 돌아갈 것을 권했다. 그러자 호랑이는 노인 앞에 공손히 절을 하더니 어슬렁어슬렁 산으로 올라갔다.

이 광경을 목격한 도둑들은 노인이 예사 사람이 아니라고 생각했다.

『알아뵙지 못하고 무례했던 저희들을 용서하여 주십시오.』

도둑들은 엎드려 절을 하면서 새사람이 될 것을 맹세했다.

『이 시각부터 남의 물건 훔치는 일을 그만두고 사람다운 사람이 될 것이니 저희들에게 새 삶의 길을 열어 주십시오. 노인 어른.』

『거참 반가운 일이군요. 잘 생각하셨소. 내 오늘부터 소금 만드는 법을 일러줄 터이니 열심히 배워 착하게 살도록 하시오.』

노인은 해적들에게 소금 만드는 법을 일러줬다. 이 소문을 들은 선운산 도적들도 마을로 내려와 노인에게 참회하며 착하게 살 것을 맹세했다. 산적들에게는 종이 만드는 법을 알려 주면서 거처인 굴속에서 부처님께 예불하며 참회하는 불자가 되도록 가르쳤다.

그러던 어느 날.

『이제 할 일을 다했으니 가 봐야지.』

노인은 마을을 떠날 채비를 차렸다. 동리 아이들까지 울면서 매달렸으나 소용없었다.

『정 가시려면 이름이나 알려주시지요.』

『늙은이가 이름은 무슨 이름…. 난 검단黔丹이라 하오.』

『아니, 할아버지가 바로 그 유명한 검단 스님이시라구요?』

동네 사람들은 모두 놀랬다. 특히 전날의 도둑들은 그제서야 노인의 뜻을 알고 눈물을 흘리며 머리를 깎고 출가할 것을 결심했다. 그후 선운사는 89개의 암자와 1백89동의 요사채, 24개의 굴이 있는 대가람이 되었다.

1954년까지 고창군 심원면 고전리 부락에는 검단선사 이후 불을 때서 소금을 만들던 흔적이 있었는데 46년 삼양염업사에서 그곳에 염전을 만들었다. 그 후 삼양염업사에서는 매년 봄·가을이면 선운사에 소금을 기증하고 있다.

고창·선운사
전북 고창군 아산면 선운사로 250 (삼인리 500)

부설거사 일가

『부설수좌, 빨리 걸읍시다. 이렇게 가다간 해전에 마을에 이르기가 어려울 것 같소.』

『공부하는 수좌가 뭘 그리 마음이 바쁘오.』

때는 통일신라 신문왕 시절. 부설, 영희, 영조 등 세 수좌는 여름 안거에 들기 위해 전라도 변산을 거쳐 오대산으로 가고 있었다.

그 중 우리나라 거사선禪의 대표적 인물로 자주 거론되는 부설은 본래 불국사 스님이었다. 경주 태생으로 불국사에서 원경이란 스님을 은사로 득도한 후 전국 각지를 두루 돌며 열심히 수도하던 중 쌍선봉 아래 조그만 암자를 짓고 10년간 홀로 공부했다. 그러다 도반들이 찾아와 오대산에 들어가 대중과 함께 정진하자는 제의에 선뜻 자리를 털고 일어선 것이었다.

걸음을 재촉하는 두 도반과 함께 그날 밤 부설은 만경 고을 구씨란 사람 집에서 하룻밤 묵게 되었다. 음력 3월 보름달이 휘영청 밝은 밤. 부설이 잠시 뜰에 나와 거닐고 있으려니 어느새 다가왔는지 주인집 딸이 옆에 서 있었다.

『스님, 언제 떠나시나요?』

『내일 아침 일찍 떠납니다.』

18세쯤 되어 보이는 묘화는 스님에게 무슨 말인가 할 듯하면서 선뜻 말을 못한 채 망연히 달만 쳐다보고 있었다.

그 모습은 마치 한 폭의 그림 같았다.

『아가씨, 소승에게 무슨 할 말이 있으신지요?』

잠시 대답을 못하고 망설이던 묘화는 중대한 결심이나 한 듯 입을 열었다.

『스님, 떠나지 마옵소서.』

『아니, 떠나지 말라니요?』

『소녀 저녁 무렵 스님을 처음 뵙는 순간 평생 지아비로 모시고 살고 싶다는 생각이 들었습니다.』

부설은 뜻밖의 말에 내심 크게 놀랐으나 조용한 어조로 타일렀다.

『그 무슨 철없는 말이오. 소승은 큰 뜻을 품은 수도승이 아니까?』

『스님, 제가 어찌 그걸 모르겠사옵니까. 하오나….』

스님은 과년한 처녀의 심중을 헤아리는 듯 다시 일렀다.

『그대의 애끓는 심정을 모르는 바는 아니오. 허나 이 사람은 도반과 함께 오대산으로 공부하러 가는 길인데 어찌 장부의 뜻을 굽혀 그대의 청을 받아들일 수 있겠소.』

『스님의 장하신 뜻을 꺾으려는 것이 아닙니다. 하나 장차 도통하여 많은 중생을 구하실 스님이 작은 계집 하나 구해 주지 못한다면 어찌 큰 뜻을 이루실 수가 있겠습니까?』

단정한 용모에 재기와 덕기를 겸비한 묘화는 결사적으로 애원했다. 부설은 그녀의 끈덕진 호소에 감동하여 그녀와 혼인하기로 결심했다.

이튿날 아침 두 도반은 기가 막히고 어이가 없다는 듯 오대산을 향해 떠났다. 묘화의 부모도 하는 수가 없었다. 그렇게 많은 곳에서 청혼이 들어와도 들은 척도 않던 딸이 길 가는 객승에게 빠져 시집을 가겠다고 막무가내니 어쩔 수가 없었다.

부설은 묘화와 결혼하여 지금의 김제시 성덕면 성덕리 고련부락에서 살았다. 그 마을에는 이상하게도 늘 눈이 떠돌아다니므로 부설은 마을 이름을 부설촌이라 했고, 자기 이름도 부설이라 불렀다. 부설은 아들 딸 남매를 낳고 살면서도 아내와 함께 공부를 게을리하지 않았다.

그러던 어느 날 오대산으로 떠난 옛 도반들이 찾아왔다.

『우리는 공부를 마치고 돌아가는 길이라네. 가장 공부를 잘해 장래가 촉망되던 자네가 혹이 몇씩이나 붙은 낙오자가 되다니….』

도반들은 부설이 안됐다는 듯 측은한 어조로 말했다. 옆에서 이 말을 들은 묘화 부인은 가만히 있어서는 안되겠다는 듯 말을 꺼냈다.

『두분 스님께서 공부의 도가 높은 듯한데 그러면 저희집 어른과 한번 겨뤄 보시면 어떨까요?』

영희, 영조 스님은 어떻게 도를 겨루자는 것인지 의아해하면서도 한편 가소롭다는 듯 웃음을 지으며 선뜻 허락했다.

부인은 병 3개에 물을 가득히 담아 벽에 걸어놓고는 물만 벽에 매달려 있고 병은 땅에 떨어지게 하자는 문제를 냈다. 두 스님은 모두 실패했으나 부설만이 일을 해내니 두 스님은 부끄러운 듯 얼굴을 붉히며 어디론가 사라졌다.

그 뒤 부설 내외는 남매를 데리고 옛날 공부하던 변산으로 들어가 전에 공부하던 자리에 부설암을 짓고, 부인을 위하여는 낙조대 올라가는 중간에 묘적암을, 그리고 그 딸을 위해 월명암을, 아들을 위해서는 등운암을 지어 각자 일생 동안 수도생활에 정진했다.

그의 딸 월명도 어머니를 닮아 15·6세가 되니 자태가 고울 뿐 아니라 글 공부도 능통하여 그를 따를 사람이 없을 정도였다. 하루는 재색을 겸비한 그녀에게 그 절 상좌가 정을 구해 왔다. 월명이 오빠에게 상의하니 청을 들어주라고 했다. 오빠의 말에 따르고 나니 얼마 후 상좌는 다시 정을 구해 왔다. 오빠는 또 들어주라고 승낙했다. 이런 일이 자꾸 되풀이되자 오빠 등운은 그 일로 누이의 공부에 장애가 될 것을 염려하여 그 상좌를 부엌 아궁이에 넣어 불태워 죽였다.

그 상좌는 저승에 들어가 자신의 억울한 죽음을 하소연하면서 등운을 잡아들여 보복해 줄 것을 애원했다. 저승에서는 사자를 보내 등운을 잡아들이게 했으나 등운의 경지가 워낙 높아 잡아들이지를 못했다.

세번이나 헛걸음치고 돌아가는 저승사자에게 등운이 말했다.

『공중에다 모래로 줄을 꼬아서 나를 묶는 재주가 있다면 나를 잡을 수 있고 그렇지 못하면 나를 잡을 수 없으리라.』

저승에서는 끝내 등운을 잡아가지 못했다고 한다.

그의 누이동생 월명도 마침내 도통하여 육신이 있는 채로 하늘로 올라갔다고 한다.

변산·월명암
전북 부안군 변산면 내변산로 236-180 (중계리 산 96-1)

바위가 된 도둑

때는 조선조 초엽.

지금의 전북 임실군 삼계면 서당재의 조그만 암자에 한 비구니 스님이 홀로 수도를 하고 있었다. 20세 안팎의 이 스님은 고려말 귀족의 딸로서 멸족의 화를 면해 입산 출가했다는 소문이 마을에 파다했다.

밤이면 호랑이 늑대 소리가 들려도 젊은 스님은 염불정진을 게을리하지 않았다.

그러던 어느 날 기도하던 스님은 그만 깜박 잠이 들었다.

하얀 백발 노인이 근엄한 표정으로 스님 앞에 나타났다.

『아니…?』

『놀라지 말아라. 나는 이 산을 다스리는 신령이니라. 이제 그대에게 자식 하나를 점지해 주려고 이렇게 찾아왔노라.』

『당치 않으신 말씀입니다. 소녀는 계율을 수행의 첫 덕목으로 삼으며 공부하는 불가의 비구니옵니다.』

『이 산의 정기를 그대 몸을 빌어 자식으로 태어나게 할 것이니라.』

『신령님! 산 아래 마을에는 자식이 없어 애태우는 사람들이 많사온데 왜 하필이면 소승의 몸을 빌리려 하십니까?』

『다 뜻이 있어서 그러느니라. 이제 그대에게 점지할 아들은 귀하고 소중하기 때문에 정결한 그대를 선택한 것이니 그리 알라.』

말을 마친 노인은 홀연히 사라졌다. 노인이 사라짐과 동시에 스님은 아득해짐을 느꼈다. 그때 갑자기 중천에 두둥실 떠 있던 보름달이 하강하더니 스님의 입속으로 들어왔다. 스님은 경악해서 소리를 질렀는데 그만 그 소리에 놀라 잠이 깼다.

주변을 둘러보니 불공을 올리다 잠이 든 모습 그대로였다.

『별난 꿈도 다 있네.』

그러나 스님은 그 신기한 꿈을 꾼 지 10달이 지난 후 달덩이 같은 옥동자를 산고도 없이 낳았다. 아기는 날이 갈수록 영특하고 총명해졌다. 이렇게 무럭무럭 자라는 아기를 바라볼 때마다 스님은 착잡한 상념에 사로잡혔다.

『그렇지. 아무래도 예사 아이는 아니야. 훌륭히 키워 보자.』

스스로 다짐한 스님은 아들이 커 갈수록 마음이 든든해졌다.

『어머니!』

『어머니라고 부르지 말고 스님이라 부르라고 했지 않느냐?』

『어머니를 어머니라 부르는데 뭐가 잘못이에요?』

『하지만 난 다른 어머니와 달리 출가한 여승이 아니냐. 그러니 앞으로는 꼭 스님이라 부르거라.』

『우리 아버지는 누구세요?』

통명스럽게 묻는 아들의 말에 스님이 대답이 없자 아이는 골난 어조로 말을 이었다.

『왜 말을 못하시고 숨기세요? 어머니가 스님이 되신 것도 다 아버지 때문이 아니세요?』

『그런 것이 아니란다.』

『그럼 왜 말씀을 못하세요?』

『네가 좀더 크면 말하려 했는데 정히 네가 원한다면 내 오늘 다 말해 주마. 한 가지 약속할 것은 내 말에 의심을 갖지 말고 믿어줘야 하느니라.』

스님으로부터 자초지종의 이야기를 들은 아이는 무엇인가 골똘히 생각했다. 자신의 출생 동기를 알게 된 그는 이대로 집에 머물러 있을 수 없다고 결심했다.

『어머니, 저는 이제 어머니 곁을 떠나야겠습니다.』

『아니 어디로?』

『큰스님을 찾아 뵙고 공부를 해야겠습니다.』

『음, 그래 말리지 않겠다. 어디를 가든 열심히 공부해서 훌륭한 사람이 되거라. 너는 예사롭게 태어난 사람이 아니란 것을 명심하고.』

『네, 어머님, 아니 스님.』

소년은 그 길로 무등산으로 들어갔다. 거기서 대혜도사를 만나 열심히 수도하며 무예를 익혔다. 그렇게 어느덧 10년의 세월이 흘렀다. 소년은 20세의 천하장사로 성장했다.

하루는 대혜 스님이 청년을 불렀다.

『이제 나는 네게 더 가르칠 것이 없게 됐다. 그만하면 훌륭하니 그만 내 곁을 떠나도록 해라.』

『하오나 소생은 아직 미흡하옵니다.』

『아니다. 네가 부족한 것이 있다면 장사가 갖는 용마가 아직 없다는 것뿐이다.』

『용마라니요?』

『너는 명산의 정기로 태어난 장사임을 내 이미 알고 있었느니라. 헌데 아직 용마를 못 얻어 네 스스로 무엇인가 부족함을 느끼고 있을 것이다.』

『스님, 어찌하면 용마를 얻을 수 있을까요?』

『용마는 하늘이 주시는 것이니라. 허나 아직 하늘이 네게 용마를 주실 뜻이 없는 듯하니 대신 내가 말 한 필을 주마. 저기 마굿간으로 가자.』

마굿간 앞에 선 청년은 눈이 휘둥그래졌다. 거기엔 청동의 황금옷을 입힌 말 한 필이 있었다.

『너는 저 말을 능히 부릴 수 있을 것이다. 어서 끌고 가거라.』

그때였다.

『히-잉』

청동마가 긴 울음소리를 내는 것이 아닌가.

『허어 됐다, 됐어. 그 말의 울음소리를 들었으니 무슨 일이든 네 뜻대로 될 것이다.』

청년은 스승과 헤어져 청동마를 이끌고 서당재 암자로 달려갔다.

『아니? 이게 누구냐!』

10여 년 만에 아들을 만난 스님은 기뻐 눈물을 흘렸다. 실로 오랜만의 모자 상봉이었다.

그날 밤, 신기한 청동마를 탐낸 도둑이 암자에 들었다.

『허허, 세상에 둘도 없는 보물을 내가 갖게 됐구나.』

청동마를 둘러메고 산을 내려오는 이름난 산적 두목 도포는 무거운 줄도 몰랐다.

방에서 어머니와 이야기를 주고받던 청년은 이상한 느낌이 들어 급히 나와 보니 청동마가 보이질 않았다.

『앗, 내 청동마를 누가 훔쳐 갔어요.』

『뭐라고. 그 귀한 말을 도둑 맞았다구?』

『어머님, 소자는 용마를 얻을 때까지 더 수도하겠습니다. 청동마는 저와 인연이 없는가 보옵니다. 그러나 소자는 도둑과 그 말을 바위로 만들어 버리겠습니다.』

청년은 급히 종이에 주문을 적어 허공에 날렸다. 그때였다. 멋도 모르고 산속 어디쯤을 내려가던 도둑이 소리를 쳤다.

『으악! 사람 살려요.』

외마디 비명을 지른 산적 도포는 그 자리에 굳어 바위가 됐다. 그 후 서당재에는 도둑 도포와 청동말 형상의 바위가 생겨났고 지금도 그곳엔 서당재 도둑 바위라 불리는 바위가 있다. 청년 장사는 그 길로 산중 깊이 들어가 나오지 않았다. 「장사는 용마를 얻지 못하면 세상에 나갈 수 없다」는 말을 입증이나 하듯.

임실 · 서당재
전북 임실군 삼계면 오지리

신비한 장군샘

　조선조 제13대 명종 때였다. 단풍이 아름답기로 유명한 내장산 내장사(당시는 영은사)에 기운이 장사인 희묵 스님이 주석하고 있었다. 스님의 힘은 산에 나무하러 가서 달려드는 호랑이를 한 손으로 꼼짝 못하게 할 정도로 대단했다.

　어느 날 스님이 아랫마을로 시주하러 갔을 때였다. 큰 황소 두 마리가 뿔을 맞대고 싸우고 있었다. 마을 사람들은 몽둥이를 들고 떼어 놓으려 했으나 오히려 황소의 싸움은 격렬해지기만 했다. 이때 이를 목격한 희묵 스님은 묵묵히 바라만 보다가 사람들 사이를 헤치고 황소 옆으로 다가갔다.

　『스님, 저리 비키십시오. 가까이 가면 다치십니다.』

　놀란 마을 사람들은 크게 소리치며 걱정했으나 스님은 태연스럽게 두 소의 뿔을 양쪽 손에 나누어 잡고는 간단히 떼어 놓았다. 이를 지켜본 마을 사람들은 서로 얼굴을 쳐다보며 감탄을 연발했다.

　『과연 천하장사로군요.』

　희묵대사가 천하장사라는 소문은 널리 퍼졌다.

　힘이 세기로 알려진 희천이란 젊은 스님도 이 소문을 들었다. 그는 혼자 빙그레 미소를 짓더니 내장사로 달려갔다.

　『젊은 객승 문안이옵니다. 희묵대사를 뵙고자 합니다.』

　『웬일로 날 찾아오셨소?』

　『외람된 청이오나 스님께서 천하장사라 하옵기에 소승 문하에서 공부를 하고자 하오니 허락하여 주십시오.』

희천 스님의 속셈은 말과는 달랐다. 문하에 들어가겠다는 것은 구실일 뿐 희묵대사를 눌러 민망케 한 후 자기가 제일 힘이 세다는 것을 천하에 자랑하고 싶었던 것이다.

그러나 희천 스님은 자신의 생각이 헛된 망상임을 곧 알게 됐다. 도저히 자신의 실력으로는 희묵대사를 당해낼 수가 없었다. 희천 스님은 진심으로 희묵대사의 제자가 되어 은사 스님이 어떻게 힘을 키우는지 배우기로 했다.

희묵대사는 힘을 키우기 위해 특별히 운동을 하는 일도 없었다. 아무래도 이상하다고 생각한 희천 스님은 스님의 일거수일투족을 살피기 시작했다. 희묵대사는 매일 새벽 예불을 끝내면 절 뒷산 중턱 바위틈에서 나오는 샘물을 감로수 마시듯 마시고는 아주 기분 좋게 하산하는 것이었다.

『혹시 저 샘물에 무슨….』

희묵 스님이 물 마시는 광경을 몇 차례 훔쳐본 희천 스님은 샘물을 맛보았다. 물맛이 하도 좋아 희천 스님은 아무래도 샘물에 무슨 조화가 있다고 생각했다.

희천 스님도 매일 샘물을 마시기 시작했다. 그렇게 물 마시기 1주일째 되던 날. 희천 스님은 자신의 힘이 세어지고 있음을 발견하곤 너무 좋아 다음날부터는 물을 더 많이씩 마셨다.

그러던 어느 날. 희묵대사는 아무래도 희천의 거동이 이상하여 살펴보니 혼자만 마시는 샘물을 희천이 먹고 있는 것이 아닌가.

『네 이놈! 어찌 스승의 허락도 없이 네 맘대로 샘물을 마시느냐?』

희묵 스님은 제자를 시험하려는 듯 산봉우리에 올라 큰 돌을 아래로 던졌다. 희천 스님도 힘이 세어 스승이 던지는 돌을 받아 차곡차곡 쌓아 놓았다. 지금도 내장사에 가면 그때 희천대사가 쌓았다는 돌무더기가 남아 있다.

임진왜란이 일어나자 희묵대사는 희천 스님과 승병을 이끌고 왜군과 싸웠다. 그 후 사람들은 그 봉우리를 장군봉이라 불렀으며 샘물은 장군이 마셨다 하여 장군샘의 장군수라고 했다.

산정에는 희묵대사의 지휘대였다는 장군대(일명 용바위)가 있고 산 북쪽 줄기 밑의 신선대 부근에는 성터의 흔적이 있어 스님들의 구국 사상을 오늘에 전하고 있다.

또한 내장산 동구리에서 약1km 거리에 백양사로 넘어가는 지름길고개를 유군이재라고 하는데 이는 군대가 머물렀던 곳이란 뜻이다.

희묵대사와 희천 스님은 승병을 이끌고 이 고개에 머물면서 왜구들이 쳐들어오는 것을 막았다고 한다. 희묵대사와 희천 스님이 이곳을 지키고 있자 왜구들은 다른 길로 돌아 전주로 향했다. 전주에는 이태조의 사당 경기전이 있었으므로 위험을 느낀 두 스님은 사람을 보내 태조의 영정과 전적을 옮겨 오도록 즉각 대처했다.

밤길을 타서 모셔온 영정과 실록을 두 스님은 신선봉 밑에 있는 천연동굴 용굴암에 모셨다. 위기를 면한 이 전적과 유물들은 1년 1개월간 용굴암에 보전됐다가 조정의 명으로 함경도 묘향산 보현사 별전에 옮겨졌다.

그밖에도 내장산에는 불교와 관계된 명칭이 많이 있다.

서래봉(써래봉)은 달마조사의 서래설西來設에 연유한다. 서래봉 줄기의 서쪽 바위 봉우리 불출봉은 봉우리 바로 밑에 있는 불출암터인 커다란 석굴에서 부처님이 나왔다 하여 붙여진 이름이다.

불출암은 공부하기 좋은 곳으로 널리 알려져 유생들마저 자주 찾았던 곳이다. 이 석굴에는 신비스런 바늘구멍이 있어 끼니때마다 먹을 만큼의 쌀이 나오고 손님이 오면 접대하기에 알맞은 양의 쌀이 솟아나왔다. 하루는 사미가 매 끼니마다 쌀 푸기가 귀찮은 데다 욕심이 생겨 바위 구멍을 크게 넓혀 놓았다. 그 뒤부터 쌀은 한 톨도 안 나왔다고 한다.

내장사 대웅전 바로 뒷산 봉우리는 영취봉이라 하는데 이는 부처님께서 설법하시던 인도의 영취산 이름을 본따 지은 이름이다.

이렇듯 불연이 깊은 내장사는 백제 제30대 무왕 37년(636) 영은조사가 창건하여 영은사라 칭했다. 고려 제15대 숙종 3년에 신안선사가 전각과 당주를 크게 고쳐 중창했고 조선조에 와서 희묵대사가 3창했으나 정유재란 때 소실됐다. 그후 부용대사가 4창했고, 영운대사가 5창했다. 1925년 백학명선사가 벽련사 위치로 옮겨 벽련사라 개명하고 옛 절터에는 영은암을 두었다. 그러나 1938년 매곡선사가 현재의 위치에 중창불사를 한 후 내장사라 하였다.

정읍 · 내장사
전북 정읍시 내장산로 1253 (내장동 590)

까마귀와 뱀의 인과

　신라시대의 일이다.

　강원도 철원 땅 보개산 기슭에 큰 배나무가 한 그루 있었다.

　먹음직스런 배가 가지가 휘도록 열린 어느 해 여름. 까마귀 한 마리가 이 배나무에 앉아 짝을 찾는 듯 「까악 까악」 울어댔다.

　배나무 아래에는 포식을 한 독사 한 마리가 매미ㆍ산새 소리를 들으며 여름을 즐기고 있었다. 이때 까마귀가 다른 나무로 날아가려고 나래를 쭉 펴고 바람을 일으켰다. 그 바람에 주렁주렁 달린 배 한 개가 독사의 머리에 툭 떨어졌다. 느닷없이 날벼락을 맞은 뱀은 화가 날대로 났다. 독기가 오른 뱀은 머리를 하늘로 쑥 뽑아 사력을 다해 독을 뿜어냈다. 독기는 까마귀 살 속을 파고들었다. 순간 까마귀는 힘이 쑥 빠지면서 온몸이 굳어짐을 느꼈다.

　『내가 일부러 배를 떨군 것이 아닌데 저놈의 뱀이 독기를 뿜어대는구나.』

　까마귀는 더 이상 날지 못하고 땅으로 떨어지면서 죽고 말았다. 뱀도 마찬가지였다. 너무 세게 얻어 맞은 데다 독을 다 뿜어 죽어 버렸다. 까마귀 날자 배 떨어진다더니 어처구니없이 까마귀와 뱀이 죽었다.

　까마귀와 뱀은 죽어서까지도 원한이 풀리지 않았다.

　뱀은 죽어서 우직한 멧돼지가 됐고 까마귀는 암꿩으로 변했다.

　멧돼지는 먹이를 찾아 이 산 저 산을 헤매고 다녔다.

그러던 어느 날.

마침 알을 품고 있던 암꿩의 모습이 멧돼지 눈에 들어왔다.

『음 전생에 나를 죽게 한 원수놈이로구나. 저놈을 당장 죽여야지.』

멧돼지는 살며시 등성이로 올라가 발밑에 있는 큰 돌을 힘껏 굴렸다. 암꿩은 미처 피할 겨를도 없이 그 자리에서 숨졌다. 그렇게 찾아 헤매던 까마귀를 죽인 멧돼지는 속이 후련했다.

이때 사냥꾼이 그곳을 지나다 죽은 꿩을 발견했다. 죽은 지 얼마 안되는 꿩을 주운 사냥꾼은 기뻐 어쩔 줄 몰라하며 단걸음에 오막살이 집으로 내려갔다.

『여보, 오늘 내가 횡재를 했소.』

『어머나, 이거 암꿩이잖아요. 어떻게 잡으셨어요?』

『아 글쎄, 골짜기 바위 밑을 지나다 보니 이놈이 알을 품고 있는 것이 보이지 않겠수. 그래 돌을 집어 살금살금 다가가서 내리쳤지, 하하.』

내외는 그날 저녁 꿩을 잡아 실컷 먹었다.

그런데 기이한 일이 생겼다. 결혼 후 태기가 없던 사냥꾼 아내에게 그달부터 태기가 있게 된 것이다. 그로부터 열 달 후 사냥꾼의 아내는 옥동자를 분만했다. 두 내외는 정성을 다해 아들을 키웠다. 이윽고 아들은 씩씩한 소년이 되어 아버지를 따라다니며 활쏘기를 익혔다. 사냥꾼은 아들이 훌륭한 사냥꾼이 되길 바랐다.

『자, 이번엔 네가 쏴 봐라.』

『뭔데요, 아버지?』

『저기 저 소나무 아래 꿩 말야.』

『꿩요? 난 꿩은 안 쏠래요.』

『아니 왜?』

『왠지 저도 모르겠어요. 전 멧돼지만 잡고 싶어요.』

『거참 이상하구나. 넌 왜 멧돼지 말만 하면 마치 원수처럼 여기는지 모르겠구나.』

『괜히 그래요. 멧돼지는 전부 죽이고 싶으니까요.』

『넌 아직 멧돼지 잡기엔 어리다.』

사냥꾼은 아들의 기개가 신통하다고 여기면서도 넌지시 일렀다.

그로부터 며칠 후, 사냥꾼 부자는 온종일 산을 헤맸으나 한 마리도 못 잡고 터덜터덜 무거운 발걸음으로 집을 향하고 있었다. 그때 아들이 갑자기 외쳤다.

『아버지! 저기 멧돼지가 달려가요.』

『어디?』

사냥꾼은 정신이 번쩍 드는 듯 아들이 가리키는 곳을 바라보는 순간 벌써 활시위를 당기고 있었다. 화살은 멧돼지 머리에 정통으로 맞았다. 멧돼지가 죽은 것을 확인한 아들은 기뻐 날뛰며 소리쳤다.

『음, 저 녀석이 왜 산돼지만 보면 정신없이 구는지 모르겠군.』

아버지는 혼잣말로 뇌이며 아들의 거동을 유심히 살폈다. 아들은 장성할수록 더욱 멧돼지를 증오했다.

세월이 흘러 사냥꾼은 사냥도구를 아들에게 물려주고 세상을 떠났다. 청년기를 지나 중년에 이른 아들은 아버지 뒤를 이어 여전히 사냥을 계속했다.

어느 날 보개산으로 사냥을 나간 아들은 그날따라 일찍이 볼 수 없었던 이상한 산돼지를 발견했다. 그 산돼지는 우람할 뿐 아니라 온몸에서 금빛이 환하게 빛나고 있었다.

『이상한 놈이구나. 저놈을 단번에 잡아야지.』

그는 힘껏 시위를 당겼다. 화살은 적중했다. 그러나 금멧돼지는 피를 흘리면서도 여유있게 환희봉을 향해 치닫는 것이 아닌가.

그는 멧돼지가 숨어있을 곳까지 단숨에 달려갔다.

그러나 이상한 일이었다. 금돼지는 간 곳이 없고 돼지가 숨어있을 만한 자리에는 지장보살 석상이 샘 속에 몸을 담그고 머리만 물 밖으로 내밀고 있었다.

『아니 이건 내가 쏜 화살이 아냐?』

지장보살 석상의 어깨엔 그가 쏜 화살이 꽂혀 있었다.

『이 석불이 산돼지로 화신한 것일까.』

묘한 광경에 그는 고개를 갸우뚱거릴 뿐이었다.

까마귀와 뱀의 인과가 반복되는 것을 막기 위해 부처님께서 멧돼지로 화현하여 화살을 맞은 까닭을 알 리가 없었다. 그는 물속에 잠긴 작은 석상을 꺼내려 안감힘을 썼으나 석상은 보기보다 의외로 무거워 끄덕도 하지 않았다. 날이 어둡자 그는 집으로 돌아왔다.

이튿날 그 자리를 다시 찾은 그는 또 한 번 질겁하며 놀랐다. 어제 분명히 샘 속에 잠겼던 석불이 어느새 물 밖으로 나와 미소를 짓고 있지 않는가.

그는 무릎을 쳤다. 그리고는 석불 앞에 합장을 했다.

『부처님이시여! 어리석은 중생을 제도키 위해 보이신 뜻을 받들어 곧 출가하여 도를 닦겠습니다.」

그는 곧 출가하여 3백여 무리를 동원하여 절을 짓고 석불을 모셨다. 그리고는 숲 속에 돌을 쌓고 그 위에 앉아 정진하여 높은 도력을 얻었다.

지금도 강원도 철원 보개산에 가면 신라시대 이순석이란 사냥꾼이 지었다는 절 석대암 터가 남아 있다. 이 절의 주불로 모셔졌던 지장보살 석상은 석 자쯤의 키에 왼손에는 구슬을 들고 있으며 왼쪽 어깨에는 사냥꾼의 화살이 박혔던 자리라고 하는 한 치 가량의 금이 뚜렷이 남아있다. 지금은 철원 심원사에 모셔져 있다.

보개산 · 석대암
강원도 연천군 신서면 내산리

허공에 세운 계란

묘향산을 한달음에 내려오는 한 스님이 있었다. 의발은 남루했지만 그 위엄은 천하를 압도하는 기풍이 엿보였다. 축지법을 써서 평안도, 황해도, 경기도를 지나 강원도 금강산 장안사로 향하는 그 스님은 사명대사.

서산대사와 도술을 겨루기 위해 가고 있었다. 서산보다 스물 세 살이나 아래인 사명은 자신이 서산대사보다 술수가 아래라느니, 높다느니 하는 소문을 못 들은 체했으나 풍문이 꼬리를 물고 퍼지자 돌연 실력을 겨뤄 보기로 결심한 것이었다.

『신출귀몰한 서산대사의 실력을 모르는 터는 아니나 나의 묘기로 서산을 궁지에 몰아넣어 세상을 놀라게 해야지.』

사명의 마음은 다급했다. 서산대사가 있는 금강산 장안사 골짜기에 이르자 우거진 숲 사이로 흐르는 맑은 물소리가 천 년의 적막을 흔들며 요란했다.

사명당이 이 계곡을 오를 무렵 서산대사는 굴리던 염주를 멈추며 상좌를 불렀다.

『이 길로 산을 내려가 묘향산 사명대사를 마중하여라.』

상좌는 깜짝 놀랐다.

『장안사에 사명 스님이 오신다는 전갈이 없으셨는데요.』

『허허… 골짜기를 내려가노라면 냇물이 거꾸로 흐르는 곳이 있으니라. 바로 거기에 사명대사가 오시고 있을 거네.』

서산대사는 앞을 훤히 내다보는 듯 말했다.

『냇물이 거꾸로 흐르다니. 아무래도 이상한 일이로구나.』

상좌는 고개를 갸웃거리며 절을 나섰다.

『정말 사명대사가 오시는 걸까. 아니면 서산대사가 나를 시험하려 함인가.』

평소에 없던 분부라 자기 나름대로 생각을 굴리면서 골짜기를 향해 내려가던 상좌는 우뚝 걸음을 멈췄다. 분명 냇물이 거슬러 흐르는 것이 아닌가. 고개를 들어 앞을 살피니 과연 저만치 웬 스님이 오고 있었다. 상좌는 그 스님 앞에 공손히 합장배례했다.

『스님, 스님께서 사명대사이시온지요?』

『그렇소마는….』

『먼 길에 오시느라 고생이 많으셨겠습니다. 저는 서산대사의 분부받고 대사님을 마중나온 장안사 상좌이옵니다.』

『아니…그래….』

사명당은 내심 놀랬다.

「서산대사가 어떻게 알고 마중까지 내보냈을까.」

마치 덜미를 잡힌 듯 아찔함을 느꼈다.

상좌는 앞장서서 걸었다. 소문만 듣던 사명대사를 직접 모시게 되니 누구에겐가 자랑이라도 하고픈 마음이었다.

이윽고 장안사에 이르렀다. 그때 법당문이 열렸다. 서산대사가 막 법당을 나서려는 찰나였다. 사명당은 인사할 틈도 주지 않고 공중에 날아가던 참새 한 마리를 잡아 쥐곤 첫 말문을 열었다.

『대사님, 내 손아귀에 있는 이 참새가 죽을까요, 살까요?』

사명의 손안에 있는 새인지라 새가 죽고 사는 것은 사명당에게 달려 있었다.

이쪽도 저쪽도 택하기 어려운 그 질문 앞에 서산은 의연히 입을 열었다.

『허허 사명대사, 이 몸의 발이 지금 한 발은 법당 안에 있고, 한 발은 법당 밖에 나가 있는데 이 몸이 밖으로 나가겠습니까, 안으로 들겠습니까?』

이 또한 난처한 질문이었다. 안으로 든다고 하면 한 발을 마저 밖으로 내놓을 것이요, 밖으로 나갈 것이라 답하면 안으로 들 것이니. 잠시 생각에 잠긴 사명당은 멀리서 객이 오는데 밖으로 나오는 게 당연한 도리라고 판단했다.

『그야 밖으로 나오시겠지요.』

『과연 그렇소. 사명당이 그 먼 길을 한달음에 오셨는데 어찌 문밖에 나가 영접치 않겠소.』

모든 답이 끝난 듯 서산은 사명에게 어서 올라올 것을 권했다. 그러나 사명은 손에 참새를 쥐고 있는 터라 답을 듣고 싶었다.

『고맙소이다. 대사님, 이 참새는 어찌 되겠습니까?』

『불도를 닦는 분이 어찌 살생을 하겠습니까?』

서산은 거침없이 대답했다.

당대 고승의 만남은 이렇게 시작됐다. 사명은 자기가 오게 된 사유를 말하고 이번엔 도술로 겨루자고 제안했다.

사명은 지고 온 봇짐에서 바늘이 가득 담긴 그릇을 하나 꺼냈다. 잠시 그릇 속의 바늘을 응시했다. 이게 웬일인가. 바늘은 먹음직한

국수로 변했다. 사명은 맛있게 먹으면서 서산에게도 권했다. 이를 지켜보던 서산 역시 국수를 먹었다. 그리곤 사명과는 달리 입에서 바늘을 뱉어 놓았다. 대단한 신술이었다.

사명은 다시 계란을 꺼내더니 한 줄로 곧게 쌓아 올렸다. 그러나 서산은 그 반대로 공중에서 계란을 쌓아 내려왔다. 사명당은 초조해졌다.

『아래서 위로 쌓기도 어려운데, 하물며….』

사명은 열세를 느꼈으나 한 번 더 겨루기로 했다. 사명당은 하늘을 우러렀다. 구름 한 점 없던 장안사 상공에 갑자기 먹장구름이 뒤덮이더니 천지를 흔드는 천둥번개와 함께 굵은 빗줄기가 쏟아져 내렸다. 순식간에 땅 위의 모든 것을 삼킬 듯한 무서운 위세였다.

『사명대사, 과연 훌륭한 신술이오.』

이쯤 되면 서산대사도 굴복할 것 같아 사명은 내심 기뻤다. 그러나 아무렇지도 않은 듯 헛기침을 했다.

『뭘요, 대사께선 아마 이 비를 멈추게 할 뿐 아니라 하늘로 되돌리시겠지요.』

『허어, 사명대사님이 미리 알아주시니 감사합니다.』

『아니, 그렇다면….』

사명은 그만 말문이 막혔다. 서산은 좀 전의 사명처럼 합장한 채 하늘을 우러렀다. 숨막히는 순간이었다. 줄기차게 퍼붓던 비가 뚝 그치면서 빗방울은 하늘로 거슬러 올랐다. 한참을 오르던 비는 눈부실 만큼 아름다운 새로 변하여 나는 것이었다. 청명한 천지엔 새의 노래와 환희로 가득찼다.

가슴 조이던 사명은 이 변화무쌍한 광경에 자기의 모자람을 깨달았다.

『대사님! 진작 알아뵙지 못했습니다. 과연 만천하의 스승이옵니다. 부끄러운 몸이나 저를 제자로 삼아 법도에 이르도록 가르침을 내려 주옵소서.』

사명당은 눈물로써 제자 되기를 간청했다. 서산대사도 마음이 흡족했다.

『진정 그러하시다면 나 또한 즐겁지 않을 수 없소. 그대 같이 슬기로운 제자를 맞게 되니 더없이 기쁘구려.』

그들은 합장한 채 오래도록 부처님 앞에 서 있었다. 사명은 그날부터 서산의 수제자로 용맹정진했다.

금강산 · 장안사
강원도 회양군 장양면 장연리 금강산 (북한)

왼쪽 귀가 없는 스님

중국 태화 연간(827~835) 당나라 명주의 개국사 낙성대법회에는 중국은 물론 신라의 고승대덕 수만 명이 참석했다. 이날 법회가 끝날 무렵 맨 말석에 앉아 있던 한 스님이 범일 스님 곁으로 다가왔다.

『대사님께선 혹시 해동에서 오시지 않으셨는지요?』

『예, 신라 땅에서 왔습니다.』

『그럼 부탁 말씀을 드려도 될는지요?』

『무슨 말씀이신지요?』

『소승은 신라와 접경지대인 명주계 익령현(지금의 평양) 덕기방에 살고 있습니다. 부탁이란 스님께서 귀국하시면 저를 꼭 좀 찾아주십사 하는 말씀입니다.』

『그렇게 하시지요. 그게 뭐 그리 대단한 부탁이라고….』

『감사합니다. 그곳에 오시면 좋은 불연이 있어 말세 중생의 복전이 되실 것입니다.』

『그렇다면 꼭 들르겠습니다.』

범일 스님은 그 스님이 비록 왼쪽 귀가 없을망정 자비스런 보살의 모습인 데다 이국땅에서 고향 승려를 만나니 한층 더 기뻤다.

「귀국하면 꼭 찾아가 봐야지.」

범일 스님은 재회를 굳게 다짐했다. 범일 스님은 여러 조사와 스승을 찾아 공부하다가 임관(중국 제안선사)에게서 법을 얻고 회장 7년(847) 신라로 돌아왔다.

그러나 귀국 후 굴산사를 창건하고 중생교화에 여념이 없었던 범일 스님은 당나라에서 만난 왼쪽 귀가 없는 스님과의 약속을 까맣게 잊고 있었다.

그렇게 10여 년이 지난 후 대중 12년(858) 2월 보름날 밤. 범일 스님은 이상한 꿈을 꾸었다. 중국에서 만난 왼쪽 귀가 없는 스님이 창문 앞에 와서 말하는 것이었다.

『스님, 저를 잊으셨습니까?』

『아, 중국에서 만난 그 스님이시군요. 찾아뵙지 못해 정말 죄송하옵니다.』

『절을 창건하시고 중생을 제도하시느라 지난날 중국 개국사에서 다짐한 소승과의 약속을 잊으신 것 같아 이렇게 다시 찾아왔습니다. 덕기방에서 꼭 뵈올 수 있는 인연을 지어 주십시오.』

『스님, 죄송하옵니다. 불사에 쫓기다 보니 그만….』

『불사도 중요하시겠지만 승려와 승려의 약속이 어떤 인과인지 스님께서 더 잘 알고 계시리라 믿습니다.』

『죄송할 뿐입니다. 빠른 시일 내에 찾아뵙도록 하지요.』

『그럼 조속한 시일 내에 뵙길 바라면서 소승 이만 물러가옵니다.』

범일 스님은 꿈을 깨고도 마치 현실인 양 어리둥절했다. 그리고는 약속을 지키지 못한 자신의 허물을 참회하면서 그날로 시자와 함께 덕기방으로 향했다. 일행이 낙산 밑 어느 마을에 이르러 마을 사람들에게 덕기방의 위치를 묻기 위해 잠시 쉬고 있을 때였다.

한 여인이 일행 앞을 지나가니 그들은 여인에게 물었다.

『부인, 말 좀 물읍시다.』

지나던 여인은 걸음을 멈추고 합장한 채 공손히 스님들 앞에 섰다.

『여기서 덕기방으로 가려면 어디로 가야 합니까?』

『덕기방이라는 고장은 없는데요. 그런데 참 이상한 마을 이름도 다 있네요?』

『이상하다니요?』

『우리 딸아이 이름이 덕기인데 스님들이 찾고 계신 고장 이름과 꼭 같으니 말입니다.』

범일 스님은 참으로 기이한 일도 있구나 싶어 여인에게 이 고장의 지리, 풍속, 생활환경과 이름이 같다는 딸아이에 대해 자세히 물었다.

『저의 딸은 올해 여덟 살이옵니다. 그 애는 이상하게도 동네 아이들과는 전혀 어울려 놀지를 않고 항상 남촌에 있는 시냇가에서 혼자 놀다 돌아오곤 해요. 시냇가에서 무얼하고 놀았느냐고 물으면 늘 이상한 이야기만 늘어놓아요.』

『이상한 얘기라니요?』

『예, 참으로 이상한 일이지요. 혼자 시냇가에 가서 무슨 재미로 뭘 하고 노느냐고 물으면 금색동자하고 논다고 대답해요. 그 금색동자는 몸이 황금으로 된 남자아이래요.』

『허―.』

범일 스님은 신기한 이야기를 듣고 뭔가 깊은 생각에 잠긴 듯했고 여인은 말을 계속했다.

『우리 딸아이는 매일 그 금색동자와 놀면서 글을 배운다고 합니다.』

『부인, 부인의 딸을 좀 만나게 해주십시오.』

범일 스님은 뭔가 감지한 듯 걸음을 재촉했다.

부인의 딸은 아주 귀엽게 생겼다. 범일 스님이 다시 자세히 물어보니 소녀는 자기와 함께 노는 아이는 금빛 나는 남자아이라고 답했다. 범일 스님은 기뻐하며 그녀를 앞세워 남촌 시냇가로 갔다. 시냇가에 가서 돌다리 밑을 찾아보니 물속에 황금빛 나는 부처님이 계셨다. 일행이 부처님을 물속에서 모셔 내어 보니 황옥석의 돌부처였다. 자세히 살펴보던 범일 스님은 크게 놀랐다.

그 돌부처님은 왼쪽 귀가 떨어져 나갔을 뿐만 아니라 중국 당나라 개국사 낙성식에서 만난 스님 얼굴과 꼭 닮은 것이 아닌가. 일행은 부처님께 수없이 절을 하고, 어디로 모셔야 할지 몰라 걱정을 하고 있는데 물속에서 말소리가 들렸다.

『나는 정취보살이다. 낙산사로 가면 내가 안치될 수 있는 자리가 마련되어 있느니라. 오늘에야 인연을 만나 거처할 장소로 가는구나.』

이 소리에 일행은 또 한 번 놀라면서 정취보살의 원력에 감격하고 찬미했다.

범일 스님이 돌부처님을 모시고 낙산사에 이르니 관세음보살님 옆에 자리가 비어 있었다. 그 빈 대좌에 안치시키니 미리 만들어 놓은듯 한 치 어긋남 없이 정확하게 들어맞았다. 보살상이 안치되자 법당 안에는 오색 서기가 어리면서 성스러운 향기가 가득하였다. 의상대사가 관음굴에서 들은 관음보살의 말씀대로 정취보살이 오신 것이다.

범일 스님은 신라 문성왕대(839~856)에 활약하신 스님으로 일명 품목이라고도 한다. 태화 연간(827~835)에 입당入唐하여 명주 개국사 등에서 선법을 수련하였고 문성왕 9년(847)에 귀국했다. 스님은 그 당시로서는 처음으로 교외별전 현극지지教外別傳 玄極之旨의 선취禪趣를 신라 땅에 전했다.

후에 굴산사의 개조가 되어 굴산조사라는 명칭을 얻었고 도굴산에 근거를 두고 활약했다 하여 스님의 문하를 통틀어 도굴산문이라고 했다.

《삼국유사》 권3에서는 「고본에는 범일의 사적이 앞에 적혀 있고 의상과 원효 두 법사의 사적이 뒤에 적혀 있으나 살펴보면 의상, 원효 스님의 일은 당 고종 때 있었고 범일조사의 일은 회창 후에 있었으니 연대가 떨어지기 120년이나 된다.」고 밝히고 있다.

보타락가산 · 낙산사
강원도 양양군 강현면 낙산사로 100 (전진리 55)

동자승의 기지奇智

산신령이 금강산을 만들고 있을 때였다. 「어떻게 하면 이 땅에서 가장 아름다운 산을 만들까」 하고 며칠간 궁리하던 신령은 묘안을 하나 얻었다. 1만2천 개의 봉우리를 각각 그 형체가 다르게 조각하면 훌륭한 모습이 될 거라고 생각했다.

그러나 금강산에는 그만큼의 바위가 없었다. 그래서 신령은 전국 각지 산에다 큰 바위는 모조리 보내도록 엄명을 내렸다. 큰 바위들은 모두 금강산을 향하여 길을 떠났다. 이때 경상도 울산 땅 큰 바위도 누구에게 뒤질세라 행장을 차려 금강산 여정에 올랐다.

원래 덩치가 크고 미련한 이 바위는 걸음이 빠르지 못해 진종일 올라왔으나 어둠이 내릴 무렵 지금의 설악산에 당도했다. 날은 저물고 다리도 아프고 몸도 피곤해 더 이상 가고 싶지 않았다.

『에라 이왕 늦은김에 이곳에서 하룻밤 쉬어가자.』

하룻밤을 편히 쉬고 다음날 아침 금강산으로 떠나려고 막 한 발자국을 내디디려는데 금상산 신령이 보낸 파발이 헐레벌떡 달려왔다.

『어젯밤 자정으로 금강산은 이미 1만2천 봉을 다 채웠으니 오지 말라는 분부요.』

바위는 기가 막혔다. 어찌나 분하고 섭섭했던지 그만 엉엉 울고 말았다. 다시 고향으로 돌아가자니 길도 아득할 뿐 아니라 체면도 말이 아닐 것 같았다. 한참 넋을 잃고 우는 바위의 모습을 지켜보던 금강산 사자는 몹시 딱했던지 바위 등을 어루만지며 위로했다.

『이 설악산이 금강산만은 못하나 울산 땅보다야 나을 것이니 여기서 머무는 것이 어떠하겠소.』

이 말을 들은 바위는 그냥 그 자리에 머물러 있기로 작정했다. 이 바위가 「울산바위」라 불리우게 된 것은 이때부터였다. 울산에서 왔으니 그렇게 부르자는 설악산의 공론에 따른 것이며, 바위 밑에 지금도 맑게 흐르는 물은 그때 바위가 흘린 눈물 탓이라고 한다.

이런 일이 있은 후 몇 천 년이 지나 배불숭유 정책을 쓰던 조선시대였다.

울산바위 얘기를 들은 울산 원님은 은근히 배가 아팠다. 울산바위를 뺏긴 것도 억울한데 설악산이 금강산 다음으로 아름답다니 억울한 생각이 들었다. 며칠간 끙끙거리던 원님은 어느 날 묘책을 떠올렸다. 설악산 신흥사를 찾아가 스님들을 골탕먹이자는 계획이었다. 유생들이 득세하던 그 당시 스님 몇 명 골리기는 어렵지 않았다.

어느 날 해가 으스름할 무렵 신흥사 뜰에 교자 한 채가 놓였다.

『여봐라, 울산고을 원님의 행차시다. 주지 계시느냐?』

포졸이 거드름을 피우며 주지 스님을 불러댔다. 신흥사 주지는 때 아닌 손님에 놀라 방으로 맞아들였으나 원님은 인사가 끝나기도 전에 불호령을 내렸다.

『이 방자한 녀석들아, 너희 설악산에 우리 고을 바위가 서 있음에도 모른 체하기냐?』

아닌 밤중에 홍두깨 격으로 스님은 어안이 벙벙했다. 그러나 원님의 다음 말은 더욱 뜻밖이었다.

『금년부터 바위세를 바치도록 해라. 만일 세를 내지 않을 경우 너희 절은 폐찰을 면치 못할 것이니라.』

엄청난 액수의 요구였으나 신흥사는 울며 겨자 먹는 격으로 매년 꼬박꼬박 바위세를 원님에게 바쳤다. 절의 살림은 점차 어려워졌다. 새로 부임한 주지는 이 부당한 관례를 깨기 위해 노심초사했으나 묘안이 떠오르질 않았다.

주지 스님은 식음을 전폐하고 궁리에 몰두했다. 그러던 어느 날 한 동자승이 스님의 안색을 걱정하며 물어왔다.

『스님, 요즘 무슨 걱정이 있으신지요?』

『너는 상관할 일이 아니다.』

『소승에게서 혹시 좋은 방안이 나올지도 모르지 않습니까?』

동자승이 캐묻자 주지 스님은 자초지종을 설명했다.

동자승은 그런 일쯤 가지고 무슨 고민을 하시느냐며 바위세를 받으러 오거든 자기에게 보내달라고 호언장담을 했다.

드디어 원님 행차가 당도했다. 주지 스님은 동자승의 말이 하도 당돌했던지라 슬며시 동자승을 불렀다.

『우리 절에선 울산바위가 아무 쓸모가 없소. 그 바위가 없었더라면 우리는 그 자리에 곡식을 심어 수확을 올릴 텐데 매년 손해가 큽니다. 그러니 세를 받기로 한다면 오히려 우리지 당신네가 아닙니다. 금년부터 세를 못 내겠거든 바위를 당장이라도 파 가시오.』

동자승의 말이 한 치 빈틈없이 조리에 맞자 기세가 당당하던 원님도 말문이 막혔다. 그러나 그냥 지고 말 수는 없는 터였다.

『그러면 네 말대로 바위를 파 갈 터이니 내가 시키는 대로 만들어 놓아라.』

『원하는 대로 해 줄 터이니 꼭 가져가기나 하시오.』

『좋다. 새끼를 태운 재로 바위를 묶어 놓아라. 한달 후에 와서 끌어 갈 것이니라.』

주지 스님은 아무리 생각해도 새끼를 태운 재로 둘레가 십 리나 넘는 바위를 묶는다는 것은 불가능했다. 허나 동자승은 생글생글 웃으며 걱정할 필요가 없다는 얼굴이었다. 그러더니 이튿날 마을 장정들을 수십 명 사서 새끼를 꼬게 했다. 스무날쯤 지나 새끼가 산더미같이 쌓이자 동자승은 소금 몇 섬을 물독에 풀어 새끼에다 염국을 들였다.

그리고 나서 청년들을 데리고 울산바위에 올라가 바위둘레를 새끼로 매는 것이었다. 그리곤 이삼 일 후 다시 바위에 올라가 새끼에 들기름을 바르더니 거침없이 불을 붙였다. 기름 묻힌 새끼줄은 잘 탔지만 소금물에 절였으므로 겉만 그을려 꼭 재같이 보였다. 동자승의 기지는 놀라웠다. 감쪽같이 불에 탄 재로 그 큰 바위를 묶었으니.

『제 놈들이 감히 그 문제를 해결할 수 있을까.』

원님은 약속된 날 바위세를 받아갈 마발이까지 끌고 왔다. 새파랗게 질려 세를 바칠 줄 알았는데 태연한 채, 어서 바위를 끌어가라는 말에 원님은 내심 놀랐다.

『이놈들 거짓말을 해도 분수가 있지 나를 놀리려 드느냐.』

『가 보시면 아실 것입니다.』

원님은 망신을 무릅쓰고 울산바위까지 올라갔다.

이게 웬일인가. 정녕 불에 탄 새끼로 칭칭 감아 놓은 것이 아닌가.

『허, 그놈들 꾀가 대단하구. 이제 바위세 받긴 다 틀렸구나.』

그 이후부터 신흥사는 지긋지긋하던 바위세를 물지 않게 되었다.

설악산·울산바위
강원도 속초시 설악산로 1091

오세동자의 오도

『스님, 속히 고향으로 가 보세요. 어서요.』

설정 스님은 벌떡 일어났다. 캄캄한 방 안엔 향 내음뿐 아무도 없었다. 스님은 그제서야 정신을 가다듬고 꿈을 꾸었음을 깨달았다.

「아름다운 오색구름을 타고 와 자꾸 흔들어 깨우던 이는 관세음보살이었구나.」

이상한 꿈이다 싶어 망설이던 설정 스님은 새벽 예불을 마친 후 고향으로 향했다. 설악산에서 충청도 두메산골까지는 꼬박 사흘을 밤낮없이 걸어야 했다. 30여 년 만에 찾은 고향은 비참하기 짝이 없었다.

큰댁, 작은댁 등 친척들이 살던 마을은 잡초만 무성할 뿐이었다. 스님은 괴이하다 싶어 어릴 때 살던 집을 찾아갔다. 금방이라도 자신의 속명을 부르며 노부모님들이 쫓아 나오실 것만 같은데 인기척이 없었다. 불현듯 불길한 생각에 휩싸여 집안을 둘러봤다. 그리곤 어머니, 아버지, 형님을 불러봤으나 대꾸 대신 마루 틈에서 자란 밀과 보리싹만이 보였다. 스님은 조용히 눈을 감았다.

「관세음보살님은 왜 고향엘 가 보라고 하셨을까?」

그때였다. 아랫마을에 산다는 한 노인이 나타났다.

『허, 시주를 오신 모양인데 잘못 오셨소이다. 이 마을은 얼마 전 괴상한 병이 번져 모조리 떼죽음을 당하고 오직 한 사람 세 살 된 어린아이가 살아있을 뿐이오.』

알고 보니 그 어린아이는 설정 스님의 조카뻘이 되었다.

설정 스님은 그 아이를 찾아 등에 업고 설악산으로 돌아왔다. 잘 키워 가문의 대ft를 잇게 할 작정이었다. 그게 바로 관음보살의 뜻이 라고 생각했다.

아이는 야무지고 영리했다. 산짐승 소리도 무서워하지 않고 다람 쥐와 장난도 하며 잘 자랐다. 스님따라 조석 예불도 하고 염불도 곧 잘했다. 그렇게 세월이 흘러 아기는 다섯 살이 되어 제법 상좌 구실 까지 해냈다.

그 해 늦은 가을. 겨울살림 준비를 하던 설정 스님은 겨우내 먹을 식량을 구하러 설악산을 넘어 양양에 가야 했다. 워낙 멀고 험한 길 이라 조카를 업고 갈 수가 없었다. 총명하고 똑똑하지만 겨우 다섯 살밖에 안된 조카를 혼자 두고 나가자니 그도 마음이 놓이질 않았 다. 스님은 조카를 앉혀 놓고 몇 번이고 다짐했다.

『절대로 문밖에 나오지 말아라. 그리고 무섭거든 관세음보살을 외워라.』

조카는 알았다는 듯 고개를 끄덕이며 목탁을 추켜 들었다. 설정 스님은 몇 번을 단단히 이른 후 배낭을 짊어지고 길을 떠났다.

걸음을 재촉한 스님이 숨을 몰아쉬며 양양에 도착한 것은 해질 무 렵. 식량을 구해 돌아가려니 이미 캄캄한 밤중이 되었다. 혼자 암자 를 지키고 있을 조카를 생각하여 밤길을 떠나려 했으나 동네 사람들 은 한사코 만류했다.

『험한 산길에 산짐승도 많거니와 바람이 유난히 날카롭고 세차니 오늘 밤은 쉬시고 내일 새벽 떠나십시오.』

스님은 하는 수 없이 양양에서 하룻밤을 지새웠다.

그런데 이게 웬일인가.

이튿날 새벽 길을 나서려 하니 밤새도록 내린 눈이 지붕에 닿게 쌓여 있었다. 마을이 이러하니 산은 말할 나위도 없었다. 적설량 많기로 유명한 설악산은 눈이 내렸다 하면 열 길 스무 길이라 이듬해 봄까지 꼼짝달싹 못하는 터다.

그러나 스님은 미친 듯 배낭을 짊어진 채 문을 박차고 나섰다.

『스님 아니되옵니다. 못 가십니다.』

『놓으세요. 내 어찌 다섯 살짜리를 암자에 홀로 두고 그냥 있을 수 있겠소.』

스님의 심정을 모르는 바 아니나 이 눈 속에 설악산을 넘는다는 것은 무덤을 파는 일이므로 마을 사람들은 결사적으로 말렸다. 스님은 마을 사람들에게 붙잡힌 채 멍하니 설악산을 쳐다보았다. 그토록 아름답던 대청봉, 소청봉이 원망스럽기 짝이 없었다.

눈 속에 묻힌 채 배고파 울고 있을 조카를 생각하면 그만 미칠 것만 같아 몇 번이고 설악산을 향해 치달렸지만 번번이 눈 속에 쓰러지고 말았다.

설정 스님은 자연의 섭리를 내다보는 혜안이 없었음을 뉘우치며 한없이 눈물을 흘렸다. 그러다 스님은 그만 병석에 누웠다. 식음을 전폐하고 앓아눕기 한 달. 신도들의 극진한 간호에 병세가 호전되면서 버릇처럼 관세음보살을 염했다.

한숨으로 세월을 보내다 보니 어느덧 설악산이 변해 갔다. 스님은 어디서 기운이 났는지 벌떡 일어났다. 마을 장정들이 스님을 부축하여 대청봉에 올라서니 저 아래 골짜기 관음암에서 이상한 서광 한줄기가 짙게 하늘로 뻗어 있었다.

스님은 미친 듯 조카를 부르며 단숨에 산길을 달려 암자에 당도해 보니, 법당 안에서 관세음보살을 외우는 염불소리가 낭랑하게 들렸다. 순간 웬 여자가 오색 치맛자락을 끌며 밖으로 나와 하늘로 사라지는 것이 아닌가.

스님은 두근거리는 가슴으로 법당 문을 조심스럽게 열었다.

『스님!』

반가움에 벼락같이 달려나와 안기는 조카의 모습에 스님은 그만 뒤로 물러섰다.

『아니 네가….』

『제가 왜요? 스님 오시기만 기다리며 관세음보살을 외웠더니 늘 관세음보살님이 나타나 돌봐주셨어요.』

설정 스님은 와락 조카를 껴안았다.

조카는 조금도 변한 것이 없었다.

설정 스님은 어찌나 감격했던지 그날로 암자 이름을 관음암에서 「오세암五歲庵」으로 고쳤다. 다섯 살짜리가 지킨 암자라는 뜻뿐 아니라 동자는 그때 이미 불법을 깨쳤음을 시사하는 이름이다.

이는 고려 말엽의 일이라 한다. 그 후 오세암은 수차의 중창을 거쳤으나 6·25동란 때 불타 없어지고 지금은 다시금 중창한 암자가 전설과 함께 남아 있다.

설악산·오세암
강원도 인제군 북면 백담로 1325 (용대리 산 75)

절벽에 떨어진 호랑이

옛날 신라시대였다. 지금의 강원도 삼화사에 지혜가 출중한 주지 스님이 상좌 스님과 함께 수도하고 있었다.

어느 눈 쌓인 겨울날.

저녁 예불을 올리려고 두 스님이 법당으로 향하는데 아리따운 규수와 침모인 듯한 중년 여인이 경내로 들어서고 있었다. 잠시 발길을 멈춘 두 스님은 정중히 합장하며 인사 올리는 두 여인을 맞았다.

『눈길이 험한 늦은 시각에 어떻게 이리 오셨습니까?』

주지 스님이 묻자 예의범절이 반듯해 보이는 규수가 조용한 어투로 입을 열었다.

『어머님께서 몹시 편찮으시옵니다. 부처님께 칠일 기도를 올려 어머님의 빠른 쾌차를 빌고자 합니다.』

옆에서 이를 지켜보던 상좌 스님은 왠지 가슴이 설레었다. 다소곳이 두 손을 모은 채 말하는 규수의 모습은 마치 하늘에서 내려온 선녀처럼 아름다워 보였던 것이다. 이튿날 새벽부터 기도에 들어간 규수와 침모는 잠시도 한눈을 팔지 않고 부처님께 간곡한 기도를 올렸으며 주지 스님도 그들을 위해 철야정진을 했다.

상좌 스님 역시 열심히, 그리고 정성을 다해 시봉을 했다. 나무를 하고 밥을 지으면서도 늘 아름답고 가녀려 보이는 규수의 모습이 눈앞에 아른거렸다. 그래서인지 그는 행여 밥이 질지나 않을까 싶어 두 번 세 번 솥 속에 손을 넣어가며 밥물을 가늠했고 법당 청소도 여느때보다 더 깨끗이 했다.

기도를 시작한 지 일주일이 되는 날 밤. 규수는 꿈에 수염이 긴 스님을 뵙게 됐다.

『이제 얼굴의 수심을 거두고 감사한 마음으로 기도를 회향토록 하라. 네 간절한 정성에 부처님의 가피가 있으실 것이니라.』

꿈에서 깬 규수는 뛸 듯이 기뻤다. 그녀는 더없이 감사한 마음으로 기도를 마치고는 집으로 떠날 채비를 했다.

『주지 스님, 그간 너무 수고가 많으셨습니다. 정성껏 기도해 주신 은혜 잊지 않겠습니다.』

『원, 별말씀을요. 모든 중생의 아픔은 바로 우리 출가자의 아픔과 다름없으니 당연히 할 일을 했을 뿐입니다.』

규수와 침모가 떠난 며칠 뒤 이상스럽게도 건강하던 상좌 스님이 심한 열병으로 그만 몸져눕고 말았다.

『네가 기도 시중을 드느라 힘이 들었던 게로구나. 병이란 마음의 번뇌망상과 잡념에서 오는 것이니 누워서도 염불정진을 게을리하지 말거라.』

주지 스님은 상좌 스님의 마음을 들여다보는 듯 타이르고는 눈 쌓인 첩첩산중에서 마을로 내려와 우선 약값에 필요한 탁발을 하려고 어느 집 대문 앞에서 시주를 구했다.

『아니, 스님께서….』

시주쌀을 들고나온 여인은 얼마 전 삼화사에서 기도를 마치고 돌아간 침모였다.

『어서 안으로 드시지요. 백약이 무효이던 마님의 병환이 씻은 듯

이 완쾌되시어 그렇잖아도 날이 풀리면 인사 드리러 가신다고 하셨습니다.」

「참으로 인연의 끈이란 지중한 것이로구나.」고 생각한 스님은 안으로 들어가 잠시 인사를 받고는 몸져누운 상좌 생각에 곧 자리를 떴다.

약을 구해 들고 다시 삼화사로 돌아오느라니 어느새 밤이 깊어 스님은 걸음을 재촉했다. 스님이 지금의 동해시 무릉계곡을 지날 때였다. 어디선가 갑자기 「어흥」 하는 소리와 함께 큰 호랑이가 나타나 길을 막았다.

밤중이긴 했지만 늘 다니던 길인 데다 온 산에 덮인 눈 덕분에 아주 칠흑 암흑은 아니었다. 스님은 꾀를 내어 바로 눈앞에 있는 폭 10m가 넘는 절벽과 절벽 사이를 법력으로 뛰어넘었다. 이를 본 호랑이는 「사람이 넘는 길을 내가 못 넘으랴」 싶어 얕잡아 보고는 절벽과 절벽 사이로 몸을 날렸다. 순간 「풍덩」 소리와 함께 호랑이는 절벽 밑에 있는 깊은 소沼에 떨어져 죽었다.

그 후 삼척부사 김효원은 이 소를 「호암소」라 부르게 했다. 남쪽 암벽에는 지금도 「호암虎岩」이라는 글자가 새겨져 있다.

「호암소」는 무릉계곡을 찾는 관광객들이 한 번씩 들러 가는 경승지로 알려져 있다.

무릉계곡 호암소
강원도 동해시 삼화동 무릉계곡

은혜를 갚은 꿩

옛날 강원도 땅에 사는 한 젊은 선비가 과거를 보기 위해 한양을 향해 길을 떠났다. 영월과 원주 사이에 드높이 솟은 험준한 치악산을 넘어야 하는 나그네의 발길은 바쁘기만 했다. 수림이 울창하고 산세가 웅장한 이 산은 대낮에도 호랑이가 나와 사람을 해치고 밤이면 도적떼가 나온다는 무시무시한 곳이기 때문이었다.

괴나리봇짐에 활을 꽂고 치악산을 오르던 젊은 과객은 산 중턱에서 잠시 다리를 쉬면서 준령스런 산의 운치에 감탄을 금치 못했다.

『과연 영산이로구나!』

이때였다. 바로 몇 발짝 거리에서 꿩의 울음소리가 절박함을 호소하는 듯 요란하게 들렸다. 청년 과객은 고개를 들어 밭이랑을 보았다. 그곳에는 큰 구렁이 한 마리가 꿩을 향해 혀를 날름대고 있었다.

꿩은 구원을 청하는 듯 더욱 절박하게 「꺽꺽」 울어댔다. 깊은 산중에 울려퍼지는 꿩의 울음소리에 청년은 구해 주고 싶은 생각이 들었다. 청년은 능숙한 솜씨로 활줄을 당겼다. 화살은 구렁이를 명중시켰다. 그 구렁이가 붉은 피를 쏟으며 힘없이 쓰러지자 꿩은 잠시 머뭇거리며 꺽꺽 울어댔다.

생명의 은인에 대한 감사의 뜻인 듯 좀 전의 울음과는 달랐다. 꿩은 몇 번인가 청년을 향해 울더니 훌쩍 날아가 버렸다.

과객은 땅거미가 지자 걸음을 재촉했으나 산을 넘기엔 아직도 길이 멀었다. 인가가 있을 리도 없고 과객은 나무 밑에 낙엽을 펴고 하룻밤 쉬어 가기로 했다. 막 누우려는데 청년의 눈에 희미한 불빛이 보였다.

『이 산중에 웬 불빛일까?』

청년은 불빛이 보이는 곳으로 달려갔다. 그의 눈앞엔 고래등 같은 기와집 한 채가 나타났다. 청년은 깊은 산중에 이렇게 큰 기와집이 있다는 것이 내심 의아스러웠으나 혹시 절인지도 모른다 싶어 우선 주인을 찾았다.

『뉘신지요?』

대문 안에서는 뜻밖에 여인의 음성이 들렸다.

『지나가는 나그네올시다. 하룻밤 신세 좀 질까 합니다.』

잠시 침묵이 흐르더니 대문이 열렸다.

『들어오시지요.』

『감사하오.』

청년은 대문을 들어서며 여인을 힐끗 쳐다보았다. 절세미인이었다.

「저토록 아름다운 여인이 이 산중에 홀로 지내다니 아무래도 무슨 곡절이 있을 거야.」

여인의 미모에 넋을 잃은 청년은 안방으로 안내되었다.

『어떻게 이런 심산유곡에 홀로 오셨나요?』

『서울로 과거 보러 가는 길입니다.』

『피곤하시겠군요. 저녁상을 차려 오겠어요.』

잠시 후 밥상이 들어왔다. 밥상에는 먹어 본 일이 없는 산해진미가 차려져 있었다. 청년은 식사를 하면서 궁금증을 풀려는 듯 이 일

저 일 묻기 시작했다.

여인은 수심이 가득한 얼굴로 입을 열었다.

『소녀는 본래 강원도 윤부자로 알려진 윤씨댁 셋째 딸입니다. 갑자기 집안에 괴물이 나타나 폐가가 되고 식구는 뿔뿔이 흩어졌습니다. 그 후 저는 이곳에 혼자 숨어 살고 있습니다.』

『거참 딱한 사정이구려.』

『오늘 밤도 괴물이 나올까 봐 무서워 떨고 있다가 손님이 오셔서 잠을 잘 수 있게 됐습니다.』

『그렇다면 다행이군요.』

청년은 안방에 자리하고 잠을 청했다. 밤이 깊어지자 창밖에선 바람이 불고 멀리서 승냥이 울음이 을씨년스럽게 들려왔다.

그때였다.

『손님.』

문밖에서 여인의 목소리가 들렸다.

『왜 그러시오?』

『무서워서 도저히 잘 수가 없어요. 윗목에 앉아 날을 샐 테니 들어가게 해 주세요.』

새파랗게 젊은 여자와 한방에서 자다니, 청년은 난감했다.

잠시 망설이던 청년은 여인에게 잠자리를 내주고 윗목으로 옮겼다. 여인은 수줍은 듯 등을 돌리고 옷을 벗더니 이불 속으로 들어갔다.

창밖엔 달빛이 휘영청 밝은데 여인은 잠이 들었는지 숨소리조차 없다. 청년은 뒤척이다 겨우 잠이 들었는데 꿈인지 생시인지 가슴이 답답하고 무거운 중압감에 눌려 눈을 떴다.

그 순간.

『악-.』

청년은 그만 비명을 질렀다. 그의 몸을 징그러운 구렁이가 칭칭 감고 있는 것이 아닌가. 청년은 온 힘을 다해 몸을 빼려 노력했으나 그럴수록 구렁이는 더욱 힘껏 감아대는 듯했다.

『내가 누군지 아느냐?』

구렁이의 음성은 바로 절세미녀의 목소리였다.

『누, 누구냐?』

『네가 낮에 활로 쏘아 죽인 구렁이의 아내다.』

『뭐, 뭐라고!』

『너로 인해 남편을 잃었으니 오늘밤 나는 원수를 갚기 위해 사람으로 둔갑했다. 이제 너를 물어 죽일 것이다.』

『살생을 목격하고 그냥 지나칠 수 없어 그리 됐으니, 제발 목숨만 좀….』

『만약 범종소리가 네 번 울린다면 목숨을 살려주마.』

바로 그때, 대청마루 쪽에서 「딩!」 하고 종소리가 울려 왔다.

『아니 저 종소리가?』

종소리가 여운을 남기며 울려퍼지자 구렁이는 그만 힘이 빠지면서 당황해 했다.

『딩-딩-딩-!』

종소리는 세 번 더 울렸다.

구렁이는 몇 번 몸을 흔들더니 스르르 몸을 풀어 방 밖으로 나갔다. 청년은 정신을 가다듬어 벌떡 일어나 대청으로 달려갔다.

『아니, 이게 웬 꿩들인가?』

대청마루 바닥엔 머리가 깨져 피투성이가 된 꿩 네 마리가 죽어 있었다.

꿩들은 자기들의 은인인 청년에게 보은키 위해 목숨을 던져 청년을 구한 것이다. 그 후 과거에 급제한 청년은 꿩의 죽음을 애도하는 뜻에서 까치 「치」 자를 따서 본래 적악산이던 이 산 이름을 치악산이라 불렀다. 그리곤 꿩이 죽은 그 자리에 절을 세워 불도를 닦으니 그 절 이름이 오늘의 강원도 원주시 치악산 에 위치한 상원사이다.

치악산 상원사
강원도 원주시 신림면 성남로 930

거지 노인과 자장

　세연世緣이 얼마 남지 않음을 안 자장율사는 강릉에 수다사를 세우고 그곳에 주석하면서 마지막으로 문수보살을 한 번 더 친견하길 서원했다.

　그러던 어느 날 밤. 스님은 중국 오대산 북대에서 범어게를 주던 범승을 꿈에 만났다.

　『스님 이 밤에 어인 일이십니까? 밖이 어두우니 안으로 드시지요.』

　『내일 밝은 날 대송정(지금의 강릉 한송정)에서 만납시다.』

　놀라 잠에서 깬 자장 스님은 날이 밝자마자 대송정으로 달려가 문수보살을 염했다.

　『자장 스님, 잘 찾아오셨군요. 소승은 문수보살의 말씀을 전하기 위해 왔습니다.』

　『어떤 말씀이지요?』

　『태백산 갈반지에서 만나자고 하시더군요.』

　『그게 언제쯤인가요?』

　『그것은 스님이 선정에 들어 관해 보시면 알 것입니다.』

　범승은 작별인사를 할 새도 없이 어느 결엔가 사라졌다.

　이튿날 자장 스님은 대중을 모아놓고 「계율은 공부의 등불이니 필히 지켜 도업을 이룰 것」을 당부하고는 갈반지를 찾아 길을 나섰다.

　태백산에 이르러 마을 사람들에게 물었으나 아무도 갈반지를 아는 이가 없었다. 태백산을 헤매던 스님은 혼자 생각했다.

『갈반지라? 갈이란 칡을 뜻하고 반이란 소반을 말함일 텐데, 거참 묘한 지명이구나.』

스님은 제자들에게 칡넝쿨이 있는 곳을 찾도록 지시했다. 그렇게 사흘간 산속을 헤맨 일행은 드디어 칡넝쿨이 엉켜 있는 곳을 발견했다.

그런데 이게 웬일인가. 칡넝쿨 위에는 10여 마리의 구렁이가 또아리를 튼 채 엉켜 있었다. 제자들은 모두 놀라 뒤로 물러섰다.

『오! 이곳이 바로 갈반지로구나. 여기서 우리가 할 일은 저 구렁이들을 제도하는 일이다. 이제부터 모두 《화엄경》을 독송토록 해라.』

염불소리가 고요한 산속에 울려퍼지자 이상하게도 엉켜 있던 구렁이들이 스르르 몸을 풀었다.

그날 밤 자장 스님의 꿈에 뱀이 나타나 울면서 말했다.

『스님, 저희는 전생에 불법을 공부하던 승려였지요. 수행을 게을리하고 시물을 아까운 줄 모르고 낭비하다가 그만 뱀의 과보를 받았습니다. 그 동안 참회를 거듭하면서 큰스님이 나타나 제도해 주시길 학수고대하던 중 스님을 만났으니 몸을 바꾸도록 경을 독송하고 법문을 설하여 주옵소서. 저희는 지금부터 단식에 들어가겠습니다. 그리고 저희가 누워 있는 자리 밑에는 금은보화가 묻혀 있으니 그 재물을 절을 창건하시는 데 쓰십시오.』

경을 독송하기 7일째 되는 날. 구렁이들은 해탈하여 죽었다. 구렁이들을 화장하여 천도한 후 그 자리를 파보니 과연 금은 보화가 가득 묻혀 있었다. 자장 스님은 그곳이 바로 문수보살을 친견할 인연지로 생각하고 석남원을 창건하니 그 절이 바로 오늘의 갈래산 정암사이다.

그 후 스님은 산정에 탑을 세우려 했으나 어찌 된 일인지 세우면 쓰러지고 또 세우면 쓰러졌다. 스님은 백일기도에 들었다.

기도가 끝나는 날 밤. 눈 덮인 산 위로 칡 세 줄기가 뻗어 내려와 지금의 수마노탑(보물 제410호), 적별보궁, 법당자리에 멈추니 그 자리에 탑을 세웠다 하여 정암사를 속칭 갈래사라 불렀고 갈래란 지명도 생겼다.

수마노탑이란 서해 용왕이 물 위로 운반하여 보낸 마노석으로 세운 탑이란 뜻에서 연유된 이름이다.

스님은 정암사 불사에 전력을 다하면서 문수보살을 기다렸다.

그러던 어느 날.

다 떨어진 방포를 걸친 늙은 거사가 칡삼태기에 죽은 강아지를 담아 가지고 절 앞에 와서 자장율사 만나기를 청했다.

괘씸하게 생각한 시봉은 한마디로 거절했다.

『우리 스님이 뉘신 줄 알기나 하고 감히 법명을 함부로 부르는 게요. 시장하여 정신이 왔다갔다 하나 본데 밥이나 줄 테니 잠자코 먹고 돌아가시오.』

『웬 말이 그리 많으냐? 어서 가서 내가 자장을 만나러 왔다고 일러라.』

시자는 늙은 거사가 하도 강경하게 말하므로 하는 수 없이 자장 스님에게 사실을 전했다. 전갈을 들은 자장은 대수롭지 않게 말했다.

『잘 타일러서 보내도록 해라.』

시봉이 나와 거사를 내쫓듯 큰소리로 나무랐다.

『아상我相을 가진 자가 어찌 나를 보겠느냐.』

거사는 혼자 중얼거리며 삼태기를 거꾸로 쏟았다. 그러자 그 안에 들었던 죽은 강아지는 땅에 떨어지면서 큰 사자보좌로 변했고 거지 노인은 사자를 타고 빛을 발하면서 허공으로 사라졌다.

놀란 시자로부터 이 말을 들은 자장은 크게 탄식했다.

『참으로 나의 아상이 문수보살 친견을 막았구나. 나의 수행이 헛것이라니….』

자장은 법복으로 갈아입고 거사가 사라진 남쪽 산으로 올라갔으나 아무 흔적도 없었다. 자장은 제자들에게 말했다.

『육신으로는 문수보살을 만날 수가 없어 내 이곳에서 입정에 들어 만나 뵙고 참회할 것이니 3개월간 내 몸을 잘 보관토록 해라.』

말을 마친 자장은 조용히 바위에 앉아 입정에 들어갔다. 그 후 3개월이 되어도 신체와 안색은 평상시와 다름이 없는데 자장은 깨어나질 않았다.

대중들은 이제 그만 다비식을 하자는 등 의견이 분분했다. 그렇게 백일이 되는 날. 어느 스님 한 분이 와서 스승이 열반에 들었는데 왜 다비를 하지 않느냐고 호통을 쳐 제자들은 자장이 입정에 든 바위에서 다비식을 가졌다.

식이 끝나자 공중에서 자장율사의 소리가 들렸다.

『내 몸은 이미 티끌이 되었으니 의탁할 곳이 없구나. 너희들은 계에 의존하여 생사의 고해를 건너도록 해라.』

정선 · 태백산 정암사
강원도 정선군 고한읍 함백산로 1410 (고한리 산214-1)

조신의 꿈

    강원도 명주 땅에 서라벌 세달사의 장사가 있었는데 그곳 관리인 조신 스님은 20세를 갓 넘긴 젊은 스님이었다.

    어느 날 낙산사 관세음보살 앞에 나아가 정진하던 조신 스님은 그곳에 기도하러 온 고을 김태수의 딸을 보는 순간 혼을 뺏긴 듯 그만 멍청해졌다. 정신을 차리고 마음을 가다듬어 다시 염불정진을 하려 해도 가슴만 뛸 뿐 마음의 평정을 찾을 수가 없었다.

    스님은 여느 때와 달리 아침 저녁으로 낙산사에 올랐다. 그러나 기도보다는 태수의 딸을 먼발치서나마 바라보는 기쁨이 더 컸다. 그렇게 사흘이 지나던 날. 조신 스님은 낙산사에 다시 왔으나 낭자의 모습은 보이질 않았다. 기도를 마치고 떠난 것이었다.

    침식을 잃을 정도로 사모의 정에 빠진 조신 스님은 그날부터 산사 관음보살님께 낭자와 혼인할 수 있기를 간곡히 기원했다.

    『관세음보살님! 소승 출가한 신분으로 욕심을 내었으므로 다음 생에 축생이 될지언정 금생에 꼭 김태수의 딸과 연분을 맺고 싶사옵니다. 소승의 소원을 이루게 하여 주옵소서. 관세음보살 관세음보살….』

    조신 스님이 애태우며 기도하는 가운데 무심한 세월은 수 년이 흘렀다. 그러던 어느 날. 낭자는 혼인을 약속한 준수하면서도 늠름한 한 청년과 함께 낙산사 부처님께 인사 드리러 왔다. 관세음보살님 앞에서 이 모습을 목격한 조신 스님은 가슴이 터질 것만 같았다.

조신은 해가 저물도록 관음상 앞에 앉아 자기의 소원을 들어주지 않은 관음보살을 원망하면서 하루만이라도 낭자와 좋은 인연이 맺어지기를 간곡히 발원했다.

어느덧 밤은 깊어 파도 소리와 솔바람 소리만 들릴 뿐 주위는 적막한데, 울며 기도하던 조신은 그만 법당 안에서 잠이 들어 버렸다.

조신은 문득 인기척을 느껴 둘레를 돌아보니 언제 왔는지 꿈 속에서도 그리던 낭자가 바로 옆에 와 있었다. 스님은 자신의 눈을 의심했다.

『스님, 죄송합니다. 기도에 방해가 되실 줄 아오나 스님을 잠시 뵈온 이래 하루도 잊을 길이 없어 몰래 빠져 나왔사오니 너무 나무라지 말아 주세요.』

『사모의 정으로 말한다면 소승도 다를 바 없습니다. 그러나 아가씨는 이미 정혼한 몸 아니십니까?』

『부모의 명을 거역 못해 억지로 정한 혼사입니다. 이렇게 밤중에 스님을 찾아왔사오니 속히 이 몸을 데리고 어디로 가 주세요.』

『어디로요?』

『어디로든 스님과 제가 단둘이만 살 수 있는 곳으로요.』

정녕 애타는 듯 발을 구르는 낭자를 보는 조신은 기뻐 어쩔 줄 몰라 관음보살을 향해 감사했다.

『감사합니다. 정말 감사합니다. 제 소원을 이렇게 들어주시다니….』

조신은 낭자와 함께 남의 눈을 피하느라 산속 길을 걷고 칡뿌리로 요기를 하며 향리로 돌아갔다. 가진 것이 없는 이들은 비록 벽뿐인

집에서 입에 풀칠하기 바빴으나 내외의 금실은 더없이 좋았다. 그렇게 40년을 사는 동안 조신 내외는 슬하에 5남매를 두었다. 아이들이 커감에 내외는 좀더 살기 좋은 곳을 찾아 초야를 두루 돌아다니게 되었다.

때마침 명주 해현령을 지나는데 15세된 큰아들이 이름 모를 열병과 배고픔을 못 이겨 그만 죽고 말았다. 조신 내외는 통곡을 하며 양지바른 산등성이에 아들을 묻고는 다시 길을 떠났다. 익현에 이르러 이들은 초가집을 짓고 정착했다.

그러나 설상가상이라더니, 가난한 조신 내외는 병을 얻게 돼 열두 살 된 딸아이가 밥을 얻어다 여섯 식구가 연명해야 하는 눈물겨운 살림에 봉착했다.

어느 날 딸아이가 마을 개에게 물려 다리를 절룩거리며 돌아와 몸져 눕게 되자 조신의 아내는 목이 메어 흐느껴 울었다. 슬피 울던 조신의 아내는 무슨 결심이나 한 듯 입을 열었다.

『여보, 이제 우리 헤어집시다.』

『아니 그게 무슨 말이오?』

『내가 처음 당신을 만났을 때는 사모의 정이 깊어 어떤 고생도 기꺼이 감내할 수 있었지요. 그로 인해 50년이란 긴 세월 동안 두터운 인연을 맺게 됐으나 이제 늙고 병들고 가난에 쪼들려 아이들을 추위와 굶주림에서 구하지 못하다 보니 지난 세월이 그저 무상하기만 합니다. 혈색 좋던 얼굴과 예쁜 웃음도 풀 위의 이슬처럼 사라지고 지란芝蘭같은 백년가약도 버들가지가 바람에 날아간 듯 없어져 버렸으니 당신은 나 때문에 괴롭고, 나도 또한 당신 때문에 근심을 하게 되는군요. 곰곰이 생각해 보니 지난날의 기쁨이 바로 우환의 터전이었어요. 만나고 헤어짐이 인력으로 되는 것이 아니오니 제발 지금이라도 헤어집시다.』

이 말을 들은 조신은 같은 생각이었는지 크게 기뻐하며 그 자리에서 아이를 둘씩 나누고 헤어졌다.

『저는 고향으로 갈 터이니 당신은 남쪽으로 가십시오.』

부인의 말을 듣고 막 작별을 하려는데 조신은 그만 꿈에서 깨어났다.

날은 거의 밝았는데 법당 안에는 등잔불만 깜빡이고 있었다. 조신은 한 생을 다 살은 듯 세상사가 싫어지고 망연할 뿐이었다. 탐욕의 마음도 그리움도 눈 녹듯 깨끗이 녹아 버리고 말았다. 앞에 앉아 계신 관세음보살 뵙기가 면구스럽고 부끄럽기 짝이 없었다.

날이 밝자 조신은 해현령에 가서 꿈에 아들을 묻었던 곳을 파 보았다. 그곳에선 돌 미륵불이 출현했다. 조신은 삼배를 한 후 물로 말끔히 씻어 부근의 절에 모셨다. 그 후 조신은 장사의 소임을 그만두고 서라벌에 돌아가 사재를 털어 정토사를 세우고 수행에 전념하여 낙산사성 중의 한 스님인 조신대사가 되었다.

양양·낙산사
강원도 양양군 강현면 낙산사로 100 (전진리 55)

세 처녀의 유혹

신라 서라벌에 진골 출신의 아름다운 세 처녀가 있었다. 이들은 집안 어른들끼리 왕래가 잦고 가깝게 지내는 사이었으므로 절친하게 지냈다. 혼기를 맞은 그녀들이 신랑감을 고를 무렵, 신라와 백제 간에 전쟁이 일어났다. 그때 청년 장수 김재량은 전쟁에 나가 큰 공을 세우고 돌아왔다. 왕궁에서는 김재량을 위해 축하연을 열었는데 공교롭게도 세 처녀가 모두 이 자리에 참석했다.

김재량은 눈이 부시도록 아름다운 세 처녀를 본 그날부터 잠을 이루지 못했다. 처녀들 또한 김재량을 사모하는 마음 걷잡을 수 없었다. 그녀들은 각자의 시녀를 통해 연정을 전했다. 김재량은 뛸듯이 기뻐하며, 하나도 아닌 세 처녀를 번갈아가며 만나기 시작했다. 그러나 오래지 않아 이 소문은 파다해졌고 세 처녀는 좋은 친구 사이에서 서로 질투하고 적대시하는 사이로 변했다.

그러던 중 신라는 고구려와 전쟁을 하게 되어 김재량은 다시 전쟁터로 나가 많은 공을 세우고 돌아오다 그만 고구려군 첩자에게 암살되고 말았다.

김재량을 너무도 사랑한 세 처녀는 비통한 마음 금할 길 없어 모두 산으로 들어가 두타고행을 하여 마침내 여신이 되었다. 그 산이 바로 오늘의 강원도 동해시에 위치한 두타산이다.

나림여신, 혈례여신, 골화여신이 된 그들은 도를 얻고 신력을 갖추고서도 진실을 깨닫지 못하였는지 김재량의 죽음을 서로의 잘못으로 미루며 저주했다. 또 그녀들은 그곳 주민들이 산에 치성드리기를 원했고 복종치 않으면 노여움을 사 재앙을 내렸다.

그러던 어느 날. 오대산에 성지를 개산하고 동해안으로 내려오던 자장율사는 두타산의 산세에 감격, 그곳으로 향했다.

이때 자장율사를 본 나림여신은 자신의 도를 시험하는 한편 스님이 산에 오르지 못하게 하기 위해 세상에서 제일 아름다운 여인으로 변신하여 자장율사를 유혹했다.

『스님, 어디로 가십니까?』

『이 산의 산세가 하도 좋아 절을 창건할 인연지를 찾으러 왔소.』

『참으로 거룩하십니다. 저도 따라가고 싶사오니 허락하여 주십시오.』

『산길이 험하고 힘들 것이니 훗날 절이 창건되거든 오시지요』

여인의 동행을 거절한 자장 스님은 초가을 달빛이 교교히 흐르는 산길을 삼경이 가깝도록 걸었다. 문득 인기척이 나는 듯싶어 뒤를 돌아본 자장 스님은 내심 놀라지 않을 수 없었다. 먼발치에 여인이 뒤따르고 있는 것이 아닌가. 자장율사는 따라오는 여인에게 사연을 듣고 싶었으나 모르는 척 걸음을 재촉했다.

골화전에 이르러 자장율사는 외딴 주막집을 발견, 하룻밤 유숙키로 했다. 어느새 따라 들어온 여인은 스님이 계신 방에 주안상을 들고 들어왔다.

『목이 컬컬하실 텐데 우선 한 잔 드시지요.』

잠시 대답이 없던 스님이 말문을 열었다.

『여인이여, 당신은 지금 신력을 얻어 아름다운 모습으로 나를 유혹하나 내 눈에는 당신이 아름답기는커녕 마치 인분을 싼 비단같이 보이는군요. 자신의 몸뚱이가 더러운 물건을 싸 가지고 다니는 것인 줄 모른다면 이는 전도된 인생입니다. 그 정도의 신력을 얻었으면 좀 더 공부하여 열반의 세계에 안주토록 하시지요.』

나림은 스님의 법문을 듣고 크게 깨달았다.

『스님! 제 죄를 용서하여 주시고 앞으로 깊은 불법을 일러주십시오.』

『나림 여신이여! 참으로 장한 발심입니다.』

『어떻게 제 이름을…?』

『내가 잠시 선정에 들어 관하여 보았지요.』

나림은 그만 감동하여 그 시각부터 스님에게 귀의했다. 처소로 돌아와 혈례와 골화여신에게 이 사실을 전하고 함께 귀의할 것을 권했으나 두 여신은 비웃기만 할 뿐이었다.

『그까짓 스님 하나 유혹 못하고 오히려 매수당하다니 우리 여신들의 체통이 말이 아니다. 우리 둘이 함께 가서 혼을 내주고 이곳에 절을 창건치 못하게 하자. 만약 절을 세우면 주민들이 우리에게 공양을 올리지 않을 테니까.』

『그 참 좋은 생각이구나.』

혈례와 골화는 즉시 호랑이로 변신하여 자장 스님 앞에 나타나 길을 막았다.

『이런 무례한 노릇이 있나, 아무리 축생이기로서니 스님의 길을 막다니, 어서 썩 물러나거라.』

『어흐흥….』

호랑이들이 으르렁거리며 달려들 기세를 보이자 스님은 금강삼매에 들어 몸을 금강석같이 굳혔다. 호랑이들은 그런 줄도 모르고 한 마리는 발톱으로 스님을 내려쳤고, 또 한 마리는 스님의 옆구리를 물었다. 그러나 사납게 달려든 호랑이는 발톱과 이빨만 다치고 말았다. 호랑이는 더욱 화가 나서 맹렬히 달려들다가 결국은 꼬리를 사리면서 도망치고 말았다.

이때 자장율사가 주문을 외우니 큰 칼을 든 금강역사가 나타나 도망치는 호랑이를 한 손으로 잡아 왔다.

『자 이제 너희들의 본색을 드러내거라.』

어쩔 수 없이 본 모습으로 돌아간 여신들은 눈물을 흘리며 참으로 잘못을 뉘우치며 자신들의 사연을 털어놓았다.

『잘못을 알았으면 두 번 다시 그런 죄를 범치 말도록 하시오. 미움과 시기, 질투는 모두 욕심에서 비롯되니 오늘부터 욕망의 불을 끄는 공부를 하여 이미 얻은 신력으로 중생을 이익하게 하시오.』

이때 언제 왔는지 나림여신이 와 있었다.

『스님, 스님의 원력으로 우리 모두 발심하게 되었음을 깊이 감사드리며 제가 앞장서서 금당 자리를 안내하고 스님을 도와 사찰 창건에 동참하겠습니다.』

자장율사는 나림여신이 인도한 장소에 불사를 시작하니 세 여신은 장사로 변하여 무거운 짐을 나르고 마을 주민들이 힘을 모아 절은 쉽게 세워졌다. 그 후 세 여신이 화합 발심하여 창건한 절이라 하여 이 절을 「삼화사三和寺」라 명했고 마을 이름도 삼화동이라 불리우고 있다.

동해 · 삼화사
강원도 동해시 삼화로 584 (삼화동 산 172)

염라대왕의 분부

아주 아득한 옛날, 염라대왕이 명부로 사람들을 불러들여 살아서 지은 죄를 심판하고 있었다. 죄를 많이 지은 사람은 지옥으로 보내고, 착한 일을 많이 한 사람은 극락으로 보내는 것이었다. 한데 염라대왕 앞에 불려나온 사람들은 한결같이 죄는 조금도 짓지 않고 좋은 일만 했다고 자랑을 늘어놨다. 염라대왕은 생각다 못해 사람의 한평생을 환히 들여다볼 수 있는 거울을 만들었다. 누구든 그 거울 앞에 서기만 하면 평생을 어떻게 살아왔는지 환히 나타나는 것이었다. 그러니 제아무리 좋은 일을 많이 했다고 자랑을 해도 거울 앞에 서기만 하면 사실 여부가 드러나게 마련이었다.

그러던 어느 날, 한 비구니 스님이 염라대왕 앞에 서게 됐다. 그런데 이상하게도 그 스님은 옷을 입지 않은 발가숭이였다. 염라대왕은 이 해괴한 장면에 눈살을 찌푸리며 호통을 쳤다.

『어이하여 그대는 옷을 입지 않았는고?』

『…….』

고개를 떨군 채 묵묵히 염주만 굴릴 뿐 스님은 말이 없었다.

『어찌하여 옷을 벗었느냐 말이다.』

염라대왕이 다시 소리를 치자 스님은 조용히 고개를 들어 입을 열었다.

『아뢰옵기 부끄럽사오나 소승은 평생 게으른 탓으로 몸 가릴 옷 한 벌 없이 예까지 왔습니다.』

『게을러서?… 아무래도 무슨 사연이 있는 게로구나. 여봐라 판관! 게 있느냐.』

『예-.』

『저 여승에게 필시 무슨 곡절이 있을 것 같으니 거울 앞에 나서게 하여 잘 살펴보도록 해라.』

비구니 스님은 시키는 대로 거울 앞에 섰다.

이때 거울 속에서는 세찬 눈보라가 일고 웬 거지 여인이 속살이 드러난 낡은 옷을 걸친 채 강추위에 몸둘 바를 몰라했다. 이를 발견한 비구니 스님은 자신의 승복을 벗어 주면서 기운을 차리도록 격려했다.

『스님, 정말 감사합니다. 이 은혜 어떻게 갚아야 좋을는지요.』

여인은 흐느끼며 고마워했다.

이 광경을 본 염라대왕은 기분이 흡족하여 껄껄 웃었다.

『허허 그러면 그렇지. 승려의 몸으로 곡절없이 옷을 벗었을 리가 있겠느냐. 여봐라, 엄동설한에 떠는 걸인에게 자신의 옷마저 벗어준 이 여승은 극락으로 드실 분이니 비단옷을 내어드리고 풍악을 울려 길을 안내토록 해라.』

『예이-.』

이렇게 해서 발가벗은 비구니 스님은 비단옷을 입고 풍악이 울리는 가운데 극락으로 들어갔다.

이 일이 있은 지 며칠 후. 열두 사자는 지금의 고성인 안창 땅에서 이름난 부자 하나를 염라대왕 앞에 불러왔다.

『네가 그 유명한 안창 땅 부자렷다.』

『그러하옵니다.』

『그래 네 평생 좋은 일은 얼마나 했으며, 무슨 죄를 지었는지 상세히 일러보아라.』

『제 평생 죄라고는 털끝 만큼도 지은 일이 없사옵고, 좋은 일이야 어찌 말도 다할 수 있겠습니까.』

『허허 그래? 그럼 어디 너의 선행을 들어보자.』

『헤헤, 제 인심이 어찌나 후했던지 나라 안 거지들은 모두 제집으로 모였습니다. 그 행렬이 20리도 넘게 줄을 섰다면 대왕님께서도 가히 짐작하시리라 믿습니다.』

『네 말에 한 치 거짓이 없으렸다.』

『어느 안전이라고 거짓을 아뢰겠사옵니까.』

『판관은 이 부자를 거울 앞에 세우고 그 행적을 살피도록 해라.』

순간, 거울 속에서는 걸인 두 사람이 굳게 닫힌 대문을 마구 두들기며 고래고래 소리를 지르고 있었다.

『이 못된 부자놈아, 동냥은 못 줄 망정 왜 사람을 때리고 문을 잠그느냐?』

『야 이놈아, 동냥을 안 주려면 쪽박이나 내놔라.』

걸인들은 대문을 발길로 차면서 욕설을 퍼부었다.

부자는 그만 얼굴이 새파랗게 질려 부들부들 떨고 있었다.

『음, 괘씸한 놈 같으니라구. 여기가 어딘 줄 알고 감히 그런 허무맹랑한 거짓말을 늘어놓았느냐. 다음 일을 보여줄 테니 꼼짝 말고 서 있거라.』

염라대왕이 노하여 벽력같이 소리를 치자 판관은 분부대로 부자를 다시 거울 앞에 세웠다. 거울 속에서는 소와 말들이 구슬프게 소리내어 울면서 눈물을 뚝뚝 흘리고 있었다.

『저것은 어찌 된 장면이냐?』

『예, 이것이 이 부자가 소와 말을 부려먹을 때만 풀죽을 쑤어 먹이고 놀릴 때는 굶겨 놓은 탓으로 저렇게 슬피 울다가 죽은 것이옵니다.』

염라대왕은 화가 나서 사자들에게 명을 내렸다.

『여봐라, 이놈은 더 이상 비춰 볼 것 없이 냉큼 끌어다가 등짝에 지옥 도장을 찍어 떨어뜨려라.』

부자는 뻔뻔스럽게도 억울하다고 발버둥쳤으나 열두 사자들이 달려들어 불이 활활 타는 지옥으로 떨어뜨렸다.

그 후 염라대왕은 「어떻게 하면 인간들에게 죄를 짓지 않도록 경각심을 불러일으킬 수 있을까」 를 곰곰이 생각했다.

사람이 죽으면 심판을 받고, 평생 한 일이 그대로 비치는 거울이 있다는 것을 알려주고 싶었다.

그래서 염라대왕은 궁리 끝에 신하들을 불러놓고 인간세상에다 심판하는 모양을 만들어 보여주는 것이 어떻겠느냐고 물었다.

판관들도 사자들도 모두 찬성했다.

『그러면 조선의 명산 금강산에다 심판하는 모양을 바위로 만들어 인간들에게 경각심을 일깨워 줄 것이니라.』

이리하여 염라대왕은 금강산 장안사 남쪽에 냇물을 만들고, 이승에서 저승으로 건너가는 냇물이라 하여 황천강이라 명했다.

그리고는 그 냇물 위에 앞뒤의 모양이 똑같은 거울 모양의 큰 바위를 세웠으니 그 바위가 명경대다. 그 앞에는 염라대왕봉이 버티고 서 있고 그 옆에는 소머리 모양의 우두봉이 있다. 이는 짐승에게도 죄를 짓지 말라는 뜻에서 세웠으며, 그 좌우로 죄인봉, 판관봉, 사자봉들이 줄줄이 늘어서 있는데 이 모양이 꼭 심판하는 광경을 그대로 옮겨 놓은 듯하여 누구나 그곳에 가면 마음이 엄숙해진다고 한다.

　　그리고 금강산 황천강 푸른 물에 몸을 씻고 명경대를 비롯 염라대왕봉, 우두봉, 죄인봉 등의 바위를 보고 나면 그 사람의 황천길이 밝아져 극락에 가게 된다고 한다.

금강산·명경대
강원도 금강군 내강리 (북한)

부처님 이마의 도끼

옛날 강원도 철원군 보개산 심원사에 묘선이라는 젊은 스님이 있었다. 강원 공부를 마친 지 얼마 안되는 스님은 매사에 의욕적이었다.

어느 날, 노스님을 모시고 산책을 하던 묘선 스님은 노스님에게 말했다.

『스님, 아무래도 절이 너무 낡아 보수를 해야 되겠습니다.』

『알고 있다. 그러나 살림이 이렇게 어려워서야 어디 엄두를 내겠느냐.』

『스님, 오늘부터 제가 백일기도를 드려 불사를 하겠습니다.』

묘선 스님은 그날로 백일기도에 들어갔다. 젊은 스님의 기도는 간곡했다.

백일기도를 회향하는 날 밤.

『묘선아, 네 기도가 그토록 간절하고 불심이 장하니 반드시 시주가 나타나 절 중창을 이루게 될 것이다. 내일 아침 일찍 화주를 구하러 나가도록 해라. 맨 처음 만나는 사람이 심원사 중창불사의 시주가 될 것이니라.』

꿈에 나타나신 부처님은 이렇게 일러주셨다. 잠에서 깬 묘선은 거뜬한 마음으로 길 떠날 채비를 차리곤 노스님께 인사를 드렸다.

『소승 화주길에 오르겠습니다.』

『오냐, 잘 다녀오너라.』

묘선 스님이 막 산문 밖을 나서는데 웬 나무꾼 하나가 아침 일찍부터 나무를 하고 있었다. 그냥 지나치려다 꿈 생각을 한 묘선 스님은 나무꾼을 자세히 보았다. 아랫마을에 사는 머슴 박씨였다.

『머슴 박씨가 우리 절 중창불사 시주가 될 수는 없을 텐데… 지나칠까.』

묘선 스님은 잠시 망설였다.

『아냐, 부처님께서 일러주신 말씀인데….』

묘선 스님은 박씨 앞으로 가까이 다가갔다.

『일찍 나오셨습니다.』

『아이구, 심원사 스님이시군요. 어디 먼 길 떠나십니까?』

묘선 스님은 일손을 멈추고 공손히 인사하는 박씨에게 간밤 꿈 이야기를 들려주며 시주가 되겠느냐고 물었다. 박씨는 한동안 묵묵히 생각에 잠겼다.

「50평생 못 간 장가, 이제 가서 뭘하나. 차라리 그 동안 머슴살이로 모은 재산 절 짓는데 보시하여 부처님께 공덕이나 지어야지.」

마음을 결정한 박씨는 기꺼운 마음으로 스님께 대답했다.

『스님께서 제게 시주가 되라는 데는 큰 뜻이 있을 것입니다. 스님 말씀에 따라 40년간 모은 저의 전 재산을 불사기금으로 시주하겠습니다.』

『참으로 고맙소. 이 인연공덕으로 다음 생生에 좋은 인연을 받을 것입니다.』

박씨의 시주로 심원사 불사는 순조롭게 진행되었다.

그런데 이상한 일이 생겼다.

머슴 박씨가 시주를 한 그날부터 시름시름 앓기 시작하더니 그만 자리에 몸져눕고 말았다. 그러나 돈을 모두 절에 시주한 박씨는 약도 쓸 수가 없었다. 주인집에서는 머슴이 일을 못하고 눕게 되자 공밥을 먹일 수 없다고 박씨를 절로 보냈다.

절에서는 박씨를 위해 극진히 간병하면서 정성껏 기도를 올렸으나 차도가 없었다. 날이 갈수록 병은 악화됐고, 끝내 박씨는 죽고 말았다.

마을에서는 묘선 스님이 순진한 머슴 박씨를 속여 결국은 죽게 했다고 이웃 동네까지 소문이 자자했다. 묘선 스님은 더 이상 심원사에 머물 수가 없었다. 절을 떠나기로 결심한 스님은 새벽예불을 올리러 법당으로 들어갔다. 희미한 촛불 속에 부처님을 바라보는 묘선 스님의 눈에는 원망이 가득했다.

「가피는커녕 시주자를 죽게 한 부처님」이란 생각을 갖게 된 묘선 스님은 자기도 모르게 헛간으로 발길을 옮겼다. 스님의 손에는 어느새 도끼가 들려 있었다. 스님은 법당으로 다시 들어가 부처님 이마를 도끼로 내리치고는 황망히 절을 빠져 나갔다.

그 뒤 전국을 만행하는 묘선 스님의 발걸음은 늘 무겁기만 했다. 심원사 부처님 이마에 박힌 도끼가 빠지지 않는다는 소문은 전국에 퍼져 있었다. 그렇게 30년이 지난 어느 날. 묘선 스님은 심원사 부처님께 용서를 빌고 자신이 그 도끼를 뽑고 싶은 생각이 들어 심원사로 갔다. 절은 30년 전 불사가 중단된 모습 그대로였고 부처님 이마엔 도끼가 박혀 있었다. 묘선 스님은 참회하는 마음에 가슴이 아팠다. 마침 그 무렵 새로 부임한 젊은 사또는 돈독한 불자로서 심원사 부처님 이마의 도끼를 손수 뽑겠다고 절에 와 있었다.

법당에 들어선 사또는 삼배를 올린 후 부처님 이마의 도끼를 뽑았다. 도끼는 쉽게 빠졌다. 그 도끼를 들여다본 사또는 의아한 표정을 지었다.

「화주 시주 상봉」

도끼에는 이렇게 여섯 글자가 새겨져 있었다. 이 모습을 법당 문밖에서 바라보고 있던 묘선 스님은 그때 비로소 부처님이 머슴 박씨를 죽게 한 뜻을 깨달았다.

스님은 사또 앞으로 나아갔다.

『소승이 바로 30년 전 이 도끼로 부처님 이마를 찍은 사람입니다. 사또님의 전생은 이 절에 시주하신 머슴임에 틀림없습니다. 당시 시주를 구한 화주승은 바로 저이지요. 화주승과 시주가 인연 있어 이렇게 다시 만나게 된 것입니다. 「시주 화주 상봉」이란 바로 오늘의 인연을 부처님께서 미리 계시하신 뜻이라고 생각합니다.』

묘선 스님의 설명을 들은 사또는 이해가 가는 듯 고개를 끄덕이더니 순간 일어나 스님에게 삼배를 올렸다.

『스님, 이제 멀리 떠나지 마십시오. 부처님 뜻으로 인연 맺어 스님과 제가 다시 만났으니 심원사 불사를 완성해야 하지 않겠습니까? 필요한 돈은 제가 시주하겠습니다.』

심원사 중차불사는 30년만에 다시 시작되었다. 묘선 스님은 심원사를 중창한 후 그 절에 오래 머물면서 큰스님이 되어 많은 신도를 교화했다.

철원 · 심원사
강원도 철원군 동송읍 상뇌길 58 (상노리 72)

세조와 고양이

『마마, 정신 차리십시오.』

잠자리에 든 세조는 악몽을 꾸는지 온몸이 땀에 흥건히 젖은 채 신음소리를 내고 있었다. 옆에 누웠던 왕비가 잠결에 임금의 신음소리를 듣고 일어나 정신차릴 것을 권하니 잠에서 깨어난 세조는 크게 한숨을 내쉬었다.

『마마, 신열이 있사옵니다. 옥체 미령하옵신지요?』

세조는 대답 대신 혼자 입속말을 했다.

『음, 업이로구나, 업이야.』

『마마, 무슨 일이세요? 혹시 나쁜 꿈이라도 꾸셨는지요.』

『중전, 심기가 몹시 불편하구려. 방금 꿈에 현덕왕후(단종의 모친·세조의 형수) 혼백이 나타나 내 몸에 침을 뱉지 않겠소.』

『원, 저런….』

꿈 이야기를 하며 다시 잠자리에 들었으나 세조는 잠을 이룰 수가 없었다. 어린 조카 단종을 업어주던 모습이며, 생각하기조차 꺼려지는 기억들이 자꾸만 뇌리를 맴돌았다.

이튿날 아침. 이게 웬일인가. 꿈에 현덕왕후가 뱉은 침자리마다 종기가 돋아나고 있다니, 세조는 아연실색했다. 종기는 차츰 온몸으로 퍼지더니 고름이 나는 등 점점 악화되었다. 명의와 신약이 모두 효험이 없었다.

임금은 중전에게 말했다.

『백약이 무효이니 내 아무래도 대찰을 찾아 부처님께 기도를 올려야겠소.』

『그렇게 하시지요. 문수도량인 오대산 상원사가 기도처로는 적합할 듯하옵니다.』

왕은 오대산으로 발길을 옮겼다.

월정사에서 참배를 마치고 상원사로 가던 중 장엄한 산세와 맑은 계곡물 등 절경에 취한 세조는 불현듯 산간벽수에 목욕을 하고 싶었다. 자신의 추한 모습을 신하들에게 보이고 싶지 않아 늘 어의를 풀지 않았던 세조는 그날도 주위를 물린 채 혼자 계곡물에 몸을 담그고 목욕을 즐겼다.

그때였다. 숲속에서 놀고 있는 조그마한 한 동자승이 세조의 눈에 띄었다.

『이리와서 내 등 좀 밀어주지 않으련?』

동자승이 내려와 등을 다 밀자 임금은 고맙다는 인사와 함께 단단히 부탁의 말을 일렀다.

『그대는 어디 가서든지 임금의 옥체를 씻었다고 말하지 말라.』

『대왕도 어디가서 문수보살을 친견했다고 말하지 마시오.』

이렇게 응수한 동자는 홀연히 어디론가 사라져 버리고 말았다.

왕은 놀라 주위를 살피다 자신의 몸을 보니 몸의 종기가 씻은 듯이 나은 것을 알게 됐다. 왕은 크게 감격했다. 환궁하자마자 화공을 불러 자신이 본 문수동자를 그리게 했다. 기억력을 더듬어 몇 번의 교정을 거친 끝에 실제와 비슷한 동자상이 완성되자 상원사에 봉안토록 했다. 현재 상원사에는 문수동자 화상畵像은 없고, 얼마 전 다량의 국보가 쏟아져 나온 목각문수동자상이 모셔져 있다. 또 세조가 문수동자상을 친견했던 월정사에서 상원사로 갈라지는 큰 길목 10km 지점은 임금이 그곳 나무에 의관을 걸었다 하여 「갓걸이」 또는 「관대걸이」라고 부른다.

병을 고친 이듬해 봄. 세조는 다시 그 이적의 성지를 찾았다. 상원사에 도착한 왕은 곧바로 법당으로 들어갔다.

막 예불을 올리는데 어디선가 별안간 고양이 한 마리가 나타나 세조의 곤룡포 자락을 물고 자꾸 앞으로 못 가게 잡아당기는 것이 아닌가.

이상한 예감이 든 왕은 밖으로 나왔다. 그리고 병사들을 풀어 법당 안팎을 샅샅이 뒤지게 했다. 아니나 다를까. 불상을 모신 탁자 밑에 세 명의 자객이 세조를 시해하려고 시퍼런 칼을 들고 숨어 있었다. 그들을 끌어내 참하는 동안 고양이는 벌써 어디론가 사라지고 없었다.

하마터면 죽을 목숨을 구해준 고양이를 위해 세조는 강릉에서 가장 기름진 논 5백 섬지기를 상원사에 내렸다. 그리고는 매년 고양이를 위해 제사를 지내주도록 명했다. 이때부터 절에는 묘답 또는 묘전이란 명칭이 생겼다. 즉 고양이 논, 또는 고양이 밭이란 뜻. 궁으로 돌아온 세조는 서울 근교의 여러 사찰에 묘전을 설치하여 고양이를 키웠고, 왕명으로 전국에 고양이를 잡아 죽이는 일이 없도록 했다. 최근까지도 봉은사 밭을 묘전이라 부르는 이유도 이에 기인한다.

또 지금도 상원사에 가보면 마치 이 전설을 입증하는 듯 문수동자상이 모셔진 청량선원 입구 계단의 좌우에는 돌로 조각한 고양이 석상이 서 있다. 속설에 의하면 「공양미」란 말도 고양이를 위한 쌀이란 말이 변하여 생겼다는 일설도 있다.

고양이 사건이 있은 지 얼마 후 세조는 다시 상원사를 찾았다. 자신에게 영험을 베풀어준 도량을 중창하여 성지로서 그 뜻을 오래 오래 기리기 위해서였다. 대중 스님들과 자리를 같이한 왕은 상원사 중수를 의논하고 있었다. 그때 마침 공양시간을 알리는 목탁이 울렸다.

소탈한 세조는 스님들과 둘러앉아 공양 채비를 했다.

『마마, 자리를 옮기시지요.』

『아니오. 대중 스님들과 함께 공양하는 것이 과인은 오히려 흡족하오.』

그때 맨 말석에 앉아 있던 어린 사미승이 발우를 들더니, 세조의 면전을 향해 불쑥 말을 던졌다.

『이거사, 공양하시오.』

놀란 대중은 모두 얼굴이 새파랗게 질려 몸둘 바를 몰라했다. 그러나 어찌 된 일인가. 정작 놀라야 할 세조는 껄껄 웃고 있는 것이 아닌가.

『과연 도인될 그릇이로다.』

왕은 그 사미승에게 3품의 직을 내렸다. 그리고는 그 표시로서 친히 전홍대(붉은 천을 감은 허리띠)를 하사하였다. 아마 세조는 지난날 자신의 병을 고쳐준 문수동자를 연상했던 모양이다. 그 후 세간에서는 어린아이들이 귀하게 되라는 징표로 붉은 띠로 허리를 졸라매 주는 풍속이 생겼다 한다.

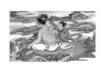

평창 · 오대산 상원사
강원도 평창군 진부면 오대산로 1076-15 (동산리 산 1)

비단장수의 구도심

아주 옛날, 비단행상으로 하루 하루를 살아가는 청년이 있었다. 홀어머니를 모시고 사는 그는 아주 효심이 지극했다. 어느 날 비단 짐을 짊어지고 강원도 대관령 고개를 넘어가다가 고갯마루에서 잠시 쉬고 있던 그는 이상한 노스님을 한 분 발견했다. 누더기를 입은 노스님은 길 옆 풀섶에 서서 한참이 지나도록 꼼짝을 않는 것이었다.

청년은 궁금했다.

『왜 저렇게 서 있을까? 소변을 보는 것두 아니구. 거참 이상한 노릇이네.』

한참을 바라보던 청년은 궁금증을 견디지 못해 노스님 곁으로 다가갔다.

『스님! 아까부터 여기서 무얼하고 계십니까?』

눈을 지그시 감고 서 있는 스님은 아무 말이 없었다. 청년은 다시 물었다.

여전히 눈을 감고 서 있는 노스님은 청년이 재차 묻자 얼굴에 자비로운 미소를 띠우며 입을 열었다.

『잠시 중생들에게 공양을 시키고 있는 중이라네.』

「저렇게 꼼짝도 않고 서 있기만 한데 중생에게 공양을 시키다니 도무지 알 수가 없는 말이로군.」

청년은 궁금증이 더 커졌다.

『어떤 중생들에게 무슨 공양을 베푸십니까?』

『옷 속에 있는 이와 벼룩에게 피를 먹이고 있네.』

『그런데 왜 그렇게 꼼짝도 않고 서 계십니까?』

『내가 움직이면 이나 벼룩이 피를 빨아 먹는데 불편할 것이 아닌가.』

스님의 말을 들은 청년은 큰 감동을 받았다. 청년은 비단장수를 그만두고 스님을 따라가 제자가 되고 싶은 생각이 들었다. 순간, 청년의 뇌리에는 집에 계신 홀어머니가 떠올랐다. 청년이 잠시 망설이는 동안에 노스님은 발길을 옮겼다. 생각에 잠겼던 청년은 눈앞에 스님이 안 보이자 비단 보퉁이를 팽개치고 어느새 산길을 오르고 있는 노스님의 뒤를 따르기 시작했다.

스님은 청년이 다가오는 것을 아는지 모르는지 뒤도 돌아보지 않고 걸었다. 이윽고 오대산 동대 관음암에 도착하자 스님은 청년을 돌아보며 말했다.

『그대는 어인 일로 날 따라왔는고?』

『저는 비단을 팔아 하루하루를 살아가는 비단장수입니다. 오늘 스님의 인자하신 용모와 자비행을 보고 문득 저도 수도하고 싶은 생각이 일어 이렇게 좇아왔습니다. 부디 제자로 받아주십시오.』

청년은 간곡히 청했다.

『네가 수도승이 되겠단 말이지. 그렇다면 시키는 대로 무슨 일이든지 다할 수 있겠느냐?』

『예, 스님! 무슨 일이든지 시키기만 하십시오. 이 몸 힘 닿는 대로 다할 것입니다.』

청년의 결심이 굳은 것을 확인한 노스님은 그의 출가를 허락했다.

이튿날 아침. 스님은 새로 들어온 행자(비단장수 청년)를 가까이 불렀다.

『오늘 중으로 부엌에 저 큰 가마솥을 옮겨 새로 걸도록 해라.』

청년은 흙을 파다 짚을 섞어 반죽한 후 솥을 새로 걸었다. 한낮이 기울어서야 일이 끝났다.

『스님, 솥 거는 일을 다 마쳤습니다.』

『오냐, 알았다.』

스님은 점검을 하시려는 듯 부엌으로 들어가셨다.

이리 저리 살펴보신 스님은

『걸긴 잘 걸었다만 이 아궁이엔 이 솥이 너무 커서 별로 필요치 않을 것 같으니 저쪽 아궁이로 옮겨 걸도록 해라.』

하고 이르고는 나갔다.

청년은 다음날 한마디 불평도 없이 스님이 시킨 대로 솥을 떼어 옆 아궁이에 다시 걸기 시작했다. 솥을 다 걸고 부뚜막을 곱게 맥질하고 있는데 노스님이 기척도 없이 불쑥 부엌에 나타나셨다.

『인석아, 이걸 솥이라고 걸어 놓은 거야. 한쪽으로 틀어졌으니 다시 걸도록 하여라.』

노스님은 짚고 있던 석장으로 솥을 밀어 내려앉혀 버렸다.

청년이 보기엔 전혀 틀어진 곳이 없었지만 스님의 다시 하라는 분부를 받았으므로 그는 불평 한마디 없이 새로 솥을 걸었다. 그렇게 솥을 옮겨 걸고 허물어 다시 걸기 아홉 번을 반복했다.

드디어 노스님은 청년의 구도심을 인정했다. 그리고는 솥을 아홉 번 고쳐 걸었다는 뜻에서 구정九鼎이란 법명을 내렸다. 법명을 받은 구정 스님은 고향의 어머니에게 달려가 자초지종을 말씀드렸다.

이야기를 다 들은 노모는 아들의 손을 꼭 잡고 기쁨의 눈물을 흘렸다.

『오! 참으로 장하구나. 대단한 결심을 했으니 어미 걱정은 추호도 하지 말아라. 어디 산 입에 거미줄 치겠느냐. 부디 열심히 수행정진하여 큰스님 되는 일이 이 어미에게 효도하는 일이니 명심토록 해라.』

그 길로 집을 떠나 산으로 돌아온 구정 스님은 뒷날 크게 명성을 떨친 구정선사가 되었고 스님의 수행은 오늘에도 입산 출가자들의 귀감이 되고 있다.

 오대산 · 동대 관음암
강원도 평창군 진부면 오대산로 432-91 (동산리 63-11)

며느리 바위

아주 먼 옛날. 황해도 옹진군 부민면 부암리란 마을에 만석꾼 김부자 영감이 살고 있었다. 그는 성품이 교활할 뿐 아니라 인색하기로 소문이 나 동네 아이들까지도 그를 「딱정쇠 영감」이라고 놀려댈 만큼 구두쇠였다.

한가위가 지나고 추수도 끝난 어느 가을날. 육간대청에 삼중 대문의 큰 집에 살고 있는 김부자는 광에 가득 쌓인 볏섬을 둘러보며 매우 흐뭇해 하고 있었다.

이때 대문 밖에서 목탁소리가 들려왔다. 시주하러 온 탁발승에게 쌀톨이나 내놓을 김영감이 아니었지만 오늘따라 유난히 목탁소리가 귀에 거슬렸던 모양이다.

『안에 누구 없느냐?』

『……』

『게 아무도 없느냐?』

안에서 아무 대답이 없자 김영감은 화가 머리 끝까지 솟았다. 얼른 대령해도 시원치 않을 터인데 몇 번을 찾아도 아무 대답이 없으니 그럴 만도 했다. 낯을 붉히며 언성을 높여 다시 소리를 지르자 얼마 만에 안으로 통한 장지문이 열리며 며느리가 나왔다.

『다들 뭘 하길래 네가 나오느냐?』

『아범은 밖에 나가고 돌이 어멈은 산에 올라갔습니다.』

『음-.』

김영감은 자못 못마땅한 표정을 지으며 말했다.

『밖에 거지 녀석이 온 모양이다. 가서 줄 것이 없다고 돌려보내라.』

『아버님, 거지가 아니오라 시주를 얻으러 온 스님입니다.』

『스님? 스님은 무슨 스님이란 말이냐? 아무튼 저 목탁과 염불소리가 듣기 싫으니 어서 물러가라고 일러라.』

그래도 며느리가 머뭇거리자 장죽만 몇 번 빨던 김노인이 힐난하듯 물었다.

『아니, 왜 멀거니 섰느냐?』

『아버님, 시주를….』

『시주를 해야 한다는 말이냐?』

『네.』

김부자 영감은 며느리 말을 듣고 한동안 장죽만 뻑뻑 빨다가 좋은 생각이 떠올랐던지 무릎을 탁 치며 말했다.

『옳지 그래. 추수를 무사히 끝냈으니 시주를 할 만도 하구나. 이왕 할 바에야 듬직하게 해야 할 게 아니냐! 얘 아가, 너 외양간에 가서 쇠똥을 잔뜩 긁어 오너라.』

『아버님, 쇠똥을 어디에 쓰시려구요?』

『다 쓸 데가 있느니라.』

『아버님 혹시….』

『글쎄 어디다 쓰던지 넌 어서 쇠똥이나 긁어 오도록 해라. 어흠-.』

김영감은 큰 기침을 하며 재떨이에 장죽을 탕탕 털었다.

윤부인은 마음에 집히는 바가 없지 않았으나 시아버지 분부를 거역할 수 없었다. 외양간에서는 역한 냄새가 코를 찔렀다. 윤부인은 코를 막은 채 쇠똥 한 삼태기를 담아 대청 앞 댓돌 아래 놓았다.

『아버님, 쇠똥 긁어 왔습니다.』

김영감은 김이 무럭무럭 나는 쇠똥을 보자 회심의 미소를 지으며 큰 쌀자루에 쇠똥을 담았다. 그러더니 그 자루를 들고 대문으로 나갔다.

스님은 그때까지 염불을 하고 있었다.

『여보슈, 어디서 온 스님이오?』

『예, 구월산 월선사에서 온 시주승이오.』

『먼 길을 오시느라 고생이 많으셨소. 자, 이건 내 정성이니 받으십시오.』

『감사합니다. 나무 관세음보살.』

스님은 쇠똥이 들어있는 쌀자루를 받아들고 천천히 동구밖으로 사라졌다.

이 모습을 지켜보던 윤부인은 죄책감을 느꼈다. 그녀는 급히 광으로 가서 쌀을 두 되쯤 퍼 들고 급히 스님을 쫓아갔다.

『스님- 스님-, 저 좀 보세요.』

『왜 그러십니까? 부인.』

『그 쌀자루는 저를 주시고 대신 이 쌀을 받으세요. 아까 그 쌀자루 속엔….』

『허허, 이미 다 알고 있습니다.』

『아셨군요, 스님. 용서하세요. 아버님은 본래 나쁜 분이 아니라 장난을 좋아하시다 보니 그렇게 되었습니다. 대자대비하신 부처님의 자비심으로 용서하여 주옵소서.』

『김부자댁 내에 이토록 고매한 분이 계시다니….』

윤부인의 덕스런 인품에 감탄한 스님은 그녀를 도와주겠다며 다음과 같이 일러줬다.

『오늘 저녁 이 마을에 큰 재앙이 있을 것입니다. 큰비가 내리기 시작하면 식구들에게 알리지 말고 곧 집을 떠나 앞산으로 올라가세요. 가는 길에 뒤에서 무슨 소리가 나도 뒤를 돌아보면 안됩니다. 산에 다 오른 뒤에는 괜찮으나, 중간에 뒤를 돌아다보는 것은 절대 안됩니다.』

말을 마친 스님은 염불을 외우며 산모퉁이를 돌아 사라졌다.

윤부인은 갑작스런 말에 얼떨떨했으나 스님의 말에 따르기로 결심했다.

그날 저녁. 하늘에 검은 비구름이 덮이더니 폭우가 쏟아지기 시작했다. 윤부인은 낮에 스님에게 들은 이야기를 식구들에게 알릴까 망설이다 그대로 집을 나와 앞산으로 향했다.

「우르릉 쾅!」

번개와 천둥이 마치 천지를 개벽할 것만 같았다.

『사람 살류-.』

『여보, 나 좀 살려줘.』

마을 사람들의 아우성 속에 남편의 소리도 들리는 듯했으나 윤부인은 스님의 말대로 뒤를 돌아보지 않은 채 산을 올랐다.

윤부인이 산중턱까지 왔을 때였다. 마을 한 부분이 무너지는 소리와 함께 남편과 시부모의 비명이 그녀의 귓전을 스쳤다.

『예, 아가야 아가야-.』

『여보-. 나좀 살려줘.』

그 소리는 처절한 울부짖음이었다. 순간 윤부인은 스님의 당부도 잊은 채 고개를 돌려 마을 쪽을 내려다봤다.

『어머, 우리집이…』

마을은 황토물 바다가 되어 있었다.

『여보-, 아버님-.』

그녀는 목이 터지게 남편과 시아버지를 불렀으나 어느새 사람의 소리는 간 곳이 없었다. 윤부인은 아픈 가슴을 어쩌지 못한 채 다시 위로 발길을 돌리려 했다. 그 순간 부인의 발이 무겁고 감각이 둔해져 왔다. 발을 내려다 본 윤부인은 그만 「아악-」 비명을 지르지 않을 수 없었다. 그녀의 발은 바위로 변하고 있었다.

그러더니 순식간에 온몸이 바위 형체로 변하고 말았다.

착한 마음으로 시아버님의 죄를 씻으려던 윤부인은 산을 오르다 뒤를 내려다보는 모습 그대로 바위가 되어 세월의 풍우에 시달리고 있다. 그 후 이 마을은 며느리 바위 동네라 불리고 있다.

옹진·부암리
황해도 옹진군 부민면 부암리 (북한)

이성계의 꿈

조선국을 세운 태조 이성계가 아직 장군 시절일 때다. 날로 부패해 가는 고려왕조를 탄식하던 그는 청운의 뜻을 품고 팔도강산을 두루 돌며 무예를 익히는가 하면 명산대찰을 찾아 제불보살님의 가호를 빌었다.

그가 함경도 안변 땅에 머물던 어느 날 밤. 이성계는 참으로 묘한 꿈을 몇 가지나 꾸었다.

『거참 이상한 일이로구나. 아무리 생각해도 알 수 없는 꿈을 하룻밤에 몇 가지씩이나 꾸다니….』

이튿날 새벽, 눈을 뜬 이성계는 간밤 꿈자리가 어쩐지 석연치 않아 하나하나 꿈을 되새기며 곰곰이 생각해 봤지만 도무지 무슨 뜻인지 알 길이 없었다. 풀리지 않은 꿈 때문에 답답해 하던 그는 대장부 체통도 접어둔 채 그 마을에서 해몽을 잘한다는 노파를 찾아갔다.

『내 간밤에 하도 이상한 꿈을 꾸었기에 이렇게 찾아왔으니 해몽을 좀 부탁하오.』

상세히 설명하는 이성계의 꿈 이야기를 묵묵히 다 들은 점쟁이 노파는 한동안 골똘히 생각에 잠기더니 신중하게 말문을 열었다.

『대장부가 받은 꿈의 계시를 어찌 미천한 아낙이 함부로 말할 수 있겠습니까. 여기서 서쪽으로 40리쯤 들어가면 설봉산이 있고 그 산허리 조그만 토굴에 신승이 한 분 살고 계십니다. 그 도인 스님은 토굴을 파고 공부하신 지 10여 년이 지났는데도 한번도 굴 밖으로 나오지 않았다 합니다. 그 스님께 가면 잘 풀어주실 것입니다.』

이성계는 그 길로 설봉산 도인 스님을 찾아갔다. 토굴에 당도하니 스님은 선정에 들어 있었다. 한참을 기다려 스님께 삼배를 올린 이성계는 찾아온 사연을 밝혔다.

『이상한 꿈을 꾸었다구요? 거 어디 들어봅시다.』

『어느 시골 마을을 지나는데 온 고을 닭들이 일제히 울어대더니 집집마다에서 방아찧는 소리가 들렸습니다. 그리고는 하늘에서 꽃이 마치 비오듯 떨어져 내렸습니다. 다시 또 꿈은 이어져 저는 어느 집 헛간에 들어가서 서가래 세 개를 등에 짊어지고 나오다가 거울 깨지는 소리에 문득 꿈을 깨게 됐습니다. 무슨 불길한 징조는 아닌지요?』

『참으로 그런 꿈을 꾸었다면 함부로 발설해선 안될 꿈입니다.』

스님은 은밀한 음성으로 말을 이었다.

『내 말을 잘 들으시오. 그 꿈은 아주 길몽입니다. 마을의 닭들이 일제히 울어댄 것은 「꼬끼오 꼬끼오」 한 것이니 이는 반드시 고귀한 자리에 오른다는 뜻이며〔高貴位〕 방아찧는 소리는 귀하게 될 것을 축하하는 의미입니다. 또 헌 곳간에서 서까래 세 개를 가로졌으니 그 모양은 마치 「임금 왕」 자와 같지 않습니까.』

스님의 말을 들은 이성계는 흥분된 마음을 숨길 수가 없었다. 그는 어느새 상기된 얼굴에 목소리는 떨리고 있었다.

『스님, 그럼 꽃이 떨어지고 거울이 깨진 것은 무엇을 뜻하는 것일까요?』

스님은 말없이 시 한 수를 적어 내놓았다.

花落能成實　鏡破豈無聲

꽃이 떨어졌으니 열매가 맺힐 것이요,

거울이 깨졌으니 소리가 나지 않겠는가.

스님은 다시 이성계의 얼굴을 쳐다보았다.

『그대 얼굴엔 군왕의 기상이 가득하오. 허나 아직 겁기劫氣가 다 벗어지지 못했소. 성현에게 기도를 올리고 공덕을 지어야 일이 성취될 것이오. 앞으로 3년은 더 기다려야 할 터이니 그동안 이곳에 절을 세우고 오백 나한을 모셔 기도를 잘 올리도록 하시오. 그리고 이일은 나만 알고 비밀을 지킬 터이니, 장군도 꿈 이야기를 입 밖에 내지 않도록 각별히 유념하오.』

스님께 스승의 예를 올리고 물러난 이성계는 기도 올리는 간절한 마음으로 안변 땅에 절을 세우고는 후일 임금 왕 자를 해석했다 하여 「석왕사釋王寺」라 불렀다.

그 후 이성계는 오백 나한을 모시기 위해 석왕사 경내에 응진전을 건립했다. 때마침 함경도 길주에 있는 광적사가 병화로 폐사가 되었다는 소식을 들은 이성계는 그 절에 방치된 대장경과 오백 나한상을 석왕사로 모셔 오기로 했다. 길주에서 원산포까지 배로 옮겼으나 원산서 석왕사까지는 이성계가 직접 무거운 돌나한님을 한 분씩 등에 업어 정성스럽게 모셨다. 이렇게 498상을 옮기고 마지막 두 분이 남게 되자 그는 조금 귀찮은 생각이 들었는지 두 분을 한꺼번에 옮겨 모셨다.

다음날 아침 기도를 드리고 나서 살펴보니 이게 웬일인가. 간밤에 분명히 오백 나한님을 다 모셨는데 맨 나중에 모셔온 존상 한 분이 아무리 찾아도 보이질 않았다. 놀란 이성계는 사방을 두루 찾았으나 보이지 않자 단념하고 말았다.

그런데 그날 밤 꿈에 그 존상이 나타날 줄이야.

『그대의 신심이 그렇게 여일치 못해서야 되겠는가? 한 분씩 업어 모시다가 나만 덧붙여 업어가다니. 나는 그렇게 정성이 부족한 푸대접을 받기가 싫네. 해서 묘향산 비로암에 와 있으니 그리 알게.』

깜짝 놀라 깨어보니 꿈이었다.

이성계는 날이 밝는 즉시 묘향산 비로암으로 사람을 보내 알아보게 하였더니 과연 그곳에 나한상 한 분이 계시다는 것이었다.

즉시 달려간 이성계는 정중한 자세로 참회한 후 다시 그 나한님을 모셔왔다. 그러나 이튿날 아침 그 나한님은 또 없어지고 말았다. 이성계는 할 수 없이 그 나한존상의 자리에 명패만을 모셨다. 석왕사 응진전에 나한님이 5백 명에서 한 분 모자라는 것은 바로 이런 연유라고 한다.

『큰일은 하루 아침에 이뤄지는 것이 아니라.』고 일러준 스님의 가르침을 가슴 깊이 새긴 이성계는 천일간 지극 정성으로 기도를 올려 마침내 역사의 새 장을 열게 되었다. 조선을 건국하고 왕위에 오른 이성계는 제일 먼저 신승을 찾아 왕사로 모시니 그 스님이 조선조 5백년 기반을 닦는 데 큰 도움을 준 무학대사였다.

이성계는 등극 후 명하여 석왕사를 도에서 으뜸가는 거찰로 만들었다.

건문 신사(태종 1 · 1401)년에는 친히 이곳에 와 동구에 소나무를, 뜰에는 배나무를 심었으니, 후일 소나무 베는 것을 금하고 좋은 배를 임금에게 올린 것은 그때의 성교였다. 이렇듯 유서 깊은 절이나 지금은 갈 수 없는 「북한의 사찰」일 뿐이다.

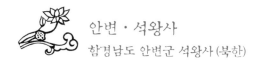

안변 · 석왕사
함경남도 안변군 석왕사(북한)

구두쇠 영감의 최후

아주 먼 옛날, 황해도 벽성군 동운마을에 곽씨라는 부자 영감이 살고 있었다.

고래등 같은 기와집에서 수많은 하인을 거느리고 호의호식하는 등 세상에 부러울 게 없이 사는 곽노인이었으나 웬일인지 그에게는 소생이 없었다. 그래선지 곽영감은 매일 기생들을 불러 마시고 노는 것을 유일한 낙으로 삼았다. 그는 이렇게 돈을 물 쓰듯 하면서도 동네 사람이나 일꾼, 그리고 걸인들에게는 어찌나 인색했던지 마을 사람들은 그를 구두쇠라고 불렀다. 김매던 일꾼이 잠시 쉬거나, 머슴이 병들어 누워 일을 못하면 품삯이나 새경을 감할 만큼 곽영감은 박정했다.

그의 집에선 거문고 소리와 기생들의 웃음소리가 끊일 사이가 없었다. 인근 고을 걸인들은 이 소리에 솔깃해서 뭘 좀 얻어갈까 해서 매일 곽영감 집 앞에 몰려들었다. 구두쇠 영감은 이 걸인들을 제일 골치 아프게 여겼다.

『주인 어른, 한 푼 줍쇼.』

『뭐, 한 푼 달라구? 한 푼은커녕 반 푼도 없다.』

기생들의 가무에 취해 정신이 없던 곽영감은 걸인들의 구걸 소리에 흥을 잃은 듯 버럭 화를 내며 하인을 불렀다.

『이놈들아, 저놈을 썩 내쫓지 못하고 뭣들 하는 거냐?』

분부 받은 하인은 걸인의 행색이 하두 초라해 차마 밀어내질 못했다.

『주인 어른, 한 푼이 없으시거든 밥 한술을 주시든지 그도 안되면 막걸리나 한 사발 줍쇼.』

『여봐라, 저놈의 목이 컬컬한 모양이니 돼지막에 가서 뜨물이나 퍼다 얼굴에 끼얹어 줘라.』

뜨물 세례를 받은 걸인은 욕설을 퍼부으며 달아났다. 그 후 곽영감 집에서는 걸인이 오기만 하면 으레 돼지 뜨물을 퍼다가 끼얹었다.

『허허, 다음에는 뜨물도 아까우니 똥물을 퍼다가 안겨 주도록 해라. 하하하.』

곽영감은 날이 갈수록 걸인 박대가 심해졌고 그 소문은 널리 퍼져 걸인들의 내왕이 뜸해졌다. 그러던 어느 날. 웬 탁발승이 곽영감 집 앞에서 목탁을 치며 염불을 하고 있었다.

『에이, 저 빌어먹을 녀석이 똥물 맛을 보려고 또 왔군.』

곽영감은 걸인이 왔는 줄 알고 소리를 치며 뛰쳐 나갔으나 의젓한 스님의 모습을 보고 주춤했다. 그는 문득 스님을 골려주고 싶어 나직한 목소리로 하인을 불렀다.

『여봐라, 저 중의 걸망에다 똥 한 사발을 퍼다 부어라.』

『예? 스님 걸망에 똥을요?』

『쉬이, 들을라. 어서 퍼다 주지 뭘 꾸물대고 있느냐?』

하인은 하는 수 없이 똥을 퍼 가지고 스님 앞으로 다가갔다. 눈을 감고 열심히 염불삼매에 든 스님은 걸망에 똥을 넣어주자 합장한 채 정중하게 고마움을 표시했다.

『주인장, 대단히 고맙소. 걸인들이 자주 찾아와 몹시 귀찮게 구는 모양인데 내 좋은 비법을 알려 주리다.』

곽영감은 귀가 번쩍 뜨였다.

『좋은 비법이라고? 무슨 비법인지 어서 알려 주십시오.』

『뒷산에 가 보면 용머리처럼 생긴 바위가 있을 것입니다.』

『예, 있지요. 있고 말고요.』

『그 바위 머리 부분을 자르십시오. 그러면 다시는 걸인이 얼씬도 안 할 것입니다.』

곽영감은 기뻐 어쩔 줄 몰랐다. 노발대발 욕이나 퍼부을 줄 알았는데 똥을 받고도 걸인이 찾아오지 않을 비법을 일러주다니 곽영감은 마치 금을 캔 듯 신바람이 났다. 한시가 급한 곽영감은 즉시 일꾼들을 모아 뒷산으로 올라갔다. 일꾼들은 바위에 구멍을 뚫기 시작했다. 바위가 워낙 크고 단단해서 작업이 수월치 않자 곽영감은 안달이 났다. 아무리 재촉을 하고 성화를 부려도 좀체로 구멍이 뚫리질 않았다. 한 달이 지나고 두 달이 지나는 동안 곽영감은 인부를 들볶다가 다시 술과 돈을 주며 달래면서 불철주야 일을 했다. 만 3개월을 그렇게 계속한 끝에 바위는 반쯤 갈라졌다. 곽영감은 더욱 인부를 독촉했다.

그러던 어느 날 오후. 인부 한 사람이 허겁지겁 달려와 숨넘어가는 소리를 했다.

『저어 영감님, 크―크―큰일났습니다.』

『아니, 웬 수선이냐?』

『반쯤 갈라진 바위 목줄기에서 피가 흘러내립니다.』

『뭐, 피가 흐른다고?』

곽영감은 놀란 인부를 앞세우고 용머리 바위로 달려갔다. 인부들은 놀라서 모두 일손을 놓고 부들부들 떨고 있었고, 반쯤 갈라진 바위 목줄기에선 붉은 피가 흐르고 있었다.

곽영감은 왈칵 두려운 생각이 들었으나 스님의 말이 떠올라 길조일 것이라 짐작하고 일을 계속토록 지시했다. 그러나 인부들은 얼른 나서려 하지 않았다.

『영감님, 이는 예삿일이 아닌 듯하옵니다. 곧 산신제를 지내고 공사를 중단함이 좋을 듯합니다.』

『쓸데없는 소리 말고 어서 일을 계속해라.』

『아니옵니다. 소인들은 더 이상 일을 못하겠습니다.』

『어허, 어서 저 바위 머리를 싹둑 잘라 내거라. 수고비는 내가 두 곱으로 주마.』

인부들은 불길한 징조인 줄 알면서도 곽영감의 고집에 하는 수 없이 다시 바위를 자르기 시작했다.

바위가 피를 흘리기 시작한 지 사흘이 되던 날. 남은 부분에 금이 가면서 피가 철철 흐르더니, 동아줄을 걸어 잡아당기자 바위의 목이 힘없이 뚝 부러졌다. 그때, 하늘이 순식간에 먹구름으로 덮이더니 번개와 벼락이 떨어지면서 불바다를 이루었다.

곽영감은 고래고래 소리치며 하인을 부르다 벼락에 맞아 죽었다. 뿐만 아니라 고래등 같은 곽영감의 집도 씻은 듯 불타 없어졌다.

이 천지개벽이 있은 다음 동리 사람들은 사동리라는 옛마을 이름을 버리고 용의 머리라는 뜻에서 「용두리」라고 이름을 고쳐 불렀다. 그 후 이 동네 사람들은 구두쇠 곽영감의 비참한 최후를 교훈삼아 이웃끼리 서로 도우면서 살기 좋은 마을을 이루었다. 또 효자 열녀를 많이 배출했다고 한다.

벽성·용두리
황해도 벽성군 동운마을 (북한)